PASSÉ COMPOSÉ

DE LA MÊME AUTEURE

Une année particulière, Fayard, 1982.

Deux ou trois choses que je sais d'eux, Grasset, 1997 ; Le Livre de Poche, 1998.

Caméra subjective, Grasset, 2002 ; Le Livre de Poche, 2003.

21 rue La Boétie, Grasset, 2012 ; Le Livre de Poche, 2013.

Chronique d'une France blessée, Grasset, 2017 ; Le Livre de Poche, 2018.

La Rafle des notables, Grasset, 2020 ; Folio, 2021 *(à paraître)*.

ANNE SINCLAIR

PASSÉ COMPOSÉ

BERNARD GRASSET
PARIS

Couverture : JF Paga.

ISBN 978-2-246-82817-4

Pour Pierre

Prologue

Avancer en âge invite parfois à se retourner sur soi : l'avenir se raccourcit, le passé est un refuge. Je n'échappe pas à la règle, après avoir prétendu l'ignorer ou l'avoir même moquée.

Je me suis longtemps refusée à imiter les confrères qui publient leurs Mémoires, persuadés que leur moi mérite exhibition et que les épisodes de leurs vies personnelle et professionnelle suscitent l'intérêt. Le journalisme est un métier comme un autre et la télévision, qui gonfle les ego, n'est souvent qu'une usine à baudruches. À tous ceux qui m'interrogeaient à ce sujet, je n'ai cessé de déclarer *urbi et orbi* qu'à ce petit jeu narcissique, on ne me prendrait pas. Publier cet ouvrage m'oblige à manger mon chapeau. Me voici à mon tour piégée dans ce paradoxe : écrire comme tout le monde, en espérant intéresser tout le monde à une vie qui ne serait pas celle de tout le monde. Il faut assumer ses contradictions et ne pas avoir peur de se désavouer. C'est dit.

Les personnes que je croise sont plutôt bienveillantes à mon égard et je mesure ma chance. Elles me regardent comme une vieille connaissance à laquelle elles associent deux images contradictoires : la présentatrice d'une émission qui fut célèbre il y a plus de vingt ans et qui demeure dans la mémoire collective ; la femme qui fit, à son corps défendant, des milliers de unes de journaux à l'occasion d'un scandale planétaire impliquant son mari.

N'étant pas seulement l'une et ne me reconnaissant pas dans l'autre, je me demande ce qui, de tout cela, peut rester pertinent.

Je n'ai jamais eu une bonne opinion de moi-même, et guère envie de me livrer à une analyse en public. Je voudrais toutefois animer les photos figées de la femme que je suis, et donner à voir quelque chose de plus complexe, même si j'admets avoir été la première à brouiller les pistes.

Je suis fondamentalement craintive, pusillanime et timorée, avec des sursauts d'audace maîtrisés. J'ai su cependant donner le change pour qu'on me perçoive comme volontaire et active.

Ma vie s'est construite au gré de hasards, d'enchaînements non prémédités, mais j'admets que m'étant battue pour une place au soleil, j'ai paru ambitieuse.

Je suis une bourgeoise, probablement pas aussi conformiste qu'on le croit. J'admets n'être pas entrée en rébellion contre le système. Je déteste l'expression « gauche caviar » dont on m'a affublée, mais qui sait si elle ne me convient pas un peu quand même ?

J'ai essayé de me tenir le plus possible à l'écart du monde des *people*, mais je comprends que l'on m'y assimile car j'ai parfois cédé à la pratique des photos et des médias.

Sans être pour autant Janus à deux visages, je reconnais que je suis un peu ceci et un peu cela.

Fort bien, pensera-t-on. Mais quel besoin de rectifier un profil devenu public ? On est responsable de la figure que l'on se donne : celle que j'ai laissé voir doit donc correspondre à une part de vérité. Si un portrait n'est pas toujours exact, il est rarement entièrement faux. N'y a-t-il pas dès lors une certaine tromperie à vouloir le retoucher après coup ?

Je vais tenter d'être juste. Pas forcément exhaustive mais sincère. Je parlerai de mes parents, de cette enfance très protégée qui aurait pu mettre hors de ma portée les armes nécessaires pour lutter dans la vie ; je convoquerai certains personnages hauts en couleur que j'ai eu la chance de croiser et tenterai de brosser le portrait le plus fidèle possible du monde des médias tel que je l'ai connu ; j'évoquerai enfin les grands bonheurs de la vie et les épreuves qui l'ont écorchée.

Que ceux qui guettent des révélations passent leur chemin. Je refuse la tyrannie de la transparence, à laquelle toute vie dans la lumière doit se plier. Le secret est précieux, nécessaire à la vie sociale, indispensable à l'épanouissement des libertés. Ce sont les régimes à paroi de verre qui sont les plus totalitaires et la mise à nu des personnes relève de la délation et des procès staliniens, plus que d'une démocratie exigeante.

J'ai commencé ce projet pendant que la pandémie de la Covid-19 nous frappait violemment, qu'on avait retrouvé la peur et reconnu la mort. J'admets l'étrangeté de la démarche. Quel sens y a-t-il à faire défiler les vieilles photos quand le temps va si vite, qui rend obsolètes tous les souvenirs ? Peut-être au contraire est-ce légitime quand l'avenir bascule et que seul l'ancrage du passé paraît solide…

Dans ces éclats de mémoire, dans cette grappe de souvenirs, je vais donc tenter d'entremêler le récit de quelques moments de la vie d'une journaliste, avec celui de la femme que je crois être, à laquelle on pardonnera, je l'espère, l'emprunt détourné à Sartre : « Toute une femme, faite de toutes les femmes et qui les vaut toutes et que vaut n'importe qui. »

1.

Une gentille fille

Il fut, des années durant, le personnage principal de ma vie. Il était beau, il était tendre, il était drôle et a longtemps – bien plus longtemps que l'Œdipe ne le suppose généralement – incarné l'Homme. Je l'appelais « P'pa ». J'éprouvais pour lui un immense amour. Il me le rendait bien et me donnait l'impression d'être la personne la plus importante à ses yeux.

J'avais trente ans, et lui juste soixante-dix quand il disparut, le 21 janvier 1980, jour anniversaire de la mort de Louis XVI. J'y pensais fugitivement ce jour-là au milieu de mon chagrin, tant cette date m'avait marquée enfant, un matin, en classe de 6e, quand une camarade, issue d'une noble lignée, était venue habillée de noir en souvenir de l'échafaud fatal. À onze ans !

Mes parents décrétèrent dès ma naissance que j'étais la huitième merveille du monde. Ils m'appelaient la Toute-Petite. J'ai deux ans : la Toute-Petite est formidable. J'ai dix ans : la Toute-Petite l'est toujours. Et mon père le pensa toute sa vie.

Il était né en 1909 (quelques années avant sa sœur Denise), dans le foyer de Léonce Schwartz et de Marguerite Lévy-Valensi. Léonce, né à Paris, était originaire d'Alsace et son père, Isaïe, compositeur de musique, avait quitté le village de Westhoffen, berceau de la famille depuis le XVIe siècle, pour s'établir à Strasbourg. Sa femme Marguerite, ma grand-mère, venait de la communauté juive d'Alger qu'elle avait quittée avec sa mère et ses frères en 1898 lors des émeutes anti-juives qui accompagnèrent l'élection d'Édouard Drumont – l'auteur, très antisémite, de *La France juive* – comme député de la ville, en pleine affaire Dreyfus.

Robert, mon père, vit le jour à Paris, où il grandit, poursuivit sa scolarité au lycée Carnot, près de la rue de Tocqueville où ses parents habitaient. Très jeune, décidé à faire des affaires, il entra dans l'industrie de la parfumerie chez Lucien Lelong, marque célèbre d'avant-guerre, se maria une première fois avant de divorcer quelques mois plus tard. En 1939, mobilisé sur la ligne Maginot, il n'eut pas à combattre tant la défaite fut rapide, mais ne se résigna pas à passer la guerre dans Paris occupé.

Au cours de l'année 1940, ne parvenant pas à rejoindre l'Angleterre, il trouva une filière qui lui permit de partir pour New York d'où il s'engagea dans la France

Libre, affecté aux services gaullistes au Moyen-Orient. J'aimais, enfant, qu'il me parle de sa vie durant la guerre et notamment de la façon dont Joseph Goebbels avait réclamé la mort pour le « juif Sinclair » qui parlait à la radio de la France Libre à Beyrouth.

Il m'a toujours raconté aussi qu'à quelques heures d'embarquer pour une longue et périlleuse traversée jusqu'au Caire, il décida, pour protéger ses parents restés à Paris – ce qui fut hélas inefficace –, de changer de patronyme pour éviter que les Allemands, qui avaient connaissance des noms des officiers français chez de Gaulle, ne fassent le lien entre eux et lui. Il prit l'annuaire de téléphone de New York à la lettre S et, les yeux fermés, piqua un nom au hasard. Sinclair étant aux États-Unis un patronyme d'une grande banalité d'origine irlandaise, il adopta donc celui de Robert Sinclair. Après la guerre, traumatisé par la persécution et l'extermination des juifs, il décida – comme beaucoup de ses camarades – de garder ce nom de guerre, sans doute pour protéger sa famille d'un retour des périls. La décision officielle en Conseil d'État eut lieu quelques mois après ma naissance.

Je lui en ai voulu d'avoir effacé cette trace du judaïsme, ce qui, là non plus, n'empêcha pas les antisémites de me repérer. Mais peut-être sur un plan professionnel, dois-je lui en savoir gré : Anne Schwartz aurait été un nom moins aisé pour faire carrière dans les médias ! Il aimait à cet égard citer le beau poème d'Aragon sur le groupe Manouchian,

« L'Affiche rouge », mis en musique par Léo Ferré : « [...] parce qu'à prononcer vos noms sont difficiles ».

Rentré à la Libération juste à temps pour voir mourir Léonce des suites de son internement au camp de Compiègne[1], sans travail, mon père décide de retourner en Amérique tenter sa chance. Il y rencontre ma mère Micheline Rosenberg, réfugiée depuis 1940, fille du marchand de tableaux Paul Rosenberg, et l'épouse.

Pour avoir entendu mon père me lire des morceaux (expurgés) du journal de ses années de célibat avant et après la guerre, et pour l'avoir relu après sa mort, j'ai conscience qu'il eut beaucoup de succès auprès des femmes. Il tomba amoureux de ma mère, timide, assez ignorante des choses de l'amour, et il éprouva un certain plaisir à jouer les pygmalions auprès d'une jeune fille qui avait peu vécu. Marié en 1947, père en 1948, il allait tâtonner professionnellement avant de s'établir en France en 1951, où il entreprit une carrière dans l'industrie des cosmétiques, en devenant directeur général chez Elizabeth Arden, puis Caron et enfin Revlon.

Je suis fille unique. Ma mère prétendait que leur situation était instable, qu'ils ignoraient où ils seraient

---

1. J'ai raconté ce chapitre de sa vie pendant la guerre dans *La Rafle des notables*, Grasset, Paris, 2020.

amenés à vivre, et que pour cette raison, ils ne souhaitaient pas un deuxième enfant. Je ne crois guère à cette explication. Le ménage était-il si solide ? Mon père ne m'en a jamais parlé directement, mais a confessé un jour, alors que j'avais seize ans, un début d'histoire extraconjugale que je n'ai jamais approfondie. Il me fit néanmoins l'aveu qu'il hésita à partir, mais y renonça, « à cause de toi ». Une confidence lourde à porter pour une adolescente.

J'ai peu d'images de mon père heureux, sinon quand il vécut quelques années, retraité, avec ma mère dans le midi de la France qu'il aimait plus que tout, pour sa douceur de vivre et son soleil. Il était dépressif par périodes. Je crois que son existence monotone lui pesait, lui qui aimait les voyages et les gens, comme en témoigne son côté solaire, sociable, savourant la vie. J'ai le sentiment d'avoir hérité de ce trait de caractère, qui m'a sauvée plusieurs fois.

J'ai été dévastée à sa mort. À la suite de multiples incidents pulmonaires mal soignés, une sclérose des bronches lui fut fatale. Une mauvaise grippe se déclara en novembre 1979, dont il ne se remit pas.

Mon père m'a peu vue à la télévision, car j'y commençais tout juste à son décès, mais s'il avait pu connaître « 7 sur 7 » et l'explosion de la notoriété de sa fille bien-aimée, il en aurait étouffé d'orgueil, et aurait fini par arrêter les passants dans la rue pour leur dire : « Vous savez, je suis le père d'Anne Sinclair ! »

Je ressemble à ma mère Micheline par bien des côtés, mais je n'ai pas hérité de son caractère farouche. Elle était pétrie de complexes, sans pourtant éprouver la moindre tolérance pour qui était différent d'elle. Je lui connus peu d'amis ; elle était souvent triste et d'humeur maussade.

Elle était partie de France en 1940, à vingt-deux ans. Elle n'aimait guère que nous le disions, mon père et moi, mais la guerre avait sans doute été la période la plus heureuse de sa vie. Indépendante, brune, le teint mat et, d'après les photos, très séduisante, elle travaillait (la seule fois de son existence) à *France Forever*, le bureau de la France Libre à New York. Elle y fut efficace et je crois qu'elle y fut plus joyeuse qu'elle ne le sera jamais par la suite.

Revenue en France dix ans après en être partie, elle n'avait pas vécu la même vie que ses amies d'avant-guerre. Moins de souffrances, moins de malheurs que si elle était restée en France, et une existence plus active et remplie. L'habitude d'un autre monde, d'une autre vie. Cela aurait dû l'inciter à poursuivre une carrière. Quelque chose la retint : sa fille, son mari, son manque d'audace ? Toujours est-il qu'elle baissa les bras. Et se retrouva femme au foyer, plus isolée cette fois que ses copines d'enfance parisiennes, ayant perdu toute proximité avec elles.

Très douée de ses mains, elle savait tout faire, sauf la cuisine. Elle se lança dans la rénovation d'une maison en Seine-et-Marne dans les années 50, dans la construction d'une autre, plus tard, à Valbonne dans le sud de la France, travaillant directement avec les corps de métier, dessinant des escaliers, chinant de vieilles portes d'église, confectionnant des rideaux, des mobiles à la Calder, des collages à la manière de Braque, inventive et adroite, cultivant un jardin plein de fleurs. Je n'ai hérité d'aucun de ses dons. Je ne lui ressemble que par mon absence de disposition culinaire, mais diffère d'elle par mon peu de goût pour les travaux manuels.

Malgré ces talents, elle demeura oisive, repliée sur notre minuscule cellule familiale, et surtout sur moi. Je devais être un de ses trophées les plus accomplis, bonne en tout, prolongement de ses goûts. Comme j'étais une fille gentille, soucieuse de satisfaire sa mère, je me tortillais pour lui complaire, sans doute pour me faire pardonner d'être la préférée de P'pa.

Ma mère avait de l'amour pour moi, mais savait mal exprimer sa tendresse. Je me surprenais à en guetter d'autres plus douces, plus câlines, plus indulgentes, et les aurais quelquefois échangées contre la mienne. Je me rappelle l'une d'entre elles notamment, qui m'aimait bien et m'appelait « ma choute », j'en avais les larmes aux yeux.

J'étais empotée et irritais ma mère par une maladresse héritée de mon père. Elle m'arrachait les plateaux des mains, de peur que je ne les renverse (ce qui arrivait souvent), se désolait de ma lenteur à différencier les graines de giroflée de celles des phlox, me réquisitionnait pourtant pour l'aider au jardin, ce qui ne m'amusait guère, car elle me laissait peu d'initiative. Pour exister, il m'a fallu bâtir mon propre territoire : ce seraient les livres, elle lisait peu ; la musique classique, elle ne l'appréciait pas ; l'opéra, elle le détestait.

Quand j'ai grandi, que j'ai commencé à acheter mes livres de classe ou mes baskets – qu'on appelait des tennis – toute seule, lorsque j'ai rejoint l'université sans son aide, ou que je me suis investie dans des domaines qui n'étaient pas les siens, elle en éprouva de la frustration. Je lui échappais, et son désœuvrement s'en trouva décuplé. Il ne lui restait que l'attente, le soir, du retour de mon père, auquel elle offrait peu de perspectives. Sortir l'indisposait, aller au spectacle l'impatientait, lire l'assommait, voir du monde la contrariait, voyager l'angoissait.

Puis j'ai travaillé – ce qui lui avait manqué ; me suis mariée deux fois – ce qui ne fut pas son cas ; j'ai mis au monde deux enfants – quand elle n'en avait eu qu'une ; je suis devenue indépendante – alors qu'elle l'avait été si peu – et elle en éprouva alors quelque chose comme du ressentiment. Déjà envieuse, sans se l'avouer, de ma complicité avec mon père, elle le devint plus encore quand je me mis à gagner ma vie. Tout en étant fière auprès des autres, auxquels elle faisait mon éloge quand je n'étais pas là.

J'avais été heurtée, enfant, de voir et entendre ma grand-mère maternelle quémander de l'argent à son mari – les Françaises n'eurent de compte en banque personnel qu'à partir de 1965. Mon grand-père lui donnait quelques billets en maugréant, comme les vieillards devenus avaricieux. Je me suis promis d'être différente, comme la plupart des filles de ma génération. Je gagnerais ma vie, et suffisamment pour ne demander ni à mes parents, ni à un compagnon de m'entretenir. Quand ma mère me reprochait d'être trop dépensière, je lui répondais sèchement que cet argent, je l'avais gagné par mon travail, ce qui la renvoyait à son statut d'héritière. C'était cruel et inélégant, mais je n'avais d'autre choix que de lui poser des limites.

Elle avait un rapport embarrassé avec l'argent, précisément. Par fierté, elle rechignait à être aidée par ses parents fortunés, ce qui était estimable, et fut inquiète quand mon père se retrouva au chômage. Mais quand mes grands-parents disparurent, et qu'elle hérita, elle se refusa à vivre mieux, ce à quoi, cependant, je ne cessais de l'encourager. Mon père était cigale, elle était la reine des fourmis.

Elle vécut avec contrariété le fait que je construise une maison au Maroc, avec les indemnités que TF1 fut condamnée à me verser, et me le fit sentir. La démarche lui parut inappropriée, parce qu'elle était différente de la sienne. Elle ne s'était jamais projetée au-delà des frontières françaises. Les dépasser était signe d'une prodigalité malvenue. Elle refusa d'y venir, d'en parler, d'en voir même les photos, ce qui me blessa.

Elle fut veuve à soixante-trois ans. Trop jeune. Sa vie sembla s'arrêter net, sans travail, sans amis, sans amant. C'était désolant pour elle, lourd pour moi. Durant les vingt-six années qui suivirent la mort de mon père, je lui téléphonai chaque jour, où que je sois, pour briser sa solitude. Il n'y avait pas encore de téléphone portable et ce furent de vraies gymnastiques en Indonésie ou au Laos, pour obtenir la communication en composant avec les décalages horaires ! Mais les conversations étaient ponctuées de silences et me donnaient le cafard. Alors qu'elle s'en irritait quand elle était jeune, je l'entendais reproduire les mêmes mots que sa mère, ma grand-mère, qui invariablement, pour signifier son abandon et sa mise à l'écart, finissait ses conversations par un « je ne sais rien... ».

Ma mère n'a jamais su me dire qu'elle se réjouissait de mon plaisir, de mes voyages, de mes vacances et n'a jamais raccroché en m'appelant à les savourer. J'étais consciente de sa détresse, des pensées qui assombrissaient sa solitude, mais je lui en voulais de ce manque de générosité, de gâcher mon plaisir et de chercher à me rendre fautive. Elle n'avait pas de mérite à y parvenir : j'ai toujours été très forte à ce jeu…

J'ai accepté de vivre dans le même immeuble qu'elle, pour qu'elle sente ma présence et celle de ses petits-enfants. Pas tant pour me faire ou lui faire plaisir, que pour diminuer ma culpabilité. Mais, de nouveau, je lui en ai voulu de cette dépendance.

Une anecdote me paraît encore improbable. Il fut un jour question, dans les fonctions politiques qui pouvaient s'offrir à mon mari, qu'il envisage d'être candidat à la Mairie de Paris. Le sujet ne dura que quelques semaines. Assez cependant pour indigner ma mère : « Tu serais d'accord pour vivre à l'Hôtel de Ville ?

— Tu as raison, répondis-je, ce n'est ni très gai ni très intime, je ne suis pas sûre en effet que ce soit plaisant.

— … Mais c'est surtout que tu habiterais loin… ! Je ne te verrais plus tous les jours. On ne doit pas abandonner ses vieux parents ! » me rétorqua-t-elle, furieuse de déclencher un rire irrépressible.

Pauvre Maman. Elle était sincère et ne plaisantait pas…

En dépit de cette éducation pesante, mes parents paraissaient très modernes aux yeux des autres.

Mes amies de classe portaient des cols Claudine, se maquillaient dans l'escalier pour ne pas se faire remarquer de leurs parents. En contrepoint, les miens incarnaient une apparente liberté. Mon père rapportait à la maison des échantillons de mascara ou de fond de teint et m'engageait à m'en servir avant même que j'en eusse l'envie.

Ma mère m'autorisa à porter des bas quand mes camarades enfilaient encore des chaussettes et m'emmena tôt voir le médecin de famille afin qu'il me prescrive la pilule, en cas de besoin. J'eus avec elle des conversations tardives mais libres sur l'amour et la virginité.

Ils me poussaient tous deux à prendre la parole durant les repas, quand certains camarades de classe, élevés à l'ancienne et invités à se taire à table (éducation bourgeoise d'un autre âge), me confièrent bien plus tard combien ils avaient été surpris de la liberté qui régnait lors des déjeuners ou dîners à la maison.

Sur ce terrain-là, seulement. Discourir chez soi, faire des tirades sur la politique, la gauche et la droite, était bien vu, une façon de montrer à leurs amis et connaissances que leur fille était savante. Mais j'aurais donné beaucoup pour que ma mère ne me sermonne pas, quand mes copains repartaient après un week-end chez nous, parce que nous avions fait les fous, crié trop fort, couru pieds nus ou négligé l'heure du bain.

Savoir garder la mesure. Ne pas s'abandonner. J'ai heureusement jeté ces leçons à la rivière. Toutefois, la véritable indépendance, je n'ai pas su la prendre jusqu'à ce que je travaille et vive seule. Mon père y aurait sans doute consenti, mais ma mère m'a gardée sous cloche quand les autres filles de mon âge volaient déjà de leurs propres ailes. Elle-même, dominée dans sa jeunesse par son père, a reproduit le même schéma. Je ne peux m'en prendre qu'à moi-même, de ne pas m'être émancipée plus tôt.

Pour mes parents, faire la fête après minuit quand j'avais dix-huit ans était déraisonnable, aller au café sans prévenir que je rentrerais un peu plus tard quand j'étais à la fac était source d'inquiétude, habiter seule avant vingt-trois ans ne me fut pas autorisé.

Je ne suis pas partie en vacances avec des amis avant l'âge de vingt ans. Et j'ai tellement appréhendé d'être loin de papa-maman, que je me suis arrangée pour tomber malade lors de ce premier séjour aux sports d'hiver sans eux. Je suis rentrée en train avec 39 °C de fièvre, effrayée de me retrouver souffrante loin de chez moi. J'en eus tellement honte devant mon amie d'enfance et mon cousin, que je maquillai ce retour en inquiétude de rater le rendez-vous que j'avais demandé à Pierre Mendès France huit jours plus tard !

Je me rendais bien compte des défauts de cette éducation. Mes parents étaient surprotecteurs, ma mère une mante religieuse ; après tout, c'était leur tempérament. En revanche, que je ne me sois pas rebellée de peur de les décevoir ou les chagriner, que j'aie préféré le confort d'une ouate protectrice et castratrice, est plus regrettable.

Mon père était heureux que je réussisse mes études, mais ne les surveillait que de loin. Il se contentait, à ma grande honte, de voler mes dissertations en classe de troisième pour les lire à voix haute à son bureau. Mon analyse des tourments de Phèdre ou mes explications d'un poème de Heredia durent longtemps faire rire sous cape ses collaborateurs, sommés d'applaudir !

C'est ma mère qui surveillait ma scolarité ; qui signait le carnet de correspondance et les bulletins ; elle était la plus sévère. C'est elle qui a poussé dans le dos une fille volontiers indolente, plus passionnée de lecture que d'apprentissage. C'est à elle que je dois de m'être correctement sortie de mon parcours scolaire et universitaire.

Le peu que je sais en art, c'est elle aussi qui me l'a enseigné. Elle m'a fait lire à quinze ans l'*Histoire de l'art* d'Élie Faure, qui combinait une érudition incomparable avec une plume de conteur. J'ai été subjuguée par la peinture de Fra Angelico, Giorgione, Carpaccio, le Quattrocento, Tintoret et les Vénitiens, avant de m'immerger dans les impressionnistes, et le XXe siècle que je connaissais déjà un peu mieux.

La religion muséale était telle dans la famille, qu'il semblait que les voyages tendaient uniquement vers ce but. J'en ai élargi heureusement le spectre aux habitants, à la ville, à la cuisine, à la musique, à la culture vivante mais j'ai, à mon tour, reproduit le modèle et enseigné l'amour des musées, des églises et des vieilles pierres à mes enfants. Je leur lisais le *Guide bleu* avec application jusqu'à ce que j'entende, un jour à Rome, leurs rires moqueurs s'envoler et que je les retrouve, attablés chez le glacier à côté du Panthéon. Guérie un temps de cette vocation improvisée de professeur en histoire de l'art, je m'amuse de retrouver aujourd'hui chez eux la même assiduité à enseigner à leur progéniture (qui perpétue soupirs et sourires, comme eux le firent jadis), le merveilleux du drapé d'un velours chez Véronèse.

Seule comptait la cellule nucléaire familiale la plus étroite. J'étais fille unique ; le frère de ma mère vivait aux États-Unis ; sa femme, ma tante, ne m'aimait pas et mes cousines étaient plus jeunes et bien loin pour qu'un lien se tisse. Il ne restait dans notre entourage proche que la famille de mon père, sa sœur, mon oncle, mes cousins. Je leur dois mes plus belles vacances à Cannes bien que les promenades en bateau que j'affectionnais, sur le petit « pointu » de mon oncle, aient souvent été source de conflit.

Mon père aimait s'y prélasser au soleil ; moi, nager, plonger et ramasser des oursins, pêche à l'époque autorisée. Pas de chance, ma mère avait le mal de mer, ne supportait pas le clapot en plein soleil, et trouvait les journées trop longues et peu confortables. Quelquefois, bonne fille toujours, je laissais la famille s'embarquer sans moi pour les îles de Lérins et la suivais pour la visite d'une vieille église à Vence, tout en fulminant contre ma promenade empêchée.

J'ai regretté de n'avoir ni frère ni sœur. D'être seule dépositaire des espoirs, déceptions, joies ou chagrins de mes parents. Je l'ai senti dès que j'ai quitté l'égoïsme de la petite enfance, heureuse à l'époque de n'avoir à partager ni mes poupées, ni mes livres. Mariée à Ivan Levaï, enfant trouvé, j'ai toujours vécu un peu tristement l'absence de dîners et de fêtes de famille. C'est sans doute pour cela que j'ai tant aimé que les Strauss-Kahn, puis les Nora, qui m'ont tous adoptée avec générosité, m'apportent cette chaleur qui, jeune, m'avait manqué.

À la mort de ma mère, un grand chagrin et un immense sentiment de solitude m'ont saisie, devant une vie désormais sans garde-fou. Un peu d'épouvante aussi car sa mort à l'hôpital ne fut pas si paisible. J'ai mis longtemps à me défaire de l'image de son visage maigre et cireux, dans lequel je voyais *Le Cri*, le célèbre tableau d'Edvard Munch, qui me hanta des nuits durant. J'avais mal, mais on ne m'arrachait pas le cœur comme ce fut le cas à la mort de mon père. J'avais surtout l'impression d'être passée à côté d'elle, sans avoir su m'y prendre. Son existence avait été sans joie, je lui avais donné une présence qui me coûtait, de rares étreintes. Elle m'avait dit un jour combien il lui était douloureux que personne ne la prenne plus dans ses bras. Confidence déchirante, mais sa tendresse bridée, et pas mal d'amertume de mon côté, empêchaient les effusions.

Mes parents m'ont ouvert l'esprit, encouragée à apprendre, à lire, mais ne m'ont pas enseigné l'autonomie, la débrouillardise, la faculté d'improviser.

Mon père et ma mère sont intervenus dans ma jeunesse bien plus qu'ils n'auraient dû. En voulant m'épargner des secousses, ils ont bâti autour de moi une invisible barrière difficile à franchir. Seule la liberté intellectuelle me fut autorisée, et j'en usai largement.

C'est un miracle qu'ils aient accueilli à bras ouverts Ivan, le père de mes fils, sans famille, sans argent. À rebours sans doute de leurs amis plus conventionnels qui l'auraient vécu comme une mésalliance. Leur tolérance et leur ouverture d'esprit leur ont fait accepter un enfant de la DDASS bien mieux qu'un joueur de golf de la bourgeoisie parisienne. Je m'en félicite et leur en sais gré.

Ce père que j'idolâtrais m'apparaît aujourd'hui comme le personnage bienfaisant de mon enfance, qui veilla, par l'amour qu'il me donna, à ce que mon ego ne soit pas piétiné. Ma mère était une personnalité sans doute plus intelligente, plus riche, mais dont je n'ai compris que très tard la fragilité. Elle était malheureuse et de ce fait, la reine des emmerdeuses.

Malgré tout, cette éducation m'apparaît « globalement positive », comme les communistes l'ont longtemps dit de l'Union soviétique. Avec un développement incontestable, mais une liberté entravée. Je dois en partie à mes parents d'être ce que je suis. Quant au reste, ma *perestroika* personnelle, elle me revient.

2.

Une vocation

Je n'ai pas encore dix ans, et suis bien ignorante des affaires du monde comme de celles de la France.

Nous n'avons pas la télévision et, quelques mois plus tôt, à l'occasion de la première visite de la reine Élisabeth en France, c'est au cinéma que ma mère m'avait emmenée voir les « Actualités », comme on disait alors. Mais la reine, Versailles, l'Opéra, les fastes de sa réception par René Coty, m'intéressaient bien moins que le film des aventures d'Arsène Lupin qui leur succédait.

En mai 1958, mon père est PDG d'Elizabeth Arden, l'entreprise de cosmétiques. Il doit faire le tour des parfumeries françaises qui vendent les crèmes, rouges à lèvres, soins et maquillage de la marque. L'Algérie est l'un des départements français qu'il n'a encore jamais visités, et il se rend à Alger pour la première fois de sa vie. En plein coup d'État.

Ma mère a un échange téléphonique avec lui le 12 mai 1958 au soir, et lui fait part de l'agitation locale dont bruissent les radios. « Penses-tu, réplique mon père, s'il se passait quelque chose, je le saurais, mon hôtel est au centre d'Alger ! » Une heure plus tard, les communications étaient coupées. Le lendemain matin, 13 mai, les partisans de l'Algérie française mettent à sac le bâtiment du gouvernement général, proclament un Comité de salut public et font appel au général de Gaulle, parti du pouvoir depuis douze ans.

À tout cela, je ne comprends rien. Je vois seulement ma mère inquiète écouter compulsivement la radio. Je sais vaguement que « l'Algérie c'est la France », comme avait dit François Mitterrand. Autrement dit, des départements français où l'on se bat depuis des années.

Et soudain, je veux tout savoir : Qu'est-ce qui se passe ? Les émeutiers sont-ils bons, sont-ils méchants ? Qui est ce Général dont on parle ?

Ma mère, posément, m'explique : la guerre d'Algérie, l'inévitabilité (elle ne disait pas encore la nécessité) de l'indépendance. Et puis la figure du Général, juin 1940, la Seconde Guerre mondiale, le grand homme de la Résistance, mais aussi les dangers d'un militaire qui reviendrait au pouvoir par la force. Nous en avons pour plusieurs soirs…

Mon père rentre après deux ou trois jours, mais voilà, j'ai « attrapé » le virus. Je veux saisir, pénétrer l'actualité, faire corps avec les événements. On écoute la radio chez moi. Europe 1, qu'on appelait encore Europe n° 1. Je suis saisie de passion pour le métier qui donne à voir et comprendre ce qui se passe ; pour ces reporters-relais des bruits et fureurs du monde, des manifestations, des tirs de mitraillette, des cris, des éclats de voix à l'Assemblée, tout ce fracas magnifique qui envahit brusquement l'appartement douillet et fait exploser l'univers ouaté de la petite fille du XVIe arrondissement. Cinquante ans plus tard, la fièvre demeure : je suis toujours avide de l'actualité sous toutes ses formes, même si j'ai pris quelque distance et en ai appris les pièges.

C'est dit : je serai journaliste, et justement, à Europe n° 1, cette radio qui nomme « guerre » ce que la radio d'État appelle « événements ». Les reportages des envoyés spéciaux, perchés sur les balcons d'Alger pour faire entendre les balles qui sifflent, rythment mes journées. Quelques années plus tard, je découvre l'univers de Daniel Filipacchi et de *SLC, Salut les Copains !*. Je me souviens de mon premier transistor et de son étui en cuir fauve avec petite bandoulière, la première radio à piles que j'écoutais des heures durant, à la campagne, perchée dans le vieux noyer où j'avais improvisé une cabane et où, à califourchon sur la plus grosse branche, à l'abri des regards, je pouvais rêvasser des après-midi entières.

Mais c'est l'info qui me taraude, et sa discipline reine, le grand reportage. L'enquête et le décryptage d'une situation font la noblesse du journalisme, sans parler des circonstances où l'on risque sa vie. Ce n'est pourtant pas le type de journalisme que j'ai pratiqué, plus théâtral, plus narcissique. J'y reviendrai.

Plus encore que l'information elle-même, me travaille le goût pour la chose publique, pour l'engagement dans la vie de la cité. Non pour m'y engager, mais pour l'observer. Question d'esprit critique. Ou de manque de courage.

Je me souviens très bien de la fin de la guerre d'Algérie. Lors des accords d'Évian en mars 1962, j'ai treize ans, une forte angine, et, fiévreuse, j'écoute frénétiquement, à la radio, les progrès des discussions entre le gouvernement et le FLN qui allaient aboutir à l'indépendance. Je ne saurais dire ce qui m'attire tant dans ce miroir brusquement tendu au monde pour qu'il s'y reflète, sinon le romantisme d'une action qui me paraît inaccessible.

Ce furent les années les plus sombres de l'OAS. J'étais alors au cours Hattemer, établissement chic et cher. J'avais pour ami de classe Jean-Jacques Chaban-Delmas, fils du maire de Bordeaux, président de l'Assemblée nationale et futur Premier ministre de Pompidou dix ans plus tard. Mon jeune camarade était une cible potentielle et nous avions eu droit, en cours, à une démonstration pratique de ce qu'il fallait faire si des commandos de l'OAS pénétraient dans la salle de classe. Plonger sous les pupitres, ne pas bouger sous les bancs, le scénario nous paraissait tellement périlleux et héroïque que nous rêvions bien sûr d'une attaque…

J'avais progressé en géopolitique depuis mai 1958, et peaufiné mes connaissances en matière de décolonisation. Je faisais comme beaucoup à cet âge-là : je m'alignais sur mes parents. Ils étaient pour l'indépendance de l'Algérie, mais pas favorables au Général qu'ils tenaient pour factieux, et j'épousais leur cause. Les élèves d'Hattemer inclinaient plus vers la droite et l'Algérie française, mais nous étions un petit groupe assez politisé à onze ou douze ans qui tapotait, sur les pupitres, le *ta ta ti-ta ta ti* (« Algé-rie algé-rienne ») en réponse au lancinant *ta ta ti-ta ta* (« Algé-rie fran-çaise ») qui nous narguait.

Dès lors, le métier de journaliste devient pour moi plus qu'une vocation, une évidence. Avec un prisme particulièrement étroit qui se confond avec un média que j'aime, puisque c'est à Europe n° 1 que je suis alors persuadée d'un jour, exercer mes talents.

Confronter le réel me semble bien plus confortable que fantasmer et rêver. Mon imagination s'est bloquée, fermée, censurée, un jour en classe de 7e (le CM2 d'aujourd'hui). Il fallait raconter ses vacances, sujet typique de rédaction pour juger des qualités de récit et d'orthographe d'un gamin. Mes vacances ? Elles avaient été bien banales, et assez ennuyeuses, passées pour l'essentiel dans la maison de Seine-et-Marne de mes parents. Elles ne me paraissaient pas dignes d'intérêt et j'étais incapable de les sublimer. J'ai donc inventé un improbable voyage pour une gamine de neuf ans.

Je lisais alors avec bonheur les ouvrages de la collection « Contes et Légendes », que Nathan publiait depuis 1916. Contes et légendes de la Rome antique, de l'Égypte ancienne, de l'*Iliade* et l'*Odyssée* : tous me faisaient rêver à la passion qui a longtemps disputé au journalisme un possible futur professionnel : l'archéologie. Autrement dit, le négatif du reportage, une autre manière de faire vivre une époque, en se focalisant sur ce qui fut plutôt que sur ce qui est.

Mon devoir relatait donc un voyage imaginaire, qui aurait conduit la petite fille que j'étais, du Forum romain à l'Agora d'Athènes, en passant par les ruines englouties de Troie, les temples de Ramsès II, le Tigre, l'Euphrate et les rives du Gange. C'était sommaire et médiocre. Je me contentais d'additionner les lieux dont j'avais entendu parler, aux sonorités plus magiques que les rochers de la forêt de Fontainebleau et les champs de blé de l'Île-de-France qui m'avaient tenu lieu de paysages. La maîtresse lut ma copie en classe, comme exemple de prétention et de fatuité. À neuf ans, l'humiliation qu'elle m'infligea me blessa pour longtemps. Elle aurait pu saisir cette occasion pour m'expliquer qu'on peut faire récit d'un presque rien, sans être obligé d'aller chercher des références exotiques ou mythologiques. Elle aurait mieux fait de m'enseigner à raconter plus qu'à énumérer. Rouge de honte sous les quolibets de mes petits camarades, je me jurai d'échapper pour toujours à ce type d'exercice, heureuse de l'entrée dans le secondaire pour disséquer les tourments de Chimène ou le harcèlement (qu'on n'appelait pas ainsi chez Racine) d'Andromaque par Pyrrhus. Le texte, l'analyse, mais surtout pas l'imagination.

Le journalisme correspondait tout à fait à ce schéma. La précision d'un article du *Monde*, ou le reportage en direct d'une rue d'Alger, en étaient l'illustration.

Un idéal que ce métier où l'on expliquait le monde, en faisant vivre au lecteur ou à l'auditeur (la télévision ne faisait pas partie de mes références puisqu'elle était absente du foyer) ce qui se passait à des milliers de kilomètres de chez lui. Et de fait, je me pris de passion pour cette forme de journalisme que je n'ai pas exercée – le reportage – et pour un média où j'ai finalement assez peu travaillé – la radio. Entrer à Europe n° 1 devient mon graal.

Je connais tout alors de la « grille » des programmes. Maurice Biraud le matin ; Daniel Filipacchi l'après-midi, Hubert ou Frank Ténot le soir. Mais surtout les vedettes de la rédaction, Georges Altschuler, le commentateur politique à la voix fatiguée mais pertinente ; Georges Fillioud ou Claude Terrien, les éditorialistes ; Ivan Levaï, qui fait vivre, amusé, les débats à l'Assemblée nationale ; André Arnaud, le présentateur du 13 heures à la voix ensoleillée ; Jacques Paoli et Julien Besançon, deux voix chaudes sur les barricades en mai 68 ; Gilles Schneider, l'homme tout-terrain ; Frédéric Pottecher, qui ferait aimer les procès aux délinquants et les cours d'assises aux criminels tant il les raconte avec flamme, cœur et compétence ; l'ineffable Albert Ducrocq, un professeur Tournesol dont l'enthousiasme se mesure à ses envolées suraiguës – ah, l'alunissage d'Armstrong en juillet 1969 dont je regardai l'image à la télévision tout en écoutant les commentaires de Ducrocq à Europe ; Eugène Saccomano, qui enchante le foot même pour les ignorants ; Albert Simon, le vieil homme à la voix tremblotante, tout droit sorti d'un *shtetl* d'Europe centrale avec ses grenouilles pour commenter la météo… Je crois savoir mieux que le DRH de la station quel journaliste il faut envoyer à Alger pour couvrir le putsch des généraux ; à Tel-Aviv pendant la guerre des Six-Jours ; à

Washington pour les obsèques nationales de Kennedy ; ou à Prague à l'arrivée des chars soviétiques.

Le chef, c'est Jean Gorini, le directeur de la rédaction, qui prend l'antenne quand la situation est grave ou importante. Qui donne la parole à quelques auditeurs le soir. Je me suis juré d'en être. J'ai seize ans, dix-sept peut-être, et voilà que j'interviens en direct pour questionner l'homme politique présent dans le studio. Déjà.

C'était un sport : il fallait que je réussisse à passer le filtre de l'étudiant préposé à faire un premier barrage avec les auditeurs et à prendre en notes ma question. Il fallait qu'elle soit pertinente pour qu'elle soit retenue ; mon honneur était en jeu. J'avais prévenu mes camarades de terminale que je serais à l'antenne le soir même et ma mère dans une pièce voisine enregistrait, sur un petit magnétophone à disque souple, mes interventions que nous étiquetions ensuite en toute immodestie : Edgar Faure et moi, Chaban et moi, Mendès et moi, Mitterrand et moi. Vanité, petit jeu, cela m'amusait d'interpeller les puissants en donnant à ma voix des accents plus adultes, et me servirait de sésame ensuite pour entrer dans le saint des saints.

À l'époque, les écoles de journalisme n'ont pas, si j'ose dire, très « bonne presse », et la technique s'apprend vite. C'est donc une formation de culture générale, droit et sciences politiques que je choisis, avant d'entrer dans cette profession dont j'ai décidé qu'elle serait la mienne.

En 1972, nous sommes à la fin des Trente Glorieuses, avant le choc pétrolier de 1973 et le chômage de masse. Je n'imagine pas qu'une diplômée de l'enseignement supérieur peine à trouver un emploi. D'ailleurs, la question ne se pose pas : béni soit le temps où l'on était embauché au sortir des études ou de la formation professionnelle ! C'est d'ailleurs au cours des années 70 que cette certitude bascule et que le chômage fait son entrée dans le vocabulaire des jeunes.

Ma mère aurait aimé que j'aie un « vrai métier », comme elle disait, architecte ou dentiste... Mais je n'étais pas partie pour cela.

Deux années de suite, j'avais fait un stage d'été à *L'Express*, grâce à Danièle Molho, journaliste de dix ans mon aînée qui, avant d'investir au *Point* la rubrique politique qui fit sa réputation, s'occupait, au magazine de Jean-Jacques Servan-Schreiber, du « Carnet » : naissances, décès, décorations, que, chaque semaine, *L'Express* recensait. La seule idée de croiser Françoise Giroud dans l'ascenseur me terrifiait. Cela arriva une fois, et me laissa gorge sèche et mains moites. Elle relisait un papier et ne m'a pas accordé un regard.

Roland Sadoun, le directeur de l'IFOP, était un ami de mon père. Il s'était rendu célèbre en risquant la première estimation des résultats lors de la présidentielle de 1965 entre de Gaulle et Mitterrand, pour donner, dès 20 heures, alors qu'on dépouillait encore les bulletins, le nom du vainqueur. Il connaissait tout d'Europe n° 1 et de ses dirigeants, il allait pouvoir m'aider ! Je le tannais, sans succès.

Je fis une autre tentative un jour, à une conférence donnée par Pierre Mendès France et organisée par les jeunes du *Courrier de la République* dont je faisais partie et qui avaient décidé de moderniser sa feuille politique mensuelle. Je croisai Ivan Levaï, journaliste politique de la station, je le retins par le bras et le suppliai de m'aider. Il me répondit distraitement quelque chose du genre « écrivez, on vous répondra ». J'écrivis, on ne me répondit pas.

Une autre connaissance de mes parents travaillait dans la publicité. Il me prit en amitié, ma passion lui semblait infantile, mais il voulut bien m'aider et m'adresser à la seule personne qu'il connaissait à Europe n° 1, Jacques Abergel, directeur de la régie publicitaire. Je n'avais jamais entendu parler de ces hommes qui officient du côté des recettes d'une radio commerciale et j'étais fort déçue d'une perspective de rendez-vous dans un secteur qui ne me tentait pas. Abergel me sonda, me proposa quelques semaines dans son service. « La pub ? Vous n'y pensez pas ! Mais si vous voulez vraiment m'aider, faites-moi rencontrer le patron de l'information, Jean Gorini. » Il se montra peu enthousiaste, persuadé que le charismatique directeur de l'information d'Europe, conforme à sa réputation abrupte, me bousculerait énergiquement afin de me décourager. Néanmoins, il tint sa promesse et le jour d'une entrevue avec Gorini arriva. Nous sommes en 1973.

Me voilà donc à l'attendre dans le petit bureau de son assistante, Nathalie Duhamel. Elle était la fille de Marie-Claire de Fleurieu, le seconde épouse de Pierre Mendès France, que j'avais côtoyée dans mes petites activités militantes. Marie-Claire s'était toujours montrée bienveillante envers les jeunes qui travaillaient pour son grand homme. C'est elle qui m'apprit notamment à coller les enveloppes par dizaines à la fois, dans les locaux du *Provençal*, le journal de Gaston Defferre, lors de la désastreuse campagne présidentielle du ticket Defferre-Mendès en 1969. Nathalie, sensible et impressionnable à l'époque, m'avoua que Gorini l'intimidait, au point qu'il lui fallait, pour surmonter son appréhension, allumer une cigarette à chaque fois qu'il l'appelait dans son bureau. L'ogre ainsi annoncé me fait peur.

Jean Gorini me reçut enfin. Si je ne me rappelle plus ce que je lui ai dit, ses paroles me sont restées en mémoire. Déjà, à l'époque, elles détonnaient. Il me répondit (à la fois par honnêteté et pour tester ma résistance face à une fanfaronnade sexiste et anti-jeunes) que j'étais une femme, que j'avais des diplômes et que je n'avais jamais travaillé, trois inconvénients à une carrière dans sa maison ! Toutefois, quand je lui expliquai mes acrobaties d'écolière pour passer à l'antenne, son œil frisa un peu : « Vous vous êtes intéressée à nous, vous méritez qu'on s'intéresse à vous », me dit-il, grand seigneur. J'étais repêchée.

Nous étions six mois avant des élections législatives importantes, dont l'enjeu était déterminant car le programme commun mettait la gauche en position de l'emporter. Comme avant chaque échéance, dans les sous-sols d'Europe n° 1, se montait un service provisoire sous les ordres d'un trentenaire bienveillant qui s'appelait Francis Dalsace. Dans un local sans fenêtres, une dizaine de jeunes étaient chargés de contacter par téléphone les six cents bureaux-tests dont les résultats, dès 18 heures, le soir des élections, entreraient dans les ordinateurs pour être en mesure de révéler le résultat à 20 heures. C'était, depuis 1965, la martingale gagnante d'Europe n° 1, que n'avait encore copiée aucune autre radio ou télévision, préférant attendre passivement les résultats communiqués, à minuit, par le ministère de l'Intérieur.

Jean Gorini me confia à Dalsace, qui lui-même me donna un bout de table avec d'autres étudiants. Je ne me tenais plus de joie : j'étais dans l'antre où j'allais faire carrière, c'était sûr, je n'en doutais pas.

Le seul fait d'entrer tous les matins dans les locaux qui, jusqu'à 2019, étaient situés au 26 bis rue François-Ier, me procurait une joie sans égale. Je « travaillais » dans la maison dont je rêvais, enfant, de hanter un jour les couloirs. Je prenais mon job très au sérieux, mais il était plus que modeste : contacter les bureaux de vote dans les écoles ou les mairies pour s'assurer qu'au soir voulu, ils nous communiquent les résultats, ne demandait pas une folle expertise. Nous étions payés symboliquement, mais c'était mon premier salaire.

Dès que je le pouvais, je m'échappais de notre local presque insalubre pour monter dans les étages. Objectif : la rédaction. J'avais un avantage sur les autres étudiants, mon obsession de l'information et de la politique, qu'ils ne partageaient pas forcément. Je me rendais utile, je portais les cafés, je rôdais dans la rédaction, je bavardais avec mon amie Nathalie, je traînais au service politique où officiaient Ivan Levaï, Gérard Carreyrou, Robert Namias, tous chapeautés par l'affable Georges Altschuler à l'élégance d'un autre temps.

Il avait été résistant, avait travaillé à *Combat*, c'était un homme poli, raffiné et respectable. Mais les jeunes journalistes en bras de chemise et cigarette au bec étaient plus amusants pour moi que ce vieux monsieur.

Les législatives de 1973 ne furent pas le succès que la gauche espérait. Ma mission s'achevait, j'allais devoir m'en aller sans avoir pris racine. Je connaissais un peu tout le monde, et j'avais même fait mes débuts, par hasard, à l'antenne. Christiane Collange consacrait quotidiennement une heure de radio destinée aux femmes. Un jour, elle me héla dans les couloirs alors qu'elle animait une émission sur… les régimes alimentaires ! « Hep la stagiaire, venez donc parler avec nous. » Mes premiers mots – inoubliables – dans un micro ! Mais comment m'incruster ?

À cette même époque, Nathalie Duhamel tomba malade puis fut embauchée par François Mitterrand au début de l'année 1974. Jean Gorini allait avoir besoin de renouveler son équipe personnelle. « Vous allez travailler pour moi, mais n'imaginez surtout pas que vous allez embêter mes journalistes ! » Je n'imaginais rien, ou plutôt j'imaginais trop. « Je vous paierai 1 800 francs par mois (un peu plus de 250 euros).

— Mais Nathalie gagnait 2 500 !

— Elle était surpayée ! Pas un sou de plus, rompez ! »

C'était un brave homme sous ses dehors bourrus et il fut le meilleur directeur de l'information que j'aie connu. Présent sur tous les sujets, travaillant les dossiers, convoquant le journaliste chargé du flash dont il corrigeait la copie avec application et pédagogie. J'ai retrouvé cette conscience professionnelle chez Olivier Mazerolle à RTL, mais chez très peu d'autres après lui. Plus tard, j'ai même vu arriver des reportages en cours de journal télévisé, mis à l'antenne du 20 heures sans que personne les eût visionnés. Une des nombreuses dérives dont l'information commençait d'être l'objet.

Gorini était un anarchiste de droite, qui adorait la provocation. Il votait par correspondance, et donc avant l'heure, dans son village breton de Binic. Il aimait me demander de choisir au hasard le candidat auquel il était censé donner sa voix, parmi les bulletins retournés à l'envers sur son bureau. Je m'y refusais avec indignation. Il ne disait pas « élections, piège à cons » comme, plus tard, mes congénères de 1968, mais devait le penser très fort pour tourner ainsi en dérision le suffrage universel, riant à gorge déployée de mes protestations.

Son sexisme légendaire, qui confinait à la grossièreté, n'était pas moins assumé. Je le vois encore, à la table où se préparait le journal de 19 heures, tirant sur sa pipe, et faisant pivoter entre ses doigts une pièce de 5 francs, un toc qui accompagnait ses péroraisons. Dès qu'il s'agissait des femmes (nous étions en plein débat sur l'avortement), ses harangues se terminaient invariablement par un sonore « toutes des salopes ! » qui me mettait en fureur et faisait sa joie. Comment était-il possible qu'aucun de ses journalistes ne proteste et que tous se contentent de ricaner grassement ?

Presque tous étaient des hommes, hormis Catherine Dufresne, reporter corvéable à merci qui trimbalait un Nagra – ce lourd magnétophone professionnel de 15 kilos –, Françoise Kramer, dont le journal de 9 heures était destiné aux auditrices, et Christiane Collange dont j'ai déjà parlé. Ce n'était pas encore l'heure des commentatrices politiques, comme Catherine Nay ou Michèle Cotta. Et il était entendu que je n'avais rien à faire dans ce sanctuaire masculin. Cela me révoltait. Je le vivais comme une injustice et pas encore comme une discrimination scandaleuse.

Mon travail d'assistante était celui d'une secrétaire qui ne saurait même pas taper une lettre à la machine. Je n'écrivais pas le courrier de Gorini, mais j'en faisais des brouillons et les dictais à sa secrétaire. Je passais ses coups de fil, épluchais quelques dossiers qu'il me donnait à regarder. Je ne comprenais pas en quoi je lui étais utile, mais je me taisais, ravie de l'aubaine, en attendant mieux.

Je m'étonne, aujourd'hui, de n'avoir eu aucun doute d'arriver un jour à briser la barrière professionnelle alors impénétrable aux femmes, notamment dans les médias audiovisuels. Inconscience ? Naïveté ? Témérité ? Toujours est-il que je ne me posais même pas la question.

Un soir, le 2 avril 1974, en arrivant chez mes parents, je les ai vus médusés, regardant fixement un bandeau en bas de l'écran de télévision où passait un film, *L'Homme de Kiev*. Le texte était concis et annonçait la mort de Georges Pompidou, président de la République en exercice, que chacun savait malade, tout en ignorant la gravité de son mal. Aujourd'hui où les directs s'enchaînent pour commenter le moindre feu de poubelle dans une manifestation, cette annonce discrète qui n'osait pas interrompre un film semble hors du temps. Il y a, de fait, près de cinquante ans de cela...

Cet événement, qui devait aboutir à l'élection de Valéry Giscard d'Estaing, eut sur ma vie une conséquence imprévue. J'étais fiancée depuis quelques semaines à un très sympathique garçon, connu à la fac de droit quelques années plus tôt. Il était « bien sous tous rapports », gentil, astucieux, issu d'une famille bourgeoise du même milieu que moi. Il m'avait offert un brillant monté en solitaire que je trouvais énorme, et que je n'osais pas porter, sinon en retournant le chaton de la bague à l'intérieur. J'avais peu d'expérience des hommes, et, comme lui sans doute, prenais pour de l'amour une amourette d'étudiants.

Mes parents étaient hostiles à ce mariage, le futur mari leur semblait trop conventionnel pour moi. Ils étaient persuadés que je m'ennuierais vite, entre ses parties de golf et le déjeuner hebdomadaire chez sa grand-mère. Ils avaient raison, mais je trouvais insupportable qu'ils veuillent influencer ma décision et plus ils insistaient, plus je m'obstinais. La mort de Pompidou me fournit alors le plus formidable – quoique le plus invraisemblable – des alibis : j'allais être débordée, expliquai-je à ma future belle-famille, par la présidentielle à venir, et il fallait absolument repousser le mariage, prévu en juin !

Gentils futurs beaux-parents, gentille famille, gentil fiancé qui gobèrent ce mensonge, persuadés sans doute que mon rôle à la radio était de premier plan. J'ai honte *a posteriori* d'un tel bobard, mais il me permettait de sauver la face en repoussant *sine die* un mariage que je devinais être une erreur sans vouloir le reconnaître, et dont le caractère inéluctable me serrait la gorge. En vérité, je n'avais rien de plus à faire durant cette campagne, sinon assurer avec quelques étudiants le service d'ordre de la station les soirs de débat.

Je me rappelle celui qui opposa Giscard et Mitterrand sur Europe, premier d'une série qui allait devenir un must des campagnes télévisées. J'étais aux anges, assise par terre devant l'estrade, persuadée que j'étais partie prenante d'un événement historique. Mikhaïl Gorbatchev, presque vingt ans plus tard lors d'un « 7 sur 7 » mémorable, quelques jours avant la chute de l'Empire soviétique, en 1991 ou Jacques Delors en 1994 annonçant son refus de se présenter à la présidentielle, me firent à peine plus d'effet. Question d'échelle.

Giscard l'emporta finalement et la vie reprit son cours. Entre-temps, j'étais montée en grade. Étienne Mougeotte était arrivé à Europe, en charge du journal et de l'émission politique qui suivait. Gorini me demanda – j'allais écrire « me proposa », ce qui eût été un contresens – de devenir la collaboratrice de Mougeotte tout en continuant à travailler pour lui. « Pas un sou de plus, bien entendu ! » Pour la première fois, je m'approchais en douceur d'un travail journalistique.

L'émission s'appelait « Questions-Réponses », j'étais en charge de la « pastille »... une immense responsabilité ! Celle de faire parvenir à l'invité, s'il ne pouvait être présent en studio, une « pastille », sorte d'amplificateur à visser dans le combiné du téléphone pour améliorer la qualité de l'écoute, afin qu'il intervienne de chez lui. Poste à haut potentiel, comme on dirait aujourd'hui, et qui justifiait une promotion !

Trêve d'ironie, j'appris le métier avec Mougeotte que je devais retrouver vingt ans plus tard à TF1. Nous cherchions ensemble l'invité idéal en fonction de l'actualité, et j'étais supposée lui préparer une matrice de questions parmi lesquelles il piochait, à ma plus grande fierté.

Je garde en mémoire une émission qui eut lieu avec Michel Jobert le 1er avril 1974 au soir, la veille de la mort de Pompidou. La signature du programme était dans le générique, où une voix enregistrée disait « Questions », et Mougeotte se nommait, suivi de « Réponses » et l'invité déclinait lui-même son identité. Ce soir-là, Michel Jobert, ministre depuis un an ou deux et subtil personnage de la vie publique, répondit « Michel Jobert, ministre des Affaires étrangères pour une durée indéterminée ». Tout le monde se perdit en conjectures, pariant sur son départ prochain ou sa nomination comme Premier ministre. Or Jobert savait que le président était à l'agonie, c'était sa façon à lui de le dire sans le dire.

Après une saison de collaboration, Étienne Mougeotte me fit un cadeau inestimable en demandant pour moi une carte de presse. Je me rappelle mon excitation, la façon dont je me précipitai chez mes amis journalistes pour leur faire part de l'extraordinaire nouvelle. Je fus accueillie par des sourires indulgents, quoique indifférents à l'ampleur de ce sacre d'importance. Pour moi, c'était l'entrée dans le monde dont j'avais rêvé. Et quels que soient les reproches que j'eus à faire, plus tard, à Étienne Mougeotte, il restera celui qui m'offrit cette joie primitive : me croire un instant l'égale fantasmée d'Albert Londres !

À Europe n° 1, j'ai côtoyé quelques personnages singuliers.

« Monsieur Larousse » comptait parmi ceux-là, peu s'en souviennent. Il était le spécialiste des définitions, des expressions méconnues et avait pour tâche d'en donner au micro l'origine et la signification.

Monsieur Larousse s'appelait en fait Lucien Combelle. Il devait avoir près de soixante ans, m'en paraissait quatre-vingts. Grand, fort, une carrure de déménageur, la voix faubourienne, une éternelle chemise à carreaux rentrée dans un pantalon de velours à bretelles, il semblait mystérieux avec sa démarche lente et ses airs de conspirateur. Il se prit d'affection pour moi, au point, un jour, de me sortir une photo de son portefeuille : un cliché d'Hitler, à Paris, pris sûrement le jour de son unique visite, en juillet 1940, à l'aube. Il est devant la tour Eiffel, mais ce n'est pas un des clichés officiels bien connus. Plutôt une photo personnelle, prise à deux mètres, par quelqu'un qui pouvait donc approcher le Führer. Je restai pétrifiée : qui était cet homme, quel était son passé, dont il était assez fier pour en trimbaler la trace dans son portefeuille, et assez honteux pour avoir besoin de l'exhiber comme une flagellation supplémentaire devant une petite juive ?

Il avait été secrétaire d'André Gide avant la guerre, mais avait pris le parti de la collaboration dès l'armistice. Maurras avait été sa nourriture intellectuelle, et la revue *Révolution nationale* son antre. Sous l'Occupation, il avait été le directeur de ce journal qui fut aussi celui de Brasillach et de Céline. Condamné à quinze ans de prison à la Libération, plus sévèrement que d'autres qui surent s'en tirer, il en fit dix, sans protester mais avec la rancune de celui qui prit la foudre quand d'autres y échappèrent.

Je fus témoin d'échanges tendus qu'il eut avec des collègues d'Europe n° 1, qui avaient, croyait-il, collaboré, mais n'hésitaient pas à réclamer les honneurs de la République. Drôle d'homme, à la fois crâneur et contrit, dont il faut réécouter les entretiens qu'il accorda à Pierre Assouline à France Culture, vers la fin des années 80. Ils donnent toute la mesure de la naïveté, de l'ambiguïté et finalement, de l'abjection de ces intellectuels français complaisants envers le fascisme[1].

Autre figure, nettement plus célèbre, celle d'Alain Duhamel, dont je n'ai jamais égalé le professionnalisme ou les compétences, et que j'hébergeai un temps dans mon petit bureau, avant de le lui laisser et de me retrouver à la table de Lucien Combelle.

1. Voir évidemment le beau livre que lui a consacré Pierre Assouline, *Le Fleuve Combelle*, Calmann-Lévy, Paris, 1997.

Il avait été l'un de mes examinateurs au Grand Oral, épreuve phare de la fin des études à Sciences Po. Ce jour-là, devant moi, mon ancien camarade Jean-Jacques Chaban-Delmas avait tiré au sort un sujet taillé sur mesure pour lui, « Les gaullistes depuis 40 », alors que j'avais hérité de trois sujets d'économie, discipline où je ne brillais pas. J'avais alors compris le sens du mot injustice ! Je décidai donc de traiter en sujet politique « Le ministre des Finances sous la Ve République ». Après tout, au grand oral de Sciences Po comme à celui de l'ENA, on juge certes des connaissances, mais aussi de la capacité de l'élève à se tirer des embûches. Or ce choix, tenu tout au long de l'exposé, se défendait. Les jurés se rattrapèrent quand vint leur tour de me poser des questions. Et je n'ai pas oublié la colle cruelle de Duhamel sur la réforme financière d'André Philip, ministre des Finances, précisément, en 1947. Je fus incapable d'aligner trois mots.

Quelques années plus tard, fut-ce une revanche de retrouver Duhamel et de lui offrir l'abri dans mon bureau ? Même pas. J'ai toujours reconnu (au risque de déplaire à ceux qui fustigent la « pensée unique » et les représentants du « cercle de la raison » – autrement dit les modérés d'hier) son talent, son travail, sa méthodologie et ses qualités d'analyse. Agaçant quand il était trop giscardien et balancé, il devint un temps balladurien (ce qui revient à peu près au même), se gauchit avec Jospin et Hollande qu'il apprécia, et prit de plus en plus de risques au fur et à mesure des années, à l'inverse des parcours habituels. Une vie de travail sérieux, acharné, au point d'être aussi incollable sur les traités européens que sur le système de retraite. Le meilleur d'entre nous sans doute. Même si dès cette époque, m'agaçaient ses rituels confinant à la maniaquerie, dont les couchers imperturbablement programmés à 22 h 30. Si bien qu'on se surprenait à rêver de lui lancer des cotillons à la figure, d'éclabousser sa chemise bien repassée et de décoiffer sa raie impeccablement peignée. Sa femme France, chef d'orchestre fantasque, qui lui fit beaucoup de bien, a toujours accompagné, avec le sourire, ces manies.

Malgré ces affectueux sarcasmes, il aura été une vedette qui dure. Sans doute les clients des supermarchés ne l'arrêtent-ils pas à chaque comptoir pour lui dire « je vous adore, vous êtes merveilleux » ! Pour connaître, à l'inverse, ce harcèlement amical (ressenti par tout présentateur, fût-il celui/celle de la météo ou du loto), je me suis forgé la certitude qu'à la télévision, la notoriété tient lieu de compétence…

Jean-François Kahn est l'un des visages que je voudrais saluer, car il est mon ami depuis près de cinquante ans. Nous sommes proches depuis ces années de début à Europe, et sa femme, Rachel, est une intime. J'ai toujours prétendu qu'il était fou. D'ailleurs, il l'est. Nouveau Pic de la Mirandole, éperdu de connaissances plus ou moins vite digérées, il a une immense culture, sait tout sur tout, de la mécanique des fluides aux poésies de Victor Hugo, en passant par le règne de Louis VI le Gros et les plus belles œuvres de la culture perse.

Jean Gorini m'avait chargée d'organiser le tour du monde de ce journaliste exceptionnel, qui, pendant tout un été, devait envoyer à Europe ses chroniques, sur les endroits de la planète qu'il visitait. Or son écriture est aussi étrange que lui, illisible, de travers, un mot par page ou au contraire composant tout un grimoire, impossible à déchiffrer. J'étais attendrie par son étourderie – il lui arrivait de mettre dans sa poche une allumette enflammée –, amusée par ses tirades fougueuses et fulgurantes.

Nous sommes devenus très liés. Passionné de musique, d'opéra ou de chansons, il est capable de fredonner tous les airs d'une opérette de Massenet, de défendre une thèse sur les concertos brandebourgeois et de partager, avec sa femme et moi, un amour – assez décalé aujourd'hui – pour Jacques Offenbach.

Créateur, au vrai sens du terme, d'une presse d'un genre nouveau, *L'Événement du Jeudi* ou *Marianne* en témoignent, il eut des engouements politiques successifs, de gauche hier, centristes aujourd'hui, mais toujours rebelles à l'air du temps, au risque de cultiver exagérément le paradoxe. Il ne vieillit pas, bouille ronde, hier glabre aujourd'hui barbue, il a un rire sonore et contagieux, un tempérament emporté, des mots qui se bousculent, trop pressés de sortir. Je lui dois aussi mes débuts d'expérience télévisée.

Enfin et surtout, il me faut évidemment ajouter que ces années à Europe m'ont permis de rencontrer et d'aimer le père de mes enfants, Ivan Levaï.

J'avais fini par annuler le mariage programmé avec mon « gentil fiancé », puis entamer une relation d'abord clandestine avec Ivan. Mes parents eurent un peu le tournis mais ne se permirent plus aucune remarque. Et pourtant, Ivan était marié, avait déjà un jeune fils, Marc, « nous » passions du XVIe arrondissement à un p'tit gars de Belleville orphelin, mais peu m'importait : une belle histoire d'amour, un métier, une carrière que je pensais sans accrocs, des enfants à venir, bref, la vie allait être heureuse.

Ivan, plus âgé que moi, était un grand journaliste reconnu, à la fougue communicative. Dingue de politique, il fit les beaux jours de la station avec son émission de 8 h 20, « Expliquez-vous ! » et sa revue de presse, dont il créa un genre inégalé qu'il exporta plus tard sur France Inter.

C'est par lui, d'ailleurs, que les secousses arrivèrent. Pour avoir chroniqué de façon allègre mais impertinente le Premier ministre de Giscard, Jacques Chirac, qui pliait patiemment à l'Assemblée des cocottes en papier durant les débats qui s'éternisaient, Ivan déchaîna les foudres du pouvoir. « Persiflage », tonna l'autorité de tutelle qui exigea le renvoi des historiques de la station, Maurice Siégel, son président et inventeur, Jean Gorini son directeur de l'information et son directeur adjoint, Georges Leroy.

Nous étions en 1975, et avions alors beaucoup à envier à nos confrères étrangers en matière de liberté de la presse. Quant à Jacques Chirac, s'il acquit, à mesure des années, la stature de père de la nation, son règne d'alors trahissait une vision assez étroite de l'indépendance des journalistes.

Étienne Mougeotte reprit les rênes, confia à Ivan les clés de l'émission politique, et renouvela les programmes. De ses années à l'ORTF dont il fut une brillante incarnation au 20 heures, il avait gardé une étroite amitié avec d'anciens de la télévision comme Pierre Lescure et Jean-Michel Desjeunes. Au premier, il délégua le journal de 19 heures qui avait été le sien. Au second, une émission de fin d'après-midi, « Tout peut arriver », entre 17 et 19 heures, en direct et en public, mélange de variétés et d'informations, genre qui devait être transposé à la télévision et y perdurer sous de multiples formes, de Drucker à Ruquier.

Dans le grand studio d'Europe, devant un parterre de spectateurs, Desjeunes recevait des vedettes du cinéma, de la chanson, du spectacle. Deux parenthèses ponctuaient l'émission : un « Journal du rock » présenté avec gourmandise par Pierre Lescure qui en fut toujours passionné, et un « Confessionnal », que j'animais. L'objet de ces minutes qu'on disait « douces-amères » ? Une interview sel et poivre de l'invité(e) du jour, notamment des politiques dont il était dit que j'avais un peu de pratique. Ce furent mes premiers tâtonnements à l'antenne. Tout en m'amusant beaucoup, je me forgeais une petite expérience qui consistait à trousser une interview quotidienne en dix minutes.

Mon père était si fier de mes exploits qu'il s'enfermait dans son bureau, prétextant une conversation téléphonique confidentielle, pour brancher son petit transistor et écouter sa fille interviewer Jane Birkin, Guy Bedos, François Giroud ou Jean Lecanuet !

Au bout d'un an, cette émission s'arrêta faute d'auditeurs en nombre suffisant, et la question se posa de mon reclassement dans la maison. Mougeotte voulait que je m'essaie à l'exercice du flash, mais la perspective ne m'emballait guère. Jean-Luc Lagardère, l'homme de confiance de Sylvain Floirat, propriétaire de la station – avant d'en devenir le patron lui-même –, me proposa un poste d'assistante et d'attachée de presse personnelle. Mais j'avais envie d'autre chose et j'éprouvais peu d'intérêt pour les activités de ce magnat des affaires. Si bien que n'ayant aucun créneau à occuper, je décidai de m'en aller. Je faisais alors mes premiers pas à la télévision, dont les horizons me semblaient moins étroits.

Cette expérience à Europe n'aura duré que quelques années, mais elle m'a donné le goût de la radio que j'ai toujours préférée à la télévision, où j'ai pourtant fait l'essentiel de mon parcours professionnel.

La radio c'est la vie, le contact direct avec l'auditeur. Pas de filtre, de lumière, de décor, d'afféterie. La télé, c'est la scène, le spectacle et la pose. Il y a plus de simplicité et de naturel à la radio, on continue dans le studio une conversation qu'on a commencée dans le couloir. On joue un rôle à la télé, on est tributaire du cadre et de l'éclairage. Pour l'animateur, la barrière avec le téléspectateur – qui pourtant n'est pas une entité plus abstraite que ne l'est l'auditeur – paraît souvent plus infranchissable. La radio est modeste, agile, familière. La télévision est encombrante, lourde, solennelle. On maquille ceux qui paraissent à l'antenne. On tâche de ne pas maquiller les faits, quoique le doute subsiste pour certains…

J'attendrai toutefois longtemps avant de revenir à la radio qui demeure mon exercice favori. La télévision, et son clinquant, allait m'accaparer de longues années.

3.

L'odeur du vendredi

J'ai parlé du cocon protecteur dont mes parents m'ont enveloppée. Comme d'une chose précieuse que la vie ne devait pas égratigner.

L'école qu'ils avaient choisie pour moi répondait à ce même souci.

Le cours Hattemer était d'un très bon niveau. J'y suis restée toute ma scolarité. D'abord dans le XVIe arrondissement, rue de la Faisanderie, dans un élégant petit hôtel particulier qui abritait les enfants de la 11e (le CP d'aujourd'hui) à la 4e. L'escalier et le parquet craquaient, comme dans les maisons vieillottes d'Auteuil ou Passy, les pupitres étaient d'origine, ou presque (fin du XIXe). La cour de récréation, recouverte de bitume, était ombragée par un énorme marronnier qui abritait nos jeux.

La maison mère, rue de Londres, près de la gare Saint-Lazare, où je suis allée de la 3e à la terminale, avait moins de charme. Au collège, j'aurais pu intégrer un lycée dans le périmètre de la carte scolaire dont je relevais. Molière et La Fontaine n'avaient pas bonne réputation. Janson était alors réservé aux garçons ; il restait quelques cours privés dans le XVIe auxquels j'ai supplié mes parents de ne pas m'envoyer. Confessionnelles ou laïques, ces institutions représentaient tout ce que je détestais. L'enseignement devait être excellent, mais je redoutais leur fréquentation.

Je n'envisageais pas de me retrouver au cours Victor-Hugo, où la plupart de mes camarades filles d'Hattemer allaient échouer. L'uniforme bleu marine était faussement démocratique : chacun voyait bien la différence entre un blazer de chez Céline et un autre acheté au Prisunic (en nombre plus faible que l'autre). Et j'étais allergique au snobisme de ces jeunes filles du XVIe. J'ai donc préféré poursuivre mes études secondaires au cours Hattemer de la rue de Londres, à l'excellente réputation scolaire, près de la gare Saint-Lazare, loin de chez moi.

Retour en arrière. Je n'ai presque aucun souvenir des petites classes, et pour cause. Le « grand cours » avait lieu une seule fois par semaine ! Le reste du temps, il y avait « l'étude », où chaque élève pouvait apprendre ses leçons et faire ses devoirs. Mais dans le courant des années 50-60, pour la plupart de ces enfants du

XVIe dont les mères étaient femmes au foyer, le travail quotidien se faisait à la maison.

L'école, une seule fois par semaine avant la 6e ! L'écrire me paraît extravagant, l'expliquer à mes petits-enfants les fait rire. Cela allait à l'encontre des principes élémentaires de socialisation des enfants et reflétait un modèle familial où la mère, oisive, a tout loisir de faire travailler sa progéniture.

J'ai jeté un voile sur cette enfance et, de cette époque, presque rien ne me revient : aucun camarade, aucun cours, pas une seule maîtresse (sinon Mademoiselle Trouillet, pour son nom qui nous faisait rire, ou Madame Parisot, la bienveillante directrice). Une des seules choses dont je me souvienne, c'est de la croix d'honneur, assez saugrenue, que l'on portait à la fin du trimestre quand on avait bien travaillé. Sorte d'ersatz de la Légion d'honneur à laquelle elle ressemblait, qu'on épinglait fièrement sur le manteau. Au point que les hivers où j'allais aux États-Unis, les voyageurs des autobus new-yorkais demandaient à ma mère quelle action d'éclat j'avais accomplie pour être ainsi décorée !

Pour soumettre la vie extérieure à la vie familiale, ma mère avait négocié – et le fit durant toute ma scolarité – que je n'aille pas à l'école le samedi. Elle laissait planer le flou sur la raison de mon absence. J'ai le souvenir de son premier entretien avec mon professeur de lettres de 3ᵉ, l'aimable Monsieur Corbon, timide et emprunté dans la vie sociale, alors qu'il était si volubile et intéressant dans ses cours sur du Bellay ou Stendhal. Sans doute pensait-il que je ne voulais pas venir le samedi pour des raisons religieuses, aussi s'efforçait-il de ne pas décider de contrôles (on disait alors des compositions) ce jour-là. À l'exception d'une fois qui m'avait causé une immense gêne : ne pouvant faire autrement que de prévoir un devoir sur table un samedi matin, il avait demandé devant toute la classe si cela ne me dérangeait pas d'être présente ce jour-là !

La vraie raison était inavouable : ma mère ne voulait pas sacrifier les week-ends, ou plus exactement, les miens. Pour ma santé, elle estimait que je devais « prendre l'air » pendant deux jours pleins et nos départs pour la campagne, dès le vendredi après-midi, étaient devenus sacro-saints.

Je repense avec tendresse à ces vendredis de printemps, les moments les plus doux de ma vie d'enfant. J'ai onze ans, et nous venons passer le week-end à Fleury, dans la maison de campagne de mes parents. Je revois précisément ma mère au volant de sa Dauphine beige, qui avait succédé à la 4 CV verdâtre de ma prime jeunesse. J'ai longtemps détesté le beige – « moins salissant » pour les voitures et « plus distingué » pour les vêtements ! – que ma mère affectionnait (jupe et twin-set beiges sous un manteau bleu marine furent mon uniforme durant des années).

L'air est doux, la pelouse vient d'être tondue. Cette odeur d'herbe coupée parfume tous mes souvenirs d'enfance. Des dizaines d'années plus tard, les effluves d'herbe fraîche évoquent encore cette époque insouciante, probablement parmi les plus heureuses de ma vie. Je me roule dans l'herbe, m'enivre de cette senteur pré-estivale d'herbe chaude. Ma chienne, un setter irlandais, compagne de solitude de la petite fille unique que j'étais, aboie après les oiseaux qui ont le front de s'envoler au-delà des murs du jardin avant qu'elle ne les attrape. Je suis en 5e, j'ai enfin pris goût aux études ; la nature des tourments d'une héroïne de Racine m'inspire bien plus que l'évocation de mes dernières vacances qui sollicitaient une imagination défaillante.

Délice donc du vendredi, où le week-end s'annonce long. Tout un samedi devant moi, avant que le dimanche ne soit vécu comme zébré, couturé par le retour à Paris qui sonnait la fin des plaisirs. Très longtemps avant d'y faire une émission, les dimanches ont été pour moi des jours d'angoisse, de tension, de chagrin qui marquaient la fin de l'insouciance.

Je me suis toujours réjouie de la promesse d'un moment heureux plus que du moment lui-même. Une sortie au cinéma avec ma grand-mère n'était pas une chose banale mais une fête, que je dégustais une semaine à l'avance avant de compter, durant la projection, les minutes qu'il me restait à vivre ce moment privilégié. De la difficulté de savourer le présent sans appréhender sa fin inéluctable. Seule la vie amoureuse me libérera de cette angoisse, et m'apprendra à goûter les voluptés de l'instant.

Je n'étais pas une pré-ado tourmentée par la puberté, qui arriva tard. L'enfance des jeux était finie, la terreur des examens ou concours n'était pas encore venue, et ces deux jours dont j'allais profiter pendant que mes camarades étaient en classe, étaient parfaits. Toujours munie de mon petit transistor, avec lequel j'écoutais les reportages en direct d'Alger, je grimpais dans le vieux noyer du jardin, la radio dans une main, *La Reine Margot* dans l'autre.

Ce fut le temps de l'enchantement des Alexandre Dumas qui m'ont initiée à l'histoire et me faisaient vibrer : le Louvre de *La Reine Margot* ou des *Quarante-cinq*, au temps de la Saint-Barthélemy ; le siècle de Louis XIII avec la trilogie des *Trois Mousquetaires*, de *Vingt ans après* et du *Vicomte de Bragelonne* ; les secousses de la Révolution, de *Joseph Balsamo* au *Collier de la Reine*, puis à *La Comtesse de Charny*… J'ai raffolé des Dumas et dévoré ses romans historiques, trop démodés peut-être pour les enfants d'aujourd'hui.

Nous n'avions pas la télévision, et je n'en souffrais pas. Aucun enfant ne parlait du programme de la veille, pas plus que des jeux ou feuilletons. Je connaissais tout juste « Intervilles » et ses courses de vaches landaises pour en avoir vu le programme chez ma grand-mère. Lorsque je faisais une grosse bêtise ou rapportais un mauvais carnet de notes, mes parents n'avaient donc d'autre choix que de me punir… de lecture ! Une vraie torture quand Richelieu faisait le siège de La Rochelle, que j'étais plongée dans les expériences de Cagliostro ou dans les séances de magnétisme autour du baquet de Mesmer qui faisaient fureur avant la Révolution et parsemaient le récit du *Collier de la Reine*. Bien entendu, je transgressais la punition en enfouissant mes livres dans mon gros cartable, dans lequel je plongeais opportunément quand ma mère entrait dans ma chambre. Ou la nuit, sous les draps avec une lampe de poche, je pestais alors contre la naïveté du pauvre cardinal de Rohan piégé, comme Marie Antoinette, par l'aventureuse comtesse de La Motte.

Fleury, c'était tout cela. Les promenades à vélo avec mon père jusqu'à Barbizon où j'avais droit à une limonade.

Ayant entendu que les murs de la ferme dataient peut-être d'avant la Révolution, j'avais entrepris, avec mon cousin Philippe, la recherche éperdue mais vaine d'un passage secret. Il devait immanquablement, selon moi, relier cette petite maison au très élégant château Louis XIII du village. J'ai passé des week-ends entiers à sonder les murs pour chercher des indices de ce corridor qui, dans mes rêves, permettait aux châtelains persécutés d'échapper aux sans-culottes. Je lisais trop Dumas, et n'ai trouvé hélas que les tunnels creusés par les taupes du jardin que mon père traquait consciencieusement. C'était avant que le rock et le twist, Johnny, Sylvie, Claude François ou Elvis Presley, entrent dans ma vie et celle de mes copains venus passer le week-end à Fleury.

J'ai la nostalgie de cette maison de Fleury-en-Bière, qui n'était ni très belle, ni très confortable, mais elle était mon refuge. Mes parents avaient acheté une vieille longère en 1954. C'était l'époque des fermes retapées avec vieilles poutres et murs épais. Pas d'architecte pour les aider, mais le maçon et le menuisier du coin, des meubles chinés dans des ventes des environs, une cheminée avec un manteau de vieille pierre et un coq de clocher, tout cabossé, déniché chez un brocanteur, et briqué avec patience par ma mère jusqu'à ce qu'il retrouve un peu de sa patine.

Je me rappelle le froid sibérien qu'il fit, le premier hiver, et les petits matins où mon père, en robe de chambre, descendait par un escalier extérieur jusqu'à la cave pour remettre du charbon dans la chaudière. Le fuel vint plus tard, de même que le logement des gardiens, l'auvent avec la table de ping-pong, et le tennis en quick au-delà du mur du jardin, dans une parcelle acquise de haute lutte auprès des agriculteurs du coin.

Il y avait un bureau de poste (un luxe pour cinq cents habitants… Ah, les heureux temps du service public !) et un seul commerce à Fleury, un café-épicerie, dit « chez Michaud », où l'on achetait des poireaux, des yaourts, des Carambar, le *France-Soir* de mes parents et les petits illustrés de bande dessinée. Le village comptait quelques figures incontournables : Madame Brichard, au dos courbé par les ans et le travail dans les champs, qui m'offrait ses asperges en échange d'un peu d'aide pour porter ses cabas ; le mari de la postière, Monsieur Lafleurière, électricien tout-terrain et puissant conseiller municipal.

Peu de voitures traversaient le village et mes amis et moi avions la permission d'aller faire du vélo dans ce que j'appelais pompeusement le « boulevard périphérique », une petite rue qui ceinturait la commune, et où ne passaient que les charrues de retour des champs.

De mes dix premières années, il me reste des photos un peu floues en noir et blanc. Née à New York, j'en suis partie à l'âge de trois ans, trop tôt pour en avoir conservé de vrais souvenirs. Ou plutôt se sont-ils confondus avec ceux, plus tardifs, de mes six, sept ou huit ans où – grâce à la souplesse du cours Hattemer – je partais avec ma mère pendant trois à quatre semaines chez mes grands-parents Rosenberg, qui habitaient six mois de l'année cette ville où ils s'étaient réfugiés pendant la guerre[1] et où mon grand-père Paul avait ouvert une galerie, ayant choisi de ne plus en avoir en France. Séjours enchanteurs. Il faisait froid, il neigeait le plus souvent, et la bise soufflait sur Fifth Avenue. Je faisais de la luge dans Central Park, admirais la ville et les lumières du pont de Brooklyn, buvais des chocolats chauds au coin de la rue, découvrais les drugstores qui vendaient tout et rien, rêvais le nez collé à la vitrine de chez FAO-Schwarz, le magasin de jouets mythique où les peluches étaient plus grandes que moi.

Mes grands-parents y vivaient l'hiver. L'été, ils revenaient à Paris puis descendaient à Cannes pour y passer avec nous les mois de juillet et août. Dans une modeste auberge de Mougins d'abord, Les Lentisques, puis dans le vieil hôtel Montfleury, sur les hauteurs de Cannes. D'architecture vieillotte, blanche et rococo, vestige du début du siècle, il respirait le luxe passé comme tous ces vieux hôtels, le Carlton de Cannes, ou le Negresco de Nice, où venait la clientèle aristocratique de la Russie d'avant la Révolution. Las, mes « madeleines » sont

1. Voir *21 rue La Boétie*, Grasset, Paris, 2012.

rassies depuis longtemps : Les Lentisques sont devenus un camping et le Montfleury, transformé en un immeuble sans âge, siège d'un Novotel...

J'aimais les lentes descentes en voiture de Paris à Cannes, le long de la nationale 7. Long voyage de trois jours qui comptait deux escales : à Saint-Étienne, puis en Avignon et Aix-en-Provence pour visiter musées ou expositions. J'étais une petite fille très bavarde, à tel point que les passagers criaient grâce et me mettaient parfois au défi de rester muette pendant les cinquante kilomètres suivants.

Mes grands-parents avaient une Ford noire, une longue voiture américaine typique des années 50, aux feux arrière pointus et rieurs, comme il n'en existe plus qu'à Cuba ou dans les films avec Cary Grant. C'est Antonin, le chauffeur, qui la conduisait. J'avais honte de la voiture et du chauffeur en costume, cravate et casquette bleu marine, si bien que s'il venait à l'idée de ma grand-mère de me déposer en voiture à l'école, j'exigeais de faire les cent derniers mètres à pied.

Mes grands-parents avaient connu Juan-les-Pins et la Côte d'Azur d'avant-guerre, avec leur ami Picasso. Quand ils y revenaient l'été, dans les années 50, ils en profitaient pour rendre visite au vieux copain de Paul.

J'ai déjà raconté[1] mes jeux avec son fils Claude, dans son jardin de Notre-Dame-de-Vie, la pagaille bohème qui régnait dans la maison où les taches de peinture tapissaient le parquet, et où des toiles posées à l'envers contre les murs faisaient office de têtes de lit. Je craignais que celui que tout le monde désignait comme un génie se prenne d'envie de faire mon portrait comme il en menaçait ma mère, parfois : ce serait forcément une « gueule tordue » comme je les appelais alors, avec un visage fracassé à la Dora Maar. Il ne le fit pas, et je m'en suis réjouie, ce qui en dit long sur mon flair artistique !

Cannes, c'était la chaleur et les cigales, la plage et sa torture : l'apprentissage du plongeon. Ma mère qui, comme d'habitude, avait décidé que sa fille serait une parfaite nageuse, m'emmenait le matin à Bijou-Plage, une des rares plages aménagées de Cannes, et s'était mis en tête de m'apprendre à plonger. Contiguë au port, près du Palm Beach, la plage avait un long ponton en béton d'où j'étais censée m'entraîner. J'ai souvenir de crises de larmes et d'heures entières à trembler de froid dans mon maillot mouillé, sans oser me lancer, alors que ma mère, dans l'eau jusqu'à la taille, me tendait les bras, d'abord encourageante, avant de me réprimander sévèrement pour mon insurmontable

1. *Ibid.*

couardise. J'ai fini par apprendre, mais les débuts furent douloureux.

J'étais une petite fille assez ronde, mais pas particulièrement complexée. En tout cas, pas autant que mon père, qui racontait volontiers qu'à ma première apparition lors du récital annuel du cours de danse, en tutu, pointes et collant rose, la salle avait poussé des « oh » de stupéfaction ! L'anecdote est fausse, car j'étais juste un peu trop potelée, mais cette histoire mille fois répétée aura sans doute déterminé ma lutte continuelle contre quelques kilos de trop.

Je faisais donc de la danse, et je n'étais pas douée. Du piano aussi, mais j'accrochais les notes. Une éducation de « petite fille de bonne famille », pas plus habile de son corps qu'elle ne l'était de ses mains. Madame Barre était une prof pourtant très stimulante, qui nous fit danser *Coppélia* de Léo Delibes ou *Les Forains* d'Henri Sauguet, deux ballets dont j'adorais les musiques. Le cours avait lieu le jeudi sur une péniche des bords de Seine. Il était accompagné par Madame de Ricou, qui me fit haïr Chopin pendant des années, tant elle tapait sur les touches de son piano et ravageait ses mazurkas.

Je me suis pourtant enflammée pour la musique classique à condition que je ne l'interprète pas. Quand mon grand-père Paul Rosenberg disparut, j'avais dix ans. Ma mère, qui raccompagnait la sienne aux États-Unis et allait s'absenter quelques semaines, m'avait offert l'un des plus beaux cadeaux de mon enfance : *La Vie de Mozart*, racontée par Gérard Philipe. Disque fétiche, que je continue d'offrir à mes petits-enfants pour les initier à la musique. Je le connaissais par cœur et n'ai eu de cesse de réclamer, pendant des années, l'intégrale des disques dont cet album ne contenait que des extraits. « Et Mozart partit pour Vienne… » Cette phrase, murmurée par Gérard Philipe, est à jamais associée à quelques mesures de l'admirable *Concerto pour clarinette*. Comme l'exquise odeur du vendredi, ces accords me replongent constamment en enfance.

Mon père prit en main mon éducation musicale. J'avais trouvé le moyen d'échapper aux cours de piano en assenant à mes parents cette phrase prétentieuse : « J'aime trop la musique pour l'abîmer ainsi ! » Je ne sais pas où j'avais trouvé ces mots trop fabriqués pour mon âge, mais ils firent leur effet, et je fus dispensée de gammes et de partitions. Ce que je regrette amèrement aujourd'hui. Il faut dire que mon père m'avait aussi inscrite à un cours de musiques du monde, dispensé par une de ses amies d'enfance, Annette Haas-Hamburger, mère de Michel Berger. Entre celui-ci et sa grande copine Véronique Sanson, je ne me sentais pas tout à fait à la hauteur !

Mon père m'emmenait également au concert. Certains dimanches d'hiver lorsque nous n'allions pas à Fleury, nous assistions aux Concerts Colonne, au Châtelet, qui dispensaient, à 11 heures du matin, des récitals de musique pour les enfants et les vieilles personnes. J'y ai vu jouer Arthur Rubinstein pour la première fois. Et vraiment entendu et retenu des rudiments de musique qui m'ont accompagnée toute ma vie.

Quant à ma grand-mère maternelle, Marguerite Rosenberg, qui avait elle-même une très jolie voix laissée en jachère, elle m'emmena pour la première fois à l'âge de neuf ans écouter *Faust* à l'Opéra Garnier. Moi qui ne connaissais l'« air des bijoux » qu'à travers l'horrible caricature qu'en a faite Hergé dans *Tintin*, où le timbre de la Castafiore écorche les oreilles et casse les verres de cristal, je suis tombée en pâmoison. Gounod m'a charmée et après lui, Verdi, Puccini, Mozart, Rossini et tout le *bel canto*. Je ne suis sans doute pas devenue une grande mélomane, mais j'y ai pris un plaisir qu'il n'a pas toujours été évident de partager avec mes amis. Au point qu'il y a quelques mois, je recevais un mail d'un copain de classe qui regardait mon émission « Fauteuils d'orchestre » et se rappelait encore comment, en alternant tout de même avec les tubes des Beatles, je le forçais à écouter religieusement Callas chanter *Carmen*.

L'opéra et la musique furent mes deux passions d'enfance avec la lecture. Je ne savais rien faire d'autre. En sport, j'étais nulle ; en dessin, lamentable ; en cuisine, calamiteuse ; sans parler de la couture ou du bricolage. En revanche, mon électrophone Teppaz au couvercle écossais me transportait ailleurs. Mes parents, qui ne goûtaient ni Bizet ni Wagner, fermaient les portes de ma chambre pour laisser hurler mes opéras préférés. Les livrets dans les coffrets 33 tours étaient en français aussi bien qu'en langue originale. Et je mettais un point d'honneur à coller les paroles françaises sur les airs italiens ou allemands. Si bien que je sais encore chanter dans *La Bohème*, les airs de Mimi, Rodolphe ou Muzette avec de drôles de paroles, en français !

Je mêle ici enfance et adolescence. La maison de Fleury fut vendue lorsque j'avais vingt ans, au profit de celle de Valbonne, dans l'arrière-pays niçois, que mes parents firent construire dans les années 70, plus moderne et typiquement provençale. Je l'ai aimée aussi, jusqu'à ce que, après la mort de mon père, les étés passés avec ma mère, Ivan et les enfants, ne deviennent pesants. C'était sa maison, mais ma mère ne voulait s'y rendre que si j'étais du voyage, et Ivan eut la générosité de supporter avec bonne humeur ces séjours quand nos fils étaient encore jeunes. Ma mère l'a vendue quand je me suis remariée avec un homme père de quatre enfants. Devenue trop petite pour abriter la smala, nous préférions, quoi qu'il en soit, voyager à travers le monde.

Cette séparation d'avec Valbonne, je la regrette aussi. Pas seulement parce qu'elle me valut tous les reproches de ma mère que je « sacrifiais » ainsi à mes goûts personnels. Je m'aperçois simplement qu'ainsi ont été liquidées, l'une après l'autre, les maisons de ma jeunesse. Au risque de priver mes enfants de ces ancrages familiaux.

Dans les classes du secondaire d'Hattemer, les mères qui le souhaitaient assistaient aux cours. Étonnante pratique, dont je ne connais pas d'équivalent, mais dont je n'ai pas trop souffert, car ma mère ne choisissait que les cours de lettres où j'étais tête de classe. La mère de mon copain Richard était moins indulgente, qui lui piquait les fesses de ses aiguilles à tricoter quand il tardait à répondre. Quant à la gouvernante de Jean-Jacques Chaban-Delmas, elle nous faisait un peu peur à tous avec ses airs de duègne sévère. Un jour, en cours de maths, je fus dénoncée par la mère d'un élève, car j'avais passé, écrit sur un buvard, le résultat du problème à mon voisin. Je fus collée et j'ai haï l'horrible mère et son marmot.

Dans ces classes du secondaire, je partageais le plus souvent le prix d'excellence avec Jean-Jacques Chaban-Delmas, mon vieux camarade du temps de la guerre d'Algérie. Nous étions tous deux expansifs, bavards et dissipés sur nos bancs.

Véronique Sanson était dans ma classe. Dès l'âge de dix ans, elle était diablement douée en musique, et quand les goûters d'anniversaire se passaient chez elle, nous étions émerveillés par sa maîtrise du piano. En revanche, elle était – avec une décontraction étonnante – dernière ou presque de la classe. Elle était la fille de René Sanson, avocat, vieux copain d'enfance de mon père, et de Colette, qui tous deux avaient combattu dans la Résistance. René était devenu député gaulliste (UNR) aux premiers temps de la Ve République, et se querellait avec mon père qui était un farouche opposant. Véronique n'avait rien à faire des cours de lettres ou d'histoire, mais nous savions tous que, derrière son sourire sage de petite fille en jupe plissée, elle avait un immense talent. La plus brillante de nous tous. Elle l'a montré.

Tout ce petit monde avait pour professeur de lettres le passionnant Monsieur Quervelle. Ses cours m'ont donné le goût de la littérature et de la scansion des vers latins – spécialité largement inutile, mais très divertissante. Il était le type même du maître qui donne envie d'étudier, dont on se souvient avec émotion soixante ans plus tard, et auquel j'ai repensé avec chagrin au moment de la décapitation de Samuel Paty. Je fréquentais donc avec bonheur Corneille, Racine et Musset, les textes de Péguy sur la cathédrale de Chartres, la joie ineffable de retrouver dans le Gaffiot des citations de Tacite entièrement traduites, et le plan minutieux de l'Acropole où il fallait connaître aussi bien le temple de Vénus que le nombre exact des Caryatides au fronton de l'Érechtéion.

C'est dans ce même établissement que, la première fois, je me suis heurtée à l'infamant « sale juive » qui valut à la grande bringue qui me l'avait adressé une gifle retentissante. Je ne retrouvai l'insulte qu'à Sciences Po, au début des années 70. J'en fus ensuite l'objet récurrent quand j'entrepris, à la télévision, une sorte de croisade anti-Front national dans les années 80.

Si ma conscience politique se développait, je restais pour le reste une petite fille beaucoup moins mûre que mes camarades qui, dès la 5e, se chuchotaient des confidences sur les « grands » de 4e qui peuplaient leurs fantasmes. Je n'étais pas très grande, je portais des nattes et des socquettes, je n'avais ni seins ni règles et étais assez indifférente aux garçons. Pour donner le change et ne pas paraître sotte, j'avais inventé un échange de coups d'œil qui n'eut jamais lieu avec un garçon (dont curieusement je me rappelle le visage), auquel je n'ai jamais parlé, et que j'avais surnommé Turquoise, sans doute pour préserver son anonymat !

Autant mon enfance fut joyeuse, autant ma jeunesse et mon adolescence furent baignées d'ennui. Les quatre années, jusqu'au bac, que je passai à Hattemer, rue de Londres, me parurent interminables. Peu de copains alors, et une rivale, en lettres toujours, Sylvie M., que je trouvais peu plaisante, sans doute parce qu'elle travaillait plus et mieux que moi.

Invitée à mes premières boums, il me fallut me battre pour faire comprendre à mes parents que je n'avais plus envie d'aller m'enfermer à Fleury le samedi soir. Toujours aussi protecteur, mon père venait me chercher pour que je ne rentre pas tard en voiture avec des garçons plus âgés qui venaient juste d'avoir leur permis. Imaginez qu'on emboutisse la voiture dans laquelle se trouvait sa Toute-Petite ! J'avais déjà seize ou dix-sept ans ! J'étais un peu honteuse de cette situation, qui me privait de surcroît des premiers frissons de fin de soirée. La grande affaire à cet âge-là n'étant même pas encore de faire l'amour avec un garçon mais de flirter avec lui.

J'étais sage et réservée. Timide. Pas libérée du tout. Un petit copain en terminale, un autre en première année de droit, et mon premier chagrin d'amour quand j'étais à Sciences Po.

Après le bac, je me suis inscrite en hypokhâgne, mais ayant aussi tenté le concours d'entrée à Sciences Po en AP (année préparatoire) et tout à la surprise d'être reçue, j'ai laissé tomber les sept heures de thème latin de la prépa de Janson que j'avais commencée, pour courir rue Saint-Guillaume à Saint-Germain-des-Prés. Je goûtai à la liberté, à l'ivresse de l'université et du Quartier latin. J'avais enfin l'impression d'être grande. Si grande que je n'ai rien fichu, et que j'ai raté l'examen de fin d'année. Une note éliminatoire en géographie eut raison de mes débuts à Sciences Po.

J'étais furieuse, humiliée, c'était mon premier échec. Je m'inscrivis alors en droit à Nanterre avant de repasser le concours d'entrée en seconde année de Sciences Po, tandis que je terminais ma maîtrise en droit public. Il ne me reste pas grand-chose de ces études juridiques. Et peu de souvenirs de Nanterre sur un campus encore en construction, où, si l'on venait par le train, il fallait traverser le bien nommé bidonville de Nanterre-La Folie. C'était en 1968.

La fac de lettres s'enflamma en mai mais la fac de droit resta silencieuse et calme. Les examens furent repoussés bien sûr, même si les événements se déroulaient à Paris. Là encore, pas question d'inquiéter mes parents, j'allais dans des manifs bien encadrées, et m'abstenais quand elles risquaient de dégénérer. Je passai quelques soirées à l'Odéon, mais mon 68 fut paisible, plus intellectuel que militant. Ma mère avait été opérée en mai, ma grand-mère est morte en juillet et il était hors de question que j'aggrave les soucis des miens. Mes révoltes contre le patriarcat restèrent donc confinées à mon journal intime. J'allai au fameux meeting de Charléty auquel assista silencieusement Mendès (ce qui lui fut pourtant longtemps reproché par la droite), et qui reste pour moi l'épisode emblématique le plus agité de cette période.

Je repris le cours de ma vie universitaire pour finir mes études de droit public et retour à Sciences Po où je comptais laver l'affront de mon premier échec.

J'y fis ma seconde année et celle du diplôme tout en nourrissant une rage contre cette institution où je ne me sentais pas vraiment à l'aise. Je refusai d'ailleurs de préparer et de me présenter à l'ENA, car je n'en aimais ni l'esprit ni les étudiants et j'étais médiocre en économie. J'adorais l'histoire et la science politique, et j'ai lu davantage Julien Benda, Marc Bloch, Max Weber ou Norbert Elias que de la littérature proprement dite. J'ai vénéré le droit constitutionnel, où Georges Vedel était mon dieu et me fit considérer avec respect les institutions de la Ve République, et j'eus Jacques Julliard et Roger-Gérard Schwartzenberg comme maîtres de conférences (c'est ainsi qu'on appelle les TD à Sciences Po).

Diplômée, je fus pressée de me lancer dans la vie active. Mon parcours universitaire me paraît avec le recul plutôt mince. J'ai gardé, depuis lors, le complexe d'une culture incomplète avec le regret de ne m'être pas assez frottée à la littérature.

J'ai connu à Sciences Po des jeunes gens qui, pour la plupart, firent ensuite leur carrière en politique à gauche, dans les années 80. La bande Attali/Fabius/les sœurs Uri/Élisabeth Huppert (sœur d'Isabelle) faisait les beaux jours de Sciences Po et de l'ENA.

Mon premier chagrin d'amour s'appelait M. Il était plus brillant que tous les autres et, à l'époque, j'en étais tout impressionnée. J'ai longtemps majoré l'intelligence chez un individu, avant de m'apercevoir, avec les années, que le courage, l'humanité, la bienveillance lui sont autrement préférables.

J'étais très amoureuse de lui. Inventif, cultivé, mélomane, ayant des idées sur les sujets les plus divers, il avait tout pour lui. Ou presque. Je passais mes journées à espérer son coup de fil, et quand il survenait, les conversations étaient brèves, administratives, et consistaient à prendre rendez-vous. Six mois à attendre un signe, un geste qui serait plus tendre que les petits baisers de bonsoir qu'on s'échangeait quand il me raccompagnait chez mes parents. Il est le premier garçon à m'avoir vraiment plu. Était-ce seulement réciproque ? Et sinon, que faisait-il avec moi ? Une intelligence trop vive se déploie forcément au détriment de la sensibilité, de l'attention aux autres, de la générosité, pensais-je. Je le déclarai infirme des sentiments.

Je me souviens d'un soir où je lui proposai qu'on parte en week-end et sa réponse me parvint comme une gifle : « Écoute, je ne veux pas me forcer. » Cette phrase aurait pu me paralyser et ce, pour le restant de mon existence. Heureusement, elle me guérit d'un coup. Je devais avoir à l'époque une image encore intacte de moi-même ou une vanité excessive, car au lieu de me recroqueviller, j'ai trouvé finalement ce garçon à la fois sot et goujat. C'était trop. Certes, je n'étais pas Romy Schneider doublée d'Hannah Arendt, mais je m'estimais assez bien pour lui ! Je le conviai la semaine suivante chez mes parents et pendant une demi-heure, lui sortis ce que j'avais sur le cœur, en dressant de lui un portrait peu flatteur. Il écouta tranquillement le flot de reproches avant de me quitter, comme si de rien n'était, en me proposant une partie de tennis la semaine suivante. Je le jetai dehors.

Il me fallut du temps pour m'éprendre à nouveau. Je me suis dit comme toutes les filles qui font l'expérience d'une déception sentimentale que cela ne m'arriverait sans doute plus jamais…

4.

Château-Chinon

On n'y allait que pour les défaites et les jours de pluie.

Je me suis rendue plusieurs fois avec Ivan à Château-Chinon, dans la Nièvre, ville-fief de François Mitterrand. Une région du Massif central, enclavée, à plus de trois heures de voiture de Paris. Ivan a toujours aimé goûter, renifler les moments forts de la vie nationale. J'étais à chaque fois enchantée de l'accompagner.

La toute première fois, c'était un soir de défaite lors des élections législatives de 1978. La majorité giscardienne était en mauvaise posture, mais sauva la mise par un chantage – procédé habituel sous la Ve République – de Valéry Giscard d'Estaing afin qu'on donne une majorité à sa politique. Depuis la présidentielle manquée de peu en 1974, Mitterrand avait pourtant gagné en crédibilité et popularité après un passage à vide au début du règne du jeune et nouveau monarque, dont la vitalité tranchait avec la longue agonie de Pompidou. Quant au programme commun signé avec les communistes et les radicaux en 1972, bien que fortement combattu par le camp modéré et conservateur, il donnait à la gauche une base lui permettant d'envisager, un jour, de gouverner. Cependant, Giscard réussit à persuader que « le bon choix », comme il disait, passait par lui, son Premier ministre Raymond Barre et sa majorité RPR-UDF.

D'autant qu'à l'automne précédent, avait eu lieu la rupture du programme commun. Les communistes avaient l'impression de servir de faire-valoir à Mitterrand et aux socialistes. À raison, car ce fut le génie politique de Mitterrand de les marginaliser en les embrassant. Si bien que Georges Marchais, qui ne voulait d'aucun compromis sur le social, décida de rompre le rapprochement à l'occasion de ce qu'on appela la « réactualisation » du programme commun de gouvernement.

Je me rappelle la nuit où, avec Ivan, nous suivîmes à la radio ce que je vécus comme un drame, tant j'espérais la victoire de la gauche. Robert Fabre – qui se souvient encore de Robert Fabre ? –, l'aile « modérée » du trio, claqua la porte sur la question du nombre de nationalisations prévues, donnant à Georges Marchais le prétexte d'une rupture théâtrale qui sauva la mise à VGE.

Ivan avait prévu d'inviter le lendemain matin, dans son émission d'Europe 1, Serge Dassault, qui, en bon chef d'entreprise, craignait le programme commun comme la peste. Dans la nuit, Ivan avait donc décidé de changer son invité et demandé précisément à Robert Fabre de venir à son micro. Il appela Dassault à 7 heures du matin, lui expliquant les impératifs de l'actualité. À l'époque, les téléphones étaient équipés d'un écouteur qui permettait à un tiers de suivre les conversations. J'ai encore dans l'oreille le commentaire de Dassault qui, à l'annonce de l'éclatement du front de gauche, émit un « oh chouette ! » qui me sembla non seulement stupide, mais surtout le reflet de la bataille frontale que la droite était prête à livrer – et qu'elle livrerait trois ans plus tard – dans ces années de clivage radical.

Ce soir-là, à Château-Chinon, ce n'était pas ma première rencontre avec l'éternel candidat de la gauche. En 1975, il avait publié *La Paille et le Grain*, suite de chroniques politico-littéraires talentueuses, certaines déjà connues et d'autres inédites, allant de la création du nouveau PS en 1971 à sa candidature contre Giscard à l'élection présidentielle de 1974. J'étais encore à Europe et ne demandais qu'à me rendre utile à l'antenne.

André Arnaud, qui présentait le journal de 13 heures, voulut y consacrer deux à trois minutes. Et on choisit… la petite novice, celle qui n'avait jamais fait d'interviews et qu'on envoyait affronter tout de suite un très gros gibier. La considération dont on fait preuve envers un politique se mesure aussi aux interlocuteurs qu'on lui attribue. Demander à une débutante de faire cet entretien donne une idée du peu d'estime dans laquelle on tenait Mitterrand, un an après son échec.

Un « loser », comme on disait alors dans les rédactions.

Évidemment, j'ai travaillé huit jours pour une interview de dix minutes, qui devait en faire trois à la diffusion ! Le jour dit, pétrie de trac et ne voulant en aucun cas avouer qu'il s'agissait de mon premier reportage, je me rendis à sa maison de la rue de Bièvre, entre Maubert et le quai de la Tournelle, dans le Ve arrondissement de Paris.

J'étais impressionnée. J'avais l'image d'un Mitterrand distant, un peu hautain, mais il m'accueillit gentiment. En polo et pantalon de velours, il était détendu et chercha à me mettre à l'aise. Je portais mon Nagra en bandoulière, et galamment, il se saisit du lourd engin d'enregistrement pendant que nous grimpions dans son pigeonnier qui lui servait de bureau.

Je déroulai mes questions, mais hélas, des travaux très sonores dans la rue de Bièvre ponctuèrent ses réponses d'un vacarme infernal. Il s'en amusa assez pour me dédicacer son livre « au son des marteaux-piqueurs », mais de retour à Europe, j'en pleurai de contrariété : la bande était quasiment inaudible ! Le talent d'un technicien en sauva péniblement deux minutes mais la déception fut grande pour la néophyte que j'étais et qui avait tant travaillé pour un si misérable résultat.

En 1979, nous sommes retournés à Château-Chinon. Mitterrand, toujours premier secrétaire du Parti socialiste, nous avait conviés, Ivan et moi, à déjeuner. En fait d'intimité, c'était le repas des pompiers. Je fus fascinée de le voir se dépenser sans compter, écouter sans broncher, prêter une attention appliquée aux pompiers de la Nièvre. Mitterrand, qui avait failli être président de la République et qui le deviendrait deux ans plus tard, passa trois heures à écouter les doléances et ripailler avec ses convives. Belle leçon aussi de ce qu'était un ancrage local. De ce qu'il est toujours d'ailleurs, fait d'abnégation et de disponibilité de l'élu pour ses électeurs.

Ce jour-là, Mitterrand, amical, s'invita dans notre vieille Citroën pour que nous le ramenions à Paris. J'aurais dû me sentir intimidée. Inconscience ou avantage de la banquette arrière, je ne l'étais pas et l'écoutais, avec admiration, discourir sur Chateaubriand. Jusqu'à ce qu'un caillou projeté sur le pare-brise le fasse éclater en mille débris qui se répandirent sur les genoux de notre passager. Flegmatique, celui-ci laissa chapeau et manteau à l'intérieur et se fit un devoir d'épousseter avec son mouchoir les morceaux de verre tombés sur les sièges ! La scène était étonnante et les quelques bonnes âmes qui s'arrêtèrent pour proposer de l'aide se frottèrent les yeux en reconnaissant l'éternel candidat à la présidentielle.

Il proposa alors un arrêt à Saulieu pour dîner, en espérant trouver un garagiste qui accepte de réparer, un dimanche, une vitre brisée. « Il y a une chance sur deux pour qu'il ait voté pour moi », dit François Mitterrand avec humour, en arrivant devant le garage fermé. Le patron, tiré de son salon, mais trop content de rendre service à un hôte de marque auquel il avait en effet accordé son suffrage, se mit en quatre, pendant que Mitterrand nous régalait à l'hôtel de la Côte d'Or, fameuse auberge bourguignonne.

Nous arrivâmes à Paris à 11 heures du soir, et déposâmes Mitterrand rue Jacob, à une adresse inconnue de nous. Nous apprendrons plus tard qu'il s'agissait du domicile qu'il partageait alors avec Anne Pingeot et Mazarine enfant. À l'époque, nous ne savions rien ou presque. On le chuchotait, on n'était même pas sûrs… Comme toute la France, c'est à sa mort que j'ai découvert les visages de la deuxième famille du président. Impensable aujourd'hui.

Cette histoire me revint en mémoire un jour d'été de 2016, lorsque Manuel Valls, alors Premier ministre, et sa femme me convièrent à déjeuner au château de

Souzy-la-Briche dans l'Essonne. Cette demeure était devenue le lieu de repos des chefs de gouvernement depuis que Sarkozy avait annexé, pour son propre usage, la résidence de la Lanterne, à Versailles. Ce petit château de Souzy avait abrité la famille clandestine de François Mitterrand, Anne Pingeot et leur fille. Mazarine et ses chevaux, Mitterrand lisant sur un banc près du bassin andalou, les Pléiade du président sur les étagères d'un petit bureau Directoire… On croit voir défiler les images, et pourtant, aucune n'existe ou n'a été publiée. Tout était secret et allait le rester. En 2016, à l'heure des photos clandestines et des réseaux sociaux, il me parut inconcevable que personne, jamais, n'ait parlé. C'était l'époque des secrets privés et des secrets d'État.

Le dimanche 10 mai 1981, nous voilà à nouveau, et pour la troisième fois, sur la route de Château-Chinon. Ivan est optimiste comme toujours, et moi, pessimiste, ma pente naturelle. Est-ce utile de préciser que nous souhaitions de toutes nos forces la victoire de Mitterrand ?

L'affluence est nombreuse. Les journalistes, présents en masse, entourent le candidat, sa femme Danielle, et le couple formé par l'acteur Roger Hanin et Christine Gouze-Rénal, son épouse productrice, sœur de Danielle Mitterrand.

Après un repas dans l'auberge du Vieux-Morvan où le futur président avait des habitudes de vingt ans, il se livre à une déambulation dans les rues de sa ville, ravi de faire admirer à la « cour » qui le suit (dont je fais partie) les modernisations qu'il y avait accomplies. « Vous ne remarquez rien, bien sûr, dit-il à mon intention. Ah ces Parisiens ! Vous n'avez pas vu que les fils électriques avaient été enterrés ? » J'avoue ma cécité d'urbaine devant ce progrès qui n'existe toujours pas dans nombre de capitales mondiales, à commencer par Washington, où les services publics américains défaillants n'ont jamais trouvé utile d'enfouir sous terre les câbles électriques, qui pendent tristement entre deux pylônes.

De retour à l'hôtel, François Mitterrand émerge vers 18 heures après sa sieste, et entame une conversation à bâtons rompus avec les journalistes. Il pleut à torrents. « Comment se fait-il que le climat du Morvan soit à ce point humide ? À chaque fois que nous venons, il pleut ! » fais-je remarquer. Mitterrand se lance dans une explication bien à sa manière sur les masses granitiques morvandelles. Jean Glavany, son chef de cabinet, l'interrompt et le tire par la veste tandis que Danièle Molho, journaliste politique au *Point*, lui annonce d'une voix blanche que toutes les projections le donnent vainqueur. « Eh bien, cela vaut mieux que le contraire », reprend l'élu, continuant son exposé sur la géographie physique de la région.

Brouhaha indescriptible ; il finit par se retirer avec Danielle, avant de revenir quelques minutes plus tard et de nous entraîner, Ivan, Louis Mermaz (un de ses vieux grognards) et moi, dans sa chambre plus que modeste où nous n'étions jamais entrés. « Venez, j'ai besoin de plumes pour m'aider à rédiger ma déclaration. » Étourdis par la victoire qui nous ravit, nous ne songeons même pas à protester face au baroque de la situation.

Dans cette chambre spartiate au papier peint fleuri, avec un téléphone mural accroché au-dessus du lit, le tout nouveau président, loin de la pompe qui allait devenir son quotidien, demande quelques feuilles pour écrire, pendant qu'il s'assoit sur l'unique chaise de la pièce, devant une table équipée d'un téléviseur. Nous nous entassons à trois sur le bout du lit.

Commence alors la soirée historique archi-célèbre, où bientôt, à 20 heures, son portrait s'affiche sur les écrans de la France entière. Un portrait hachuré en bleu-blanc-rouge apparaît progressivement derrière les commentateurs effarés par ce bouleversement politique.

Le papier pour rédiger son discours arrive, celui qu'on utilise dans les fermes pour envelopper le beurre... Mitterrand tente de se concentrer, repose son stylo toutes les minutes pour commenter le résultat, saisi lui-même par la révolution politique qui s'annonce. « Quelle histoire, dit-il, mais quelle histoire ! Pourquoi donc Giscard a-t-il voulu se représenter ? » Un précédent qui sera ensuite reproduit par tous les présidents de la Ve République arrivant au terme de leur premier mandat, à l'exception de François Hollande.

Convaincus du ridicule de notre présence, nous finissons par nous éclipser, le laissant rédiger seul sa première adresse à la Nation.

S'ensuit une soirée intense. Nous quittons les cris de joie dans Château-Chinon, pour rejoindre Paris sous la pluie battante, avant de nous retrouver dans la nuit, à quelques-uns, assis par terre dans son bureau de la rue de Solférino, siège jusqu'en 2019 d'un PS jadis victorieux, exsangue depuis 2017. Il y a là Claude Estier, Jacques Attali, Laurent Fabius, Pierre Mauroy. La foule est à la Bastille, mais nous faisons cercle tard autour d'un Mitterrand déjà impérial, qui analyse et se projette.

La fête fut mémorable, et notre joie considérable face à cette victoire de la gauche après vingt-trois ans de gaullisme ininterrompu. La droite en sortit assommée et la bourgeoisie fortunée prit rapidement des mesures pour s'exiler, comme sous la Révolution.

Ma propre mère, qui avait toujours voté à gauche mais qui avait, je le soupçonne, donné cette fois sa voix à VGE, n'en dormit pas de la nuit. Je me rappelle la scène qu'elle me fit, dès le lendemain matin, dans la chambre de mon fils David, né lui aussi un 10 mai. Alors que le petit qui venait d'avoir deux ans me tirait par la manche, ma mère me fit reproche de la victoire de la gauche, des menaces qui allaient peser sur les patrimoines… en m'accusant de me moquer des intérêts de la famille !

C'est elle, pourtant, qui m'avait donné mon premier cours d'éducation civique.

J'ai le souvenir de ce jour où, de retour de l'école, garée dans la voiture, elle tenta de m'expliquer la gauche, la droite, les injustices et l'intérêt, pour la bourgeoisie, d'être de ceux dont les consciences s'éveillent, et non du côté des frileux, méfiants envers le peuple. Je devais avoir onze ans et j'eus droit à un cours sommaire sur la Révolution française, la fin des privilèges, la République, le socialisme ou, à tout le moins, le « progressisme » comme on disait alors.

Ce propos n'était pas sans arrière-pensée : la démonstration du bien-fondé des mesures en faveur du peuple traduisait surtout la crainte que celui-ci, un jour, ne se rebelle plus que de raison. Un laïus de gauche, pour le confort de la classe dominante plus que pour le bien-être des plus défavorisés. Je ne le perçus pas ainsi, bien entendu.

Qu'importe, ce fut là ma première sensibilisation à la lutte des classes et aux idées de la famille, qui fut toujours, paraît-il, du « bon côté ». Ce « bon côté » dont se moque souvent la droite, qui critique à raison l'assurance tranquille – le « monopole du cœur » – des donneurs de leçons de gauche. C'est d'ailleurs à l'occasion de cette première immersion en politique que je compris qu'au nom de ces idées, il fallait être anti-gaulliste, contre « le pouvoir personnel », et le Général. Ma mère se fit pour moi la première lanceuse d'alerte sur les dangers que court la démocratie. J'eus néanmoins du mal à comprendre pourquoi l'homme qui avait sauvé l'honneur de la France pendant la guerre était désormais celui qui voulait la mettre à mal, mais la leçon était bien faite et convaincante.

De mon initiation à la politique, m'est resté un autre souvenir lumineux. J'ai seize ans et suis en terminale, en train de réviser une composition de physique-chimie qui doit avoir lieu le lendemain. J'y étais très mauvaise, comme dans toutes les matières scientifiques. Mes parents sont venus me chercher dans ma chambre, conscients que mes révisions de dernière minute ne m'apporteraient pas un point supplémentaire. « Viens donc plutôt écouter quelque chose d'intéressant. » Nous étions en novembre 1965 et Europe n° 1 – toujours elle – diffusait un débat qui fit date entre Pierre

Mendès France et Michel Debré. Au point qu'il se prolongea trois soirs de suite.

Ils étaient tous deux des hommes d'État, libres, l'un soutenant François Mitterrand, l'autre Charles de Gaulle, avant le scrutin de décembre qui allait voir pour la première fois l'élection du président de la République au suffrage universel.

Pierre Mendès France avait été président du Conseil sous la IVe République pendant sept mois et dix-sept jours, mais son influence restait majeure à gauche. Michel Debré avait été rédacteur de la Constitution de 1958 et Premier ministre du Général pendant quatre ans. Il incarnait, comme Mendès, la rigueur et l'honnêteté intellectuelle.

Une révélation. Je réalisais qu'il existait des hommes dont l'objectif n'était pas le pouvoir mais dont les convictions et l'amour de la chose publique, la *res publica*, valaient qu'on s'engage dans la vie de la cité. J'en conçus une admiration sans bornes pour « PMF », comme l'appelaient ses partisans. Je n'avais pas connu l'année 1954 où il avait dirigé le gouvernement, fait la paix en Indochine, donné l'indépendance au Maroc et à la Tunisie, et suscité un enthousiasme populaire, avant d'être victime de la droite, de ses « amis » de gauche jaloux (tel Guy Mollet), et d'institutions inadaptées à un pouvoir qui se voulait efficace.

Ce débat entre Debré et Mendès fut pour moi un moment fondateur. De ce jour, je me suis passionnée pour la vie publique et située d'emblée dans un camp – la social-démocratie – que j'habite encore aujourd'hui, même s'il se réduit comme peau de chagrin.

Quant à Pierre Mendès France, il est entré ce soir-là dans mon Panthéon personnel. Je découvrais, après beaucoup d'autres, une voix, une façon d'aborder les sujets, une droiture, une foi dans la vérité que je n'ai jamais retrouvée dans l'exercice des fonctions publiques, excepté chez Michel Rocard. Il est probable que la séduction qu'il exerçait tenait à son approche intellectuelle de la politique, plutôt qu'à sa réalité, qui oblige à des accommodements, transactions, marchandages, calculs. C'est sans doute pour cela – mais pas seulement – que Mendès n'occupa que si brièvement le pouvoir. C'est aussi ce qui marginalisa Rocard par rapport à Mitterrand, qui était son exact contraire dans l'appréhension et la pratique du pouvoir.

Nouvellement convertie, je voulus de toutes mes forces rencontrer Mendès, et militer dans son orbite, au moment d'ailleurs où plus grand monde ne l'entourait et où Mitterrand apparaissait comme le seul qui pouvait ramener la gauche vers l'exercice de l'État.

Élu en 1967 à Grenoble, PMF sembla trouver un second souffle, qui s'éteignit fin mai 1968, quand

Mitterrand – alors que de Gaulle semblait lâcher le gouvernail avant de le reprendre de façon magistrale – se dit prêt à exercer le pouvoir avec Pierre Mendès France comme caution, celui-ci semblant en accepter l'idée. Battu aux élections de juin 68, il revint dans la course aux côtés de Gaston Defferre dans un attelage farfelu à la présidentielle catastrophique de 1969, où la gauche non communiste fut laminée.

Entre-temps, j'avais remué ciel et terre pour le connaître et lui proposer ingénument mes services – largement inutiles. Il m'aiguilla avec bienveillance vers Laurence Soudet, une de ses vieilles amies, qui dirigeait le *Courrier de la République*, sa feuille d'idées mensuelle, assez confidentielle. Laurence était une brunette, énergique et avenante qui lui vouait admiration et affection. Elle était devenue proche de François Mitterrand et avait obtenu, avec son accord, que le *Courrier de la République* soit hébergé dans les lieux occupés par la Convention des institutions républicaines, qui était l'une des composantes de la Fédération de la gauche démocrate et socialiste que le futur président de gauche animait alors.

L'immeuble, rue du Louvre, était vétuste. Le plancher craquait, les rideaux pendouillaient, les fenêtres fermaient mal, la peinture était jaunie. J'y connus Richard

Dartigues, fidèle d'entre les fidèles, qui était son lieutenant. Pierre Bérégovoy, dont je me rappelle la présence modeste dans la cave de Laurence Soudet, les soirs où se tenaient les conférences de rédaction, et qu'il était en charge des papiers à tonalité sociale. Il y avait aussi un petit groupe de jeunes étudiants, dont un drôle de garçon, François Lanzenberg. Subtil, ombrageux, énigmatique. Mendès était son dieu vivant, le seul qui méritât un quelconque intérêt. J'aurais mauvaise grâce à me moquer, car je partageais son admiration inconditionnelle pour Pierre Mendès France même si je pouvais, de temps à autre, lui reconnaître quelques défauts. Il avait plus d'assurance que moi, et était déjà familier de Laurence Soudet et de Richard Dartigues. Nous mourions d'envie de travailler pour PMF, mais, lucides, savions qu'à part notre jeunesse – qui représenta toujours un atout pour cet homme à l'écoute de la génération qui était alors la nôtre – nous n'avions rien à lui proposer en dehors de notre culte un peu infantile et si loin de la morale de notre héros.

Nous réussîmes à proposer au grand sachem de la gauche une version typographique plus aérée et modernisée du *Courrier de la République*. Un pas de géant sans doute dans la conquête de l'opinion publique ! Celle-ci savait à peine – sinon pour les plus vieux – qui était Mendès et quels étaient ses mérites (ce qui nous désolait). Alors, imaginez, rajeunir le *Courrier de la République*, quel progrès !

Je n'aimais rien tant que nos petits « coins du feu[1] », durant lesquels Mendès se donnait du mal pour nous expliquer sa conception de la vie publique. Je me rappelle son appartement sans âme rue du Conseiller-Collignon près de Passy, vieillot et poussiéreux malgré les attentions de sa femme, Marie-Claire de Fleurieu.

Elle portait un nom digne de figurer dans les albums de la Comtesse de Ségur, mais n'en avait aucunement le tempérament. Amoureuse de Mendès depuis l'adolescence, elle avait, comme lui, fui la France de Vichy avec sa famille, les Servan-Schreiber, à bord du *Massilia*, dernier bateau à partir pour l'Afrique du Nord, afin de poursuivre la lutte. Mendès fut rattrapé, emprisonné à Clermont-Ferrand, fit partie des condamnés du procès de Riom et réussit à s'évader avant de rejoindre Londres, de Gaulle et une place dans les bombardiers de la France Libre.

Marie-Claire s'était mariée, avait eu deux enfants, dont Nathalie que je remplaçai plus tard aux côtés de Jean Gorini. Elle avait enfin rejoint son amour de toujours, après la mort de Lily Mendès France, la première femme de PMF. Battante, engagée, elle continua après la mort de Mendès en 1982 à entretenir sa mémoire

1. C'est ainsi qu'on appela les causeries de Mendès à la radio durant son court passage aux affaires en 1954-1955.

et son œuvre, y compris dans ce qui avait été le grand combat de la dernière partie de sa vie, pour rapprocher Israéliens et Palestiniens.

Elle m'apprit des rudiments de vie militante lors de la calamiteuse campagne présidentielle de 1969. Nous étions au siège parisien du *Provençal*, le journal de Gaston Defferre, le maire de Marseille, qui servait de QG de campagne. Sinistres semaines, ponctuées par les minutes télévisées de la campagne officielle. Defferre était très mauvais orateur. Mendès ne respirait pas la gaieté et Roger Priouret, journaliste économique issu de la gauche, chargé de les interroger et de dynamiser des dialogues sérieux, participa de leur côté cafardeux. Cette campagne fut un désastre. J'ai souvenir d'une réunion publique à la Mutualité, où, avec quelques jeunes, nous avions dû tendre un drap pour ramasser les oboles des militants. Une misère.

Il faut dire que Defferre, bien que candidat de la SFIO, n'avait ni son soutien réel ni l'argent du parti qui partait directement dans les comptes de campagne d'Alain Poher, président du Sénat, candidat très centriste et donc sans danger pour les vieux socialos. Je me rappelle les lettres de Charles-Émile Loo, à l'époque trésorier du parti, qui allaient dans ce sens.

5 % fut le score de l'attelage. À peine moins que le PS en 2017. Mitterrand, qui s'était intelligemment tenu à l'écart de cette échéance, n'avait plus qu'à ramasser

les restes et fonder le Parti socialiste en 1971 à Épinay-sur-Seine.

L'épilogue de ce chapitre « Mendès et moi » eut lieu en mai 1977, date où j'eus le bonheur de faire l'une de mes premières émissions avec PMF.

Elle s'appelait « L'Homme en question », diffusée le dimanche soir sur FR3. Il s'agissait de faire un film-portrait d'une vingtaine de minutes (on faisait long, autrefois, à la télévision !) sur un personnage qu'on confrontait ensuite à des partisans et des adversaires.

Le film, que je tournai à Paris chez lui et dans sa résidence de Louviers, fit ma joie de groupie : je faisais parler cet homme que j'admirais de sa vie, de la guerre, de ses travaux, de ses succès, de ses échecs. Je me rappelle ses mots, que j'avais placés, au montage, en conclusion du film. On lui avait souvent reproché d'être un homme sans troupes, sans partisans, a fortiori sans parti. Je lui servais donc, pour la nième fois, l'objection de « l'homme seul », sans équipe et sans formation pour l'appuyer. Critique banale, à laquelle il répondit : « On ne dit jamais cela d'un démagogue. » Tout Mendès était dans cette réponse, énoncée presque timidement, avec un léger sourire fataliste qui sait la justesse d'un argument mille fois énoncé, mais cherche encore la parade.

Le débat qui suivit me laisse en revanche peu de souvenirs, sinon les quinze dernières minutes. J'avais invité deux anciens élèves de la promotion Pierre-Mendès-France de l'ENA. L'un d'entre eux, sans être un adversaire déclaré, était plutôt classé à droite. Son intelligence et son talent auraient été mieux employés au centre gauche qu'à l'intérieur d'une droite qui gaspilla cet atout. Il s'agissait de Jean-Louis Bourlanges. Celui qui devait être longtemps député européen, et plus récemment député LREM après avoir choisi Macron, a toujours été reconnu comme un esprit brillant, cultivé et profondément attaché à un centre libéral qui se réclamait de l'Europe. En 1977, à tout juste trente ans, il était conseiller à la Cour des comptes, et je lui avais confié le rôle de dire à Mendès ce qui le dérangerait le plus : qu'il avait privilégié son confort d'intellectuel à une prise de risque pour faire triompher ses idées.

Bourlanges toucha là un point sensible. Il dit simplement à PMF combien sa génération avait été déçue qu'il ne se soit pas battu, à l'instar de Mitterrand, pour obtenir le pouvoir et ainsi, ne pas priver la gauche de sa plus belle intelligence. Mendès fut atteint par ce reproche et, les lumières éteintes et l'émission terminée, resta attablé plusieurs minutes avec Jean-Louis Bourlanges pour l'assurer qu'il avait toujours fait, dans la limite de ses convictions, ce qu'il fallait pour gagner les suffrages des Français. Il y avait quelque chose d'attendrissant à voir cet homme, à l'aube de nulle échéance, tenter, sans témoins, de convaincre un jeune homme qui ne croyait plus en lui. Je reconnus bien là PMF pour lequel la foi des jeunes et leur engagement étaient l'essence de son combat.

En des années d'interviews, ce fut la seule fois où je vis un homme public se préoccuper de l'avis d'un jeune anonyme, quand tous, oui tous, se tournent invariablement vers les amis présents pour leur demander leur impression, attendant d'eux, bien sûr, qu'ils le complimentent. Comportement à part, destin singulier, à l'inverse de son rival dans l'amour de la gauche, François Mitterrand.

Tout opposait Mendès et Mitterrand : deux tempéraments différents, deux analyses contraires de la Ve République, deux conceptions antithétiques des rapports à gauche. Mendès était un affectif, Mitterrand était plus froid. Celui-ci avait été ministre de celui-là, mais une rancune tenace demeurait. Mendès, en 1954, avait tenu son ministre de l'Intérieur à l'écart d'une enquête sur une histoire de fuites au profit des Soviétiques au sein de son gouvernement. Tout le monde était suspect, François Mitterrand pas plus que les autres, mais Mendès voulut que les investigations (qui mirent vite Mitterrand hors de cause) soient menées en toute discrétion. Le futur président de la République ne pardonna jamais à PMF sa méfiance. Rancune doublée d'une jalousie : longtemps, Mitterrand fit figure de politicien arriviste face à la grande conscience morale qu'était Pierre Mendès France, et Mitterrand enviait ce statut qu'il estimait immérité.

Par ailleurs – et je me rappelle comme, à nous autres, jeunes, il le répétait avec conviction – Mendès considérait que la Ve République, née par la force, périrait de la même manière. Mitterrand pensait au contraire que seule la Ve, domestiquée et faisant la part belle au pluralisme démocratique, survivrait, garantissant à la vie publique la stabilité qu'aucun régime parlementaire n'avait jamais permis en France. C'est Mitterrand qui avait vu juste. Je fus bien obligée de le reconnaître. Comme était pertinente aussi son analyse selon laquelle la gauche ne pouvait arriver au pouvoir qu'en s'alliant aux communistes, qui représentaient alors 15 à 20 % de l'électorat. Théorie réfutée par Mendès, pour lequel jamais la fin ne justifierait les moyens, et qui, depuis la guerre d'Indochine, se méfiait du PCF.

Sur ces sujets politiques, Mitterrand se révéla plus visionnaire que Mendès. Je n'oublierai jamais les larmes de ce dernier, devant les caméras de télévision. C'était en juin 1981, quand Mitterrand le serra dans ses bras le jour de son intronisation comme président. Son émotion disait tout cela : la joie de voir enfin la gauche revenue au pouvoir, son regret d'être trop vieux ou trop malade pour le vivre pleinement, sa tristesse d'avoir eu politiquement tort, même s'il avait eu moralement raison. Peut-on d'ailleurs invoquer la morale ? J'écris ces mots, vieille mendésiste que je suis, en sachant désormais que si la morale est affaire d'intellectuels, la politique a besoin de stratèges, de compromis, voire de compromissions. De fait, Mitterrand donna ainsi le coup de grâce au PC qui s'étiola progressivement sous sa présidence et s'écroula avec le mur de Berlin.

J'avais une grande admiration pour PMF. J'eus de la reconnaissance pour Mitterrand. Il avait réussi ce dont nous rêvions : l'alternance. Mitterrand, plus complexe que Mendès, était aussi intimidant par sa posture et sa culture que Mendès l'était par sa droiture et son intransigeance.

On respectait et on aimait Mendès. On suivait Mitterrand.

Je n'ai jamais été une familière du président de gauche, mais je me sentais proche. Je ne fus conviée à aucun dîner à l'Élysée, et n'ai participé à aucun voyage officiel. Au tout début du premier septennat, cependant, nous avons été invités, en 1981 et 1982, à passer deux étés de suite un week-end avec les Mitterrand à Latche, sa bergerie des Landes. Il aimait beaucoup Ivan depuis longtemps et appréciait que je me sois associée indirectement à sa campagne.

En effet, Robert Badinter – sa femme Élisabeth et lui étaient mes amis depuis plusieurs années – avait suggéré à Mitterrand de faire une sorte de « Radioscopie » en ma compagnie, dans le cadre des spots officiels à la télévision. L'exercice est généralement réservé aux militants, et Badinter voulait sortir de ce cadre convenu. Il l'avait fait en toute amitié et toute naïveté et j'avais accepté de même, sans me rendre compte que c'était une erreur qui me faisait passer pour faire-valoir, loin de l'objectivité et du professionnalisme requis d'un journaliste. Mais je n'y ai pas songé, j'étais encore novice, et si les hommes politiques de droite ne l'ont pas ignoré, ils ne m'en ont guère tenu rigueur. Sauf Giscard, et pour cause.

Le matin de l'enregistrement, François Mitterrand découvre que la veille, VGE l'a attaqué frontalement. Furieux, il décide donc d'utiliser cette demi-heure pour lui répondre. À peine ai-je le temps d'être briefée par Jacques Attali que me voilà en studio, sans filet, craignant d'embarrasser le candidat que j'ai la charge de mettre en valeur, et qui a des chances de gagner. Je n'ai pas grand-chose à faire, au demeurant. Mitterrand vocifère, durant un long moment, sur le thème « mensonges, mensonges » en réponse aux caricatures que VGE avait faites, la veille, du programme de son concurrent. Mitterrand est ravi d'avoir laissé voir sa colère. Giscard m'en voulut durant plusieurs années, confondant – ou faisant semblant de confondre – l'interrogatrice avec l'interrogé, et disant à la cantonade que je l'avais traité de menteur. Je n'ai jamais renouvelé cet exercice risqué et déplacé pour tout journaliste non militant.

Dans la foulée, j'avais été conviée, le 21 mai, comme tous ceux qui avaient figuré dans sa campagne, à quelques moments de la cérémonie d'intronisation du nouveau président. Je me rappelle avoir grimpé en équilibre sur l'un des bas-reliefs à l'intérieur de l'Arc de Triomphe alors que je tentais d'apercevoir le nouveau président rallumer la flamme de la tombe du Soldat inconnu. Ensuite, invitée à déjeuner avec une centaine d'autres convives, je me rappelle avoir descendu les Champs-Élysées dans la voiture officielle du nouveau secrétaire d'État à l'environnement Alain Bombard. Ivresse d'une descente des Champs, accompagnée de la garde républicaine !

À l'Élysée, je m'assis aux côtés des Badinter, des Fabius et de Jacques Attali. Nous nous amusions à imaginer la stupeur des serveurs de l'Élysée (qui ne montraient aucune émotion, comme l'exige leur fonction). Ils avaient servi Valéry Giscard d'Estaing et Anne-Aymone la veille au soir et voilà que d'affreux socialistes déboulant dans un palais national allaient peut-être s'essuyer les mains dans les rideaux !

Revenons à ces deux étés, à Latche, la résidence landaise du président. Les week-ends furent gais, notamment grâce à Roger Hanin, qui ne cessait de raconter des histoires drôles en forçant son accent pied-noir.

Je trouvais cocasse de côtoyer ainsi le premier personnage de l'État, nimbé de la toute-puissance de l'élu. C'était en effet insolite d'apercevoir Mitterrand, au détour d'un couloir, assis sur les marches de l'escalier, en ligne avec l'Élysée, par le truchement d'un vieil appareil à cadran en bakélite noir et grâce à une ligne de téléphone spécialement reliée à son domicile (nous sommes dix ans avant le début de l'explosion des portables).

Au cours de ces séjours, il tenta de me faire partager sa passion du Tour de France, nous emmena nous promener en forêt, admirer les arbres, nommer leurs essences et nourrir ses ânes. Je me rappelle qu'il se plaignit de son dos. Tour de reins, dû au tennis, disait-il. En vérité, il s'agissait là des premières alertes de son cancer, qu'évidemment, personne ne soupçonnait.

Après ces deux parenthèses du début, nous ne fûmes plus jamais invités. Avions-nous déplu ? Ou pas assez plu ? Mystère des tocades présidentielles, et valse des courtisans.

Je l'ai ensuite rencontré plusieurs fois, professionnellement, à l'occasion des interviews que je fis de lui à « 7 sur 7 ».

Elles ne furent pas très nombreuses, trois ou quatre. Deux d'entre elles m'ont marquée.

La première en 1986, en pleine cohabitation avec Jacques Chirac. Mitterrand avait été brillant, ravi de remettre à sa place le Premier ministre qui lui avait été imposé au terme d'élections législatives perdues par le PS. Il n'avait guère de pouvoir, mais il en usait au mieux, préparant sa revanche et sa réélection en mai 1988. Ce n'était pas encore l'époque de la « tontonmania », de « Génération Mitterrand », du culte de la personnalité qui l'entoura au moment de sa réélection. Après avoir été le socialiste des nationalisations, il allait devenir le sage président-mamamouchi. Avec un slogan, « France unie ». Sans communistes, ni nationalisations, ni discussions entre bourgeois et « prolétaires » comme on ne disait déjà plus, car un consensus se faisait jour sur l'économie de marché où le rôle de l'entreprise, et les lois du capitalisme allaient revenir au galop.

Ce n'était pas encore le cas en 1986. Émission intéressante du point de vue du droit constitutionnel, mais d'une faible portée politique. Elle me fut utile, cependant, car elle me consacra dans la catégorie des « grands » intervieweurs. Non pour la qualité de mes questions, mais par le seul fait d'avoir eu la chance d'interroger le président, ce qui valait sésame de professionnelle. Les méchantes langues diront de courtisane, car, déjà, la brosse à reluire fonctionnait pour ceux qui anticipaient un second septennat.

Précisément, le « roi » fut de nouveau sacré en mai 1988. La République, qui n'était plus socialiste, juste encore un peu « de gauche », ne se portait pas trop mal. Jusqu'aux affaires de 1989, qui touchèrent des familiers du président, et notamment l'un de ses meilleurs amis, Patrice Pelat. La secousse fut forte, l'autorité du monarque, remise en question. Le soupçon d'enrichissement n'alla pas jusqu'à l'Élysée, en revanche, celui de favoritisme courait partout. Mitterrand accepta de faire un « 7 sur 7 » avec moi le 12 février 1989.

Je le vois le vendredi qui précède, pour lui dire que tout le début de l'émission sera consacré aux « affaires », puisque c'est le nom pudique donné à ce qui est perçu comme un scandale d'État. Mais nous n'en parlons pas durant cet entretien, comme d'une évidence qui ne valait pas qu'on s'y attarde.

Je travaille seule chez moi dans une sorte de fièvre ; les enfants sont à la campagne avec Ivan. Je veux connaître chaque bribe de ce dossier complexe entre politique, finance, Bourse, industrie.

Je suis alors malade depuis trois semaines, fatiguée et affaiblie. J'avais repoussé une opération bénigne, qui aura lieu le lendemain du « 7 sur 7 ».

J'ai revu cette émission récemment, pour les besoins de la rétrospective chaleureuse que m'a consacrée La Chaîne parlementaire (LCP), avec Patrick Cohen et son programme, « Rembob'INA ». J'ai été étonnée de ne pas retrouver à l'image la tension, la violence presque, inscrite dans mes souvenirs. J'ai été frappée par le temps consacré à cette affaire sans précédent sous la Ve République. Mes questions étaient précises et les réponses, étonnamment longues. Je l'ai laissé parler bien plus longtemps qu'on ne le ferait aujourd'hui. Rares furent les interviews de présidents au sujet de scandales qui les touchaient de près. Il n'y en eut plus d'autre après celle-ci, à ma connaissance.

En temps normal, Mitterrand était intimidant, mais avec un dossier trouble, l'affaire fut délicate. Quoi qu'il en soit, mon questionnement lui apparut sévère. Il pensait sans doute que j'y consacrerais dix minutes, or une heure et demie s'écoula sur ce tempo. Pour la première (et dernière) fois, le journal télévisé ne démarra pas à 20 heures mais à 20 h 30, tant le moment était dramatique. Étienne Mougeotte, à l'époque directeur d'antenne de TF1, me faisait signe, des coulisses, de continuer, et j'ai continué.

Il y eut deux pauses publicitaires pendant lesquelles Mitterrand me fit savoir son courroux : « Vous avez choisi de nous enfoncer », siffla-t-il, furieux. « Monsieur le président, je fais mon métier », lui répondis-je, bravache, mais loin d'être rassurée. Dans une Ve République encore peu habituée, il y a trente-deux ans, à l'insistance dans le questionnement, les idées les plus incongrues m'ont traversé l'esprit. « Demain, je vais peut-être rester sur la table d'opération, alors… » « Et puis on est en République, je ne vais pas être embastillée ! »

Je me suis presque évanouie de fatigue sur un fauteuil à l'issue de l'entretien, très tendu. Mitterrand est parti fort mécontent. Il m'a téléphoné le lendemain, enchanté, à l'inverse, des échos de cette émission dont il s'était sorti avec brio et m'envoya même à l'hôpital un bouquet de fleurs digne d'une corbeille de mariée. Les félicitations sur mon travail affluèrent de partout. Y compris du très droitier *Figaro Magazine* surpris qu'une fille de la gauche caviar ait ainsi cuisiné un président socialiste.

Un ou deux « 7 sur 7 » suivirent, notamment sur le Congrès de Rennes, meurtrier pour le PS, écartelé entre Jospin et Fabius. Puis vinrent les révélations sur son passé durant la guerre.

Un soir de 1994, *L'Événement du Jeudi* fit paraître en bonnes feuilles des extraits du livre *Une jeunesse française* de Pierre Péan. Le choc fut terrible. L'auteur y donnait la parole au président qui voulait faire confession de son passé : il avait été à droite, vichyste, il avait reçu la francisque, et rejoint la Résistance assez tard. Ce n'était pas le plus grave, on pardonne à ceux dont l'itinéraire politique s'est égaré du temps de leur jeunesse. La permanence des liens qu'il avait entretenus avec les pires collaborateurs était, elle, plus condamnable :

Bousquet, secrétaire général de la police de Vichy, ou le colonel Martin, ancien cagoulard, sur le cercueil duquel, en 1986, lui, président de la République, avait fait mettre le drapeau français… Il assuma ainsi son passé mais celui-ci, selon la formule de l'historien Henry Rousso concernant Vichy, ne « passait plus ».

Je me rappelais m'être battue à Sciences Po contre ceux qui prétendaient qu'il avait été décoré de la francisque alors que je soutenais l'inverse ; avoir traité de calomniateurs ceux qui affirmaient qu'il n'avait jamais rompu ses liens avec les collabos qui étaient son environnement d'origine ; m'être indignée que beaucoup, connaissant son passé de droite, lui dénient sa sincérité d'homme de gauche, etc. Long aveuglement largement partagé à gauche. J'eus l'impression d'une révélation à l'image du XXe Congrès du PCUS, où les communistes purs et durs découvrirent les crimes de Staline de la bouche même des dirigeants de l'URSS. Le ciel m'est tombé sur la tête et j'ai mis longtemps à m'en remettre. Il nous a trompés, nous avons été crédules et dupes. Et tous ceux qui ont voulu voir en lui le héraut de toujours d'une gauche sans tache se sont fourvoyés ou nous ont fourvoyés.

Ce même soir de 1994, Robert et Élisabeth Badinter dînaient à la maison, je montrai les bonnes feuilles à Robert qui en fut bouleversé. Personne n'a jamais su ce qu'il dit à Mitterrand, mais il en fut probablement meurtri à jamais, lui dont le père avait été déporté.

Dans les mois qui suivirent, je ne pus m'abstraire de cette révélation qui me heurtait au plus profond. Et à chaque passage d'un socialiste à « 7 sur 7 », je l'interrogeais sur le président et cette période.

Je me rappelle une algarade virulente avec Jean-Luc Mélenchon. Le tribun, aujourd'hui d'extrême gauche, était alors ministre de gouvernements sociaux-libéraux très sages. Mais il était déjà éruptif et violent et m'agonit d'injures car je faisais de ce passé, il est vrai, une croisade contre l'oubli et le maquillage de l'histoire.

Ce fut un ébranlement. Pour moi comme pour beaucoup de gens de gauche qui avaient admiré ce président.

Avec le temps, la sérénité est revenue. Je suis convaincue des nombreux mérites de François Mitterrand. Celui d'avoir aboli la peine de mort, d'avoir voulu l'Union européenne, d'avoir tenu tête aux Soviétiques dans la crise des euromissiles, et surtout celui d'avoir permis l'alternance après vingt-trois ans de gaullisme, et ainsi légitimé la Ve République. Mais pour la femme entière que je suis, la déception et la tromperie ne s'effacèrent jamais. De ce moment-là, j'ai su, encore plus qu'avant, pourquoi je respectais et admirais Pierre Mendès France.

À gauche je fus, à gauche donc je reste. Jusqu'à l'obstination. J'ai fait mienne la remarque de mon père au premier tour des élections de 1978, peu de temps avant sa mort. Alors qu'il revenait du bureau de vote et que, les jours précédents, j'avais été témoin de ses hésitations à voter pour un programme commun qu'il réprouvait, je l'interrogeai sur son choix dans l'isoloir. Les bras ballants, le regard désolé, il me répondit : « Je me suis regardé dans la glace ce matin et me suis dit que je n'allais quand même pas, parce que je prends de l'âge, devenir un vieux con de droite. » Une analyse sommaire, plus viscérale que raisonnable, mais dans laquelle je me reconnais jusqu'à ce jour.

Toutefois, je me sens loin d'une partie de la gauche aujourd'hui. Elle est tellement affaiblie, que ce sont parfois les figures les plus polémiques et marginales qui occupent l'espace médiatique, avec dogmatisme et intolérance envers ceux qu'elles jugent trop modérés. Avec aussi une tendance à se poser en boussole morale qui finit par museler le débat. La gauche sociale-démocrate ne fera pas l'économie d'une refondation intellectuelle et idéologique.

Si elle veut se relever, il lui faudra s'assumer, se (re)définir et refonder son action. Elle devra lutter à la fois pour et contre : pour une égalité plus réelle que formelle, pour une écologie courageuse et non sectaire, pour une laïcité sans complexes ; contre les handicaps qui se concentrent – et souvent s'additionnent – sur les femmes, les minorités sexuelles, culturelles ou ethniques, les habitants des quartiers les plus défavorisés ou des communes rurales abandonnées, les laissés-pour-compte du numérique ou ceux qui se trouvent à l'écart d'une société qui cultive le progrès dans des domaines aussi variés que l'alimentation, la santé, le bien-être, les loisirs.

De plus en plus de jeunes de gauche ont la tentation de se définir d'abord selon des critères sociaux : l'oppresseur est le blanc ; le noir est l'opprimé. Si je souscris – et comment l'ignorer ? – à l'importance discriminante de l'assignation à son origine, je me refuse à en faire le critère dominant du positionnement idéologique.

Loin de constituer un progrès, ce serait pour moi une terrible régression et la victoire symbolique d'une extrême droite que, par ailleurs, ces jeunes veulent combattre. Pour moi, le cœur de la gauche reste la lutte sans relâche contre les inégalités qui ne cessent d'augmenter, en dépit d'une promesse républicaine trop longtemps oubliée. C'est dans cette gauche-là que je me reconnais.

Les ardeurs des socialistes d'hier ont tiédi ; ils ont été gagnés par l'immobilisme et se sont laissé intimider par une extrême gauche forte en gueule, pauvre en actes. Les idéologues criards ont toujours choisi la posture radicale, confortable et sans risque. Ils la préfèrent aux petits pas qui font progresser la vie de tous les jours, au réformisme de l'action quotidienne, qui est sans doute un progrès imparfait mais doit être une volonté continue.

5.

Un voyage de treize ans

Ce jour-là, je suis morte de trac. J'inaugure une série d'émissions qui va marquer un peu la télévision et beaucoup ma vie professionnelle. Je lui dois bien des plaisirs, des moments forts et une notoriété plutôt bienveillante qui fait que, vingt-quatre ans après que j'ai arrêté « 7 sur 7 », ce programme continue de parler aux anciens et me vaut une grande considération… notamment auprès des plus vieux chauffeurs de taxi. Grâce à deux émissions sur les cinq cents qui dorment dans les tiroirs de TF1 ! Invariablement, ceux qui sont d'origine marocaine évoquent l'heure passée avec Hassan II. J'aurai l'occasion d'évoquer à nouveau ce moment. Quant à ceux d'origine kabyle, c'est avec émotion qu'ils me parlent de Matoub Lounès, chanteur immensément populaire en Kabylie, assassiné en pleine guerre civile algérienne, alors qu'il m'avait fait, quelques mois plus tôt, confidence de sa peur des islamistes dans le studio de « 7 sur 7 ».

Cette émission avait été créée par Érik Gilbert, Jean-Louis Burgat et Frédéric Boulay, partis sur Canal + en 1984, à sa naissance. Le « 7 sur 7 » avec Serge Gainsbourg, qui y brûla un billet de 500 francs, donna une certaine notoriété à la tranche horaire. Hervé Bourges, PDG de TF1, ne voulut pas que le jeune programme disparaisse, et demanda à Jean Lanzi de le reprendre.

Lanzi était un grand journaliste, un des plus talentueux que j'ai connus, capable de tenir une soirée électorale entière avec des ordinateurs en panne, des liaisons hasardeuses avec les régions, des invités médiocres en plateau et de faire de ce méli-mélo un événement réussi et cohérent. Il avait tout ce que je n'ai jamais eu : une aisance naturelle, un flegme britannique, un détachement absolu, aucun trac. Jeune marié avec Claire Vernet, sociétaire de la Comédie-Française, il préférait les vacances, la bonne chère, les spectacles du « Français » et la tranquillité de sa maison de Meudon aux angoisses de ceux dont la vie dépend de l'Audimat.

Bon vivant, bon ami, foncièrement loyal jusqu'à la naïveté, il accepta, pour le panache, ce à quoi il n'aurait pas dû consentir : être le partenaire de Laurent Fabius qui avait voulu recréer, quand il était Premier ministre, une communion hebdomadaire avec l'opinion, à l'image des causeries radiophoniques au coin du feu de Mendès. Celles, télévisées, de Fabius, constituèrent un épisode manqué dans la recherche de proximité avec les électeurs, et un pas de clerc pour mon camarade Lanzi. On ne devient pas impunément le *sparring partner* de la communication d'un Premier ministre. Le jeu était un défi impossible à relever : tenace ou égocentrique, il l'eût desservi ; bienveillant et généreux, il s'entrava lui-même.

Jean Lanzi préférait donc le bonheur de vivre le week-end, au travail hebdomadaire continu. Comment ne pas le comprendre ? Il me proposa de reprendre cette émission avec lui, mais en alternance. J'acceptai d'autant plus volontiers que je sortais à peine du chômage.

Jean Lanzi partagea donc « 7 sur 7 » avec moi, un dimanche sur deux. Un système qui dura jusqu'en 1987. La privatisation de TF1 se fait alors à l'initiative du gouvernement Chirac en 1986. Et un an plus tard, la fréquence de la chaîne est donnée – magnifique cadeau ! – au groupe immobilier Bouygues, dont elle sera le vaisseau amiral de la puissance. Beaucoup de salariés et notamment de journalistes décident de partir, profitant d'une avantageuse clause de départ. C'est ce que choisit Jean Lanzi, vieil habitué du service public, réticent à travailler pour des intérêts privés du bâtiment, qu'il ne trouvait guère compatibles avec la mission d'informer.

Je suis donc rachetée avec les meubles. J'en profite pour réclamer une absence de tutelle hiérarchique en dehors de celle, légitime, de la présidence de la chaîne, et une totale indépendance. J'obtiens à peu près tout cela, en faisant le pari que je pourrai user de la liberté que j'avais acquise au fil des quelques années de pratique du métier. J'ai eu raison. Longtemps. Jusqu'à ce que… Mais c'est une autre histoire.

Ma position était d'autant plus enviable que l'hémorragie était forte. Beaucoup de signatures choisissent aussi de partir pour la Cinq, dans le cheptel Berlusconi/Hersant : une nouvelle chaîne moins poussiéreuse, de l'argent qui coule à flots, l'impression de participer à une aventure. Je n'étais pas plus vertueuse que mes camarades et peut-être me serais-je aussi laissé tenter, si Robert Hersant, le magnat déjà propriétaire de beaucoup de titres de presse dont *Le Figaro*, ne s'était trouvé dans le paquet-cadeau.

Robert Hersant est un ancien collabo, ami des cagoulards et autres méchantes espèces liées à la France de Vichy. Non négociable, donc.

Silvio Berlusconi, espérant me faire changer d'avis, m'invite alors à déjeuner. L'idée de le rencontrer m'amuse. Il était déjà fantasque, connu pour être sans foi ni loi, mais n'avait pas encore dévoilé d'ambitions politiques et semblait alors moins caricatural qu'il allait l'être au pouvoir.

Le visage doré en permanence, ou plutôt d'une carnation orangée – sorte de Trump avant Trump – due à une surconsommation d'autobronzant, il me reçoit dans un ravissant bureau-salle à manger en rotonde donnant sur la place de l'Étoile à Paris. Dans ce décor aux boiseries Louis XVI très classiques, j'ai droit au numéro le plus incongru qui soit : ne sachant comment me convaincre de quitter TF1 et rejoindre son équipe de choc, il espère m'attirer par le clinquant de la chaîne, sa nouveauté et ses rémunérations sans équivalent.

Soudain, je le vois, au dessert, faire le tour de la table à genoux, et me saisir la main : « Ié vous donnerai cé qué vous voulez ; vous voulez une Ferrari, ié vous donnérai une Ferrari ; vous voulez des millions, ié vous donnérai des millions… ! » Le comique le dispute au grotesque, j'éclate de rire et lui assure que je ne veux ni fortune ni voiture de luxe. Tout en réaffirmant ce que je lui dis depuis le début du déjeuner : « Divorcez d'avec Hersant et je viens ! » Heureusement qu'il était assez durablement associé à cette figure contestable, sinon j'aurais peut-être cédé à la nouveauté d'un système audiovisuel sans attache avec un ORTF abîmé par des années de contrôle politique. Et j'aurais eu tort. Quoi qu'il en soit, je reçois le lendemain une gerbe de roses et de lys blancs aussi démesurée que sa proposition d'embauche. Je garde de cette scène un souvenir réjouissant car, trêve de sarcasmes, ce fut la seule fois de ma vie où un homme se mit ainsi à genoux devant moi ! Il était dit que je n'étais pas *Pretty Woman*…

Je revois Berlusconi avant sa première élection comme président du Conseil italien, en 1994. Je l'avais invité pour un « 7 sur 7 » que nous devions enregistrer dans un des nombreux studios de sa chaîne, la *Cinque*, à Milan. La semaine précédente, j'ai donc accompagné Patrick Le Lay, président de TF1, dans sa somptueuse villa en Lombardie, afin de le connaître mieux à l'occasion d'un déjeuner.

Immense et belle maison, jardin luxueux. Une allée de cyprès entoure un imposant mausolée de marbre blanc abritant la dépouille du père de Silvio Berlusconi. À l'entrée, un vigile monte la garde comme devant le tombeau de Lénine. Pour empêcher les lapins d'y élire domicile, sans doute…

Le risotto est exquis, et la conversation joyeuse. Berlusconi est flanqué de son âme damnée, Angelo Codignoni, son homme d'affaires. De politique, il est à peine question, le business et le foot l'absorbent tout entier. Tout de même, je finis par lui demander ce qu'il compte faire du pouvoir qui, selon les sondages, va lui échoir. Il se tourne alors vers Codignoni pour l'interroger : « C'est vrai, ça, Angelo, qu'est-ce que nous voulons faire au pouvoir ? » Tant de cynisme assumé me stupéfie, il ne fait pourtant qu'annoncer ce qui adviendra par la suite.

Je le revois une seconde fois lors d'un G20, à Londres, en 2008, en pleine crise financière. J'accompagne mon mari qui est alors directeur du FMI et donc convié aux travaux du G20. La réception, préalable à la séance de travail, a lieu à Buckingham Palace. Je suis curieuse d'entrevoir celle qui règne depuis cinquante ans et de jeter un coup d'œil au Palais – un Versailles plus massif, à la décoration intérieure XIXe très chargée.

Les amateurs de *Point-de-Vue-Images du Monde* hier et de *The Crown* aujourd'hui, m'auraient enviée de déambuler dans cette grande galerie royale où se pressent une centaine d'invités. On doit d'abord saluer Élisabeth, raide, peu souriante, dans une robe rose layette, aux côtés du duc d'Édimbourg qui fait peine à voir, vieux monsieur courbé d'ennui. En bonne républicaine, je ne fais pas la révérence, mais serre la main un peu molle que me tend la reine.

Barack Obama, tout juste installé à la Maison Blanche, fait ses premiers pas dans l'arène internationale et, avec Michelle, ils sont l'attraction du jour. Il se déplace avec l'élégance d'un Fred Astaire, dansant d'un invité à l'autre, en se nommant, suprême coquetterie : « *I am Barack Obama, how are you ?* » Sa femme Michelle est éclatante, grande silhouette aux bras nus musclés et parfaits. Entre le couple présidentiel et les Rembrandt ou Vermeer disséminés çà et là sur des murs croulant sous les peintures flamandes, on ne sait plus où regarder.

Sarkozy est en représentation comme à l'accoutumée ; Medvedev savoure sa présidence de l'URSS qui n'est pas encore revenue à Poutine. Et Berlusconi, au teint toujours orange, tape sur l'épaule de tout le monde. Lors de la photo de classe officielle, chacun (tous des hommes, à l'exception d'Angela Merkel) prend place, debout autour de la reine, seule assise. Berlusconi joue les élèves dissipés et interpelle à grands cris le nouveau président américain, heureux que celui-ci le distingue. C'est alors que la reine lâche, de son ton le plus oxfordien : « *Mister Berlusconi, why are you always shouting so loud ?* » (« Monsieur Berlusconi pourquoi donc hurlez-vous toujours si fort ? »). Malgré l'accent affreusement hautain d'une souveraine pensant s'adresser à un livreur de pizza (quand les Windsor ne peuvent pas se vanter d'avoir toujours été eux-mêmes d'une absolue distinction), la saillie est assez bien venue.

Après mon refus de rejoindre la Cinq, il ne me reste qu'à débattre avec TF1 des moyens de faire l'émission que je souhaite, ce qui est vite acquis. Une belle affaire pour moi, qui obtiens un salaire dont je n'avais jamais osé rêver. Une magnifique affaire pour la chaîne : une heure d'antenne en direct à bas coût, une rentabilité exceptionnelle, des tranches de publicité en or. Mon équipe, réduite, se compose de deux journalistes (en alternance chaque semaine), deux monteurs, deux assistantes. Quand la moindre émission dispose aujourd'hui d'un rédacteur en chef, d'une équipe de production imposante, de loges dédiées pour recevoir les invités, je me trouve bien naïve de ne pas avoir imposé mes propres conditions, comme me l'ont conseillé alors plusieurs fois Michel Drucker ou Mireille Dumas, plus futés que moi. Mais mon confort est aussi grand, même si les émoluments ne sont pas au même niveau : je suis seule responsable, protégée comme dans une bulle par le succès de l'émission, elle-même planète à part dans la rédaction de la chaîne. Et puis, j'ai toujours eu une mentalité de salariée. De luxe, je précise, pour m'éviter les commentaires acides.

Ma protection fut le succès. Au-delà des témoignages chaleureux qui demeurent, « 7 sur 7 » était une belle enseigne, installée à une heure d'écoute très prisée sur la plus grande chaîne d'Europe. Je n'ai jamais fait partie de ceux qui se considèrent d'autant plus talentueux que leur émission est une réussite. Le succès à la télévision est une étrange alchimie, et dépend beaucoup de la puissance de la chaîne : certes, le contenu doit être attirant, mais la taille du projecteur qui met en lumière l'animateur-producteur se doit aussi d'être imposante, comme la force du haut-parleur qu'on lui prête. Autrement dit, la même émission sur une chaîne moins regardée n'aurait pas forcément plu. J'ajoute à cela l'environnement : d'abord trois puis six chaînes ont permis à ce programme, concurrencé par un feuilleton, *Maguy*, puis par Drucker et son canapé rouge, de s'épanouir sans la concurrence d'un programme du même type.

Il y avait si peu de choix pour les téléspectateurs du dimanche soir, que les taux d'audience étaient mécaniquement faramineux et font encore rêver tout producteur qui s'aventure dans la lucarne : six millions de téléspectateurs au plus bas, douze ou treize au plus haut ; l'émission était vue de la France entière.

Si j'en juge par les témoignages de sympathie qui me sont toujours adressés, « 7 sur 7 » suscite d'autant plus d'éloges que le souvenir s'enjolive à mesure qu'il s'éloigne dans le temps. Fausse modestie de ma part ? La recette était élémentaire : deux personnes, pendant une heure face à face, pour commenter l'actualité d'une semaine. Et un générique efficace, dont la musique rythmée jouée au synthétiseur, par un réflexe pavlovien, suffit encore à me tordre le ventre de trac. Il est temps d'ailleurs de donner enfin le titre : *Big Green Espace* de Gesina et Pierric.

Le traitement sobre a aussi participé de son succès. Le fond noir ajoutait à la dramaturgie et permettait à la lumière et à l'attention de se concentrer sur les interlocuteurs. Roger Fellous, directeur photo magique, *old school* et malicieux, prétendait que tout ce qui attire l'œil, une lumière vive, une cravate voyante, un imprimé à fleurs, distrait et fait oublier l'essentiel, les visages et la parole. Il avait travaillé pour le cinéma et racontait des anecdotes qui faisaient ma joie sur Marlene Dietrich et Jean Gabin.

Jean-Claude Delannoy, le réalisateur, a permis que l'émission s'installe dans une esthétique dépouillée qui lui a donné sa facture. Jérôme Revon, auquel j'ai donné les rênes les dernières années, a modernisé le décor, rendu la réalisation très réactive, et inventé une table en forme de 7, qui faisait hurler Édouard Balladur, Premier ministre – « Mais chère amie, on est très mal assis ! Tout de travers ! » –, ce qui ne l'empêcha pas de revenir souvent. Jérôme Revon introduisit aussi l'écran en fond de studio où était projetés la Seine, la tour Eiffel, le périphérique, le ciel de Paris et les changements de saison. La nuit noire dès octobre, à 7 heures du soir. L'été et ses longues soirées bleutées. Un point d'audience de plus à l'automne, un point de moins l'été quand les familles restent plus longtemps à la lumière du jour. À quoi tiennent les choses !

Mes partenaires qui construisaient l'efficace « journal de la semaine », Marion Desmarres, Viviane Jungfer,

Brigitte Kantor, Claire Auberger, Alain Badia et Joseph Penisson, travaillaient par équipes de deux et passaient leur semaine dans les images d'actualité dont ils faisaient ensuite un montage et des effets séduisants. Celle qui m'épaula finement pendant sept années sur les treize passées à la tête de cette émission s'appelle Marie-France Lavarini, dite Marie. Elle venait du monde politique et le connaissait bien. Longtemps collaboratrice de Lionel Jospin, puis lassée de la vie publique avant d'y retourner brièvement puis de faire carrière dans la communication, elle avait choisi de ne plus l'observer que de loin.

Nous avons travaillé pendant treize ans avec cette toute petite équipe à laquelle je veux ajouter Nicole Lamamy et Manuella Ponte, les bienveillantes assistantes de cette émission. Les relations de travail étaient sereines et agréables dans ce commando finalement très féminin. J'avais réussi à convaincre mes collègues journalistes que, sur le choix des images et des commentaires, le dernier mot me revenait. À une époque où les chroniqueurs revendiquent leur indépendance et rechignent à l'autorité d'un rédacteur en chef, c'était de leur part un effort appréciable. J'étais, de fait, comptable de chaque minute diffusée. Je me sentais donc responsable et potentiellement coupable, si un dérapage de sens se produisait. Chacun eut l'intelligence et la générosité de le comprendre.

Les journalistes femmes n'étant pas si nombreuses à arbitrer des débats sur les sujets régaliens (politique, économie, ou affaires internationales), j'ai bénéficié d'un certain privilège de minorité. La rareté ajoutait à l'autorité, les hommes politiques n'osaient pas m'interrompre. Tout du moins au début. Les téléspectateurs ont vu de la fermeté dans une façon de tenir tête et d'interroger sans complaisance le responsable politique. Je le faisais toutefois avec le sourire, car une question impertinente ou délicate peut avoir un habillage aimable. Nous étions au mitan de la décennie 80, et je cumulais les avantages. Nous sortions des années Michel Droit ou Léon Zitrone dont la complaisance systématique avait marqué les téléspectateurs. Si bien qu'une journaliste un peu indépendante, pouvait assez bien tirer son épingle du jeu. Christine Ockrent et Claire Chazal ont, avec moi, bénéficié de ce système, chacune avec son propre style. Je ne cherche pas à minorer nos talents respectifs. Mais le tout petit nombre de femmes en charge de journaux télévisés ou de grandes émissions a contribué à asseoir notre crédibilité.

On m'a souvent demandé ce qu'il en était de la séduction. Elle existe, pourquoi le nier ? On peut en jouer, mais modérément, sous peine de décrédibiliser l'entretien. Être avenante plutôt que revêche. Désarmer par un sourire, mais ne jamais minauder. Comme dans la vie, en somme. Certaines journalistes ont trouvé difficile d'avoir avec les hommes politiques une relation saine. Je n'ai jamais eu ce souci. Pas une fois en treize ans d'émission hebdomadaire, je n'ai senti que la rencontre devenait ambiguë. L'enjeu était important, les invités n'avaient pas la tête à séduire la femme qui les interrogeait. Tous ont essayé de se montrer sous leur jour le plus flatteur, mais à destination du téléspectateur, pas de l'interlocutrice.

Quant aux pulls en mohair qui ont beaucoup fait couler l'encre des journaux *people* et que j'ai portés quelquefois, ils n'ont pas eu d'effet critique ! Plus de vingt ans plus tard, on continue de me parler de ces pulls supposés être d'un charme érotique irrésistible et outils d'une stratégie délibérée. Or je ne les ai revêtus que quatre ou cinq fois sur cinq cents émissions : sous les éclairages très puissants des plateaux de télévision, la chaleur de la laine, fût-elle vaporeuse, mêlée à l'adrénaline du direct, rend les vêtements de ce type difficilement supportables. Et quitte à en désappointer certains, je ne me suis pas fait courtiser et n'ai jamais usé délibérément des armes de la séduction.

Je dois par ailleurs reconnaître que le pouvoir ne m'impressionne pas. Je ne suis pas captive de la rhétorique habile des hommes politiques rompus à la conquête de leur auditoire. J'ai été bien davantage intimidée par les hommes de science ou de lettres, intellectuels ou créateurs. Et pour prévenir les objections qui assureraient que mon second mari fut rencontré lors d'une émission sur TF1, je tiens à dire ici que le jour où il participa à l'un des programmes que j'animais, je ne connaissais même pas son nom. C'est Jean-Marie Colombani et non pas moi qui avait proposé à DSK d'être l'invité surprise, en duplex, dans une émission de « Questions à domicile » consacrée à Alain Juppé. Si, par la suite, s'est nouée une relation, c'est une tout autre histoire. Il sera d'ailleurs l'un des rares politiques d'envergure à n'être jamais venu à « 7 sur 7 ».

Au fil du temps, la représentation des femmes à l'antenne s'est heureusement banalisée. On les a vues – notamment à partir de la première guerre du Golfe – sur des champs de bataille et petit à petit, leur présence est devenue la norme, dans la profession de journaliste, sinon dans les postes dirigeants. Courageuses, volontaires pour partir, souvent plus que les hommes, elles ont incarné le récit objectif et déterminé qui convient au grand reportage. Je pense à Valérie Nataf comme à Martine Laroche-Joubert, à Dorothée Olliéric comme à Isabelle Baillencourt et bien d'autres. Elles ont fait, sans aucun doute, progresser la cause des femmes à la télévision.

Michèle Cotta, Arlette Chabot, Ruth Elkrief, Apolline de Malherbe, Léa Salamé ont montré qu'elles avaient autant sinon plus d'autorité qu'un homme pour mener de grandes émissions ou des débats en période électorale. Et le questionnement, durci, est devenu l'équivalent de celui de nos consœurs de la BBC ou des chaînes américaines.

Aux États-Unis, la diversité est plus grande. Des visages de différents types ethniques, partie intégrante d'une terre d'immigration, ont fait leur apparition très tôt. Des journalistes, revendiquant leur appartenance à des minorités sexuelles, se sont imposées. Rachel Maddow – qui est l'une des femmes les plus brillantes de la télévision américaine (elle officie tous les soirs sur MSNBC dans une émission très personnelle) – n'a jamais fait mystère de son homosexualité.

Des visages de femmes âgées (je pense notamment à l'insubmersible Barbara Walters) ont aussi toujours eu leur place sur les plateaux américains. En France, il faut être, de préférence jeune, belle, blonde, d'origine européenne. Un animateur grisonnant continue d'apparaître sexy. Une femme dont les rides s'accusent se fera d'elle-même plus rare avant qu'on ne lui en fasse sentir l'urgence. Je sais de quoi je parle, ayant décidé, il y a déjà longtemps, de ne pas trop encombrer les écrans !

Dans les années 80, je n'avais pas cette réserve, et j'ai, comme de nombreux confrères et consœurs, additionné deux émissions. À côté de « 7 sur 7 », ce fut « Questions à domicile ». Sur la chaîne la plus puissante de France coexistaient alors deux émissions politiques à une heure de grande écoute. C'est à l'évidence une époque révolue.

J'ai mené « Questions à domicile » durant quatre ans, d'abord en compagnie de Pierre-Luc Séguillon, journaliste fin et discret, puis de Jean-Marie Colombani avec lequel je fis un tandem chaleureux. J'avais suggéré son nom aux dirigeants de TF1. Il était à l'époque rédacteur en chef politique du *Monde* avant d'en devenir le directeur, et je le considérais comme l'un des meilleurs analystes de la vie publique.

L'idée ne venait pas de nous, mais de l'un des réalisateurs historiques de la télévision, Alexandre Tarta, vieil ami de Pierre Dumayet et devenu le mien. Pourquoi, avait-il défendu, ne pas sortir du cadre aseptisé du studio et ne pas faire l'émission dans les lieux mêmes où vivent nos dirigeants ? Le projet était séduisant, et donnait, de celui qui nous recevait, une image plus personnelle. Il emballa la direction de la chaîne.

L'intrusion dans la sphère privée des politiques restait limitée. Nous commencions avec un petit film dévoilant quelques photos, la bibliothèque, la décoration de l'appartement. Tout cela disait déjà beaucoup de la personnalité de notre hôte, même si nous ne forcions jamais l'intimité. Nous nous sommes quelquefois amusés à ouvrir le placard à chemises de Jack Lang ou le réfrigérateur de Michel Rocard. Le premier était un arc-en-ciel de couleurs, l'autre, regorgeait de confits et de tripoux. C'est avec Michel Rocard que je commis un impair dont sa femme de l'époque me tint rigueur le reste de sa vie. Nous tenions à ne pas tomber dans l'écueil de la « peopolisation ». L'émission restait un rendez-vous sur les sujets d'actualité et seule la personnalité politique devait être sur la sellette. Il nous serait apparu inopportun de consacrer un temps équivalent au conjoint qui n'avait pas de vie publique propre et soumise à l'élection. Si bien que nous commencions l'heure avec le couple et passions dans une autre pièce pour poursuivre l'interview avec notre invité principal.

Le malheur voulut qu'avec Rocard, nous avions débuté l'émission dans la cuisine pour nous rendre ensuite au salon, laissant Michèle, son épouse, près des fourneaux. Fâcheux et involontaire symbole. Si j'ajoute que, dans le film de cinq minutes tourné dans leur appartement parisien, figurait la machine à coudre de Madame Rocard – qui l'avait pourtant délibérément placée là pour que nous la filmions – on imagine la fureur d'une femme, qui n'était ni douce ni indulgente ! Il faut dire aussi que la grande majorité de nos invités politiques étaient des hommes, excepté lors du « Questions à domicile » chez Simone Veil, où nous avons filmé son mari Antoine au piano puis avons poursuivi avec elle seule le questionnement politique.

Mais je reconnais que cet exemple mis à part, notre démarche pouvait donner l'impression d'un machisme malencontreux.

Nous passâmes de bons moments chez Chevènement dans sa jolie maison chaleureuse de Belfort, ou chez André Lajoinie, candidat communiste à la présidentielle de 1988 qui nous fit goûter à l'antenne son pâté aux pommes de terre, spécialité auvergnate de Saint-Pourçain-sur-Sioule ; d'autres, plus surprenants, chez Giscard à Chanonat dans sa vieille demeure patricienne non chauffée ; ou chez Charles Hernu (ministre de la Défense de François Mitterrand) où une collection de poignards s'étalait sous de curieux abat-jour à froufrous, qui dispensaient une lumière rosée. Nous avons aussi connu, comme je le raconterai, des soirées pénibles, pour des raisons bien différentes, avec Jean-Marie Le Pen à La Trinité-sur-Mer, ou Jacques Chirac à Matignon.

Des moments qui font aussi le bonheur des amateurs de rétrospectives télévisées. Je pense à ce débat, au seuil des élections de 1986, entre Fabius et Chirac, où Laurent Fabius eut un geste de la main hautain, lançant à Chirac « allez allez, vous parlez au Premier ministre de la France ». Défaut de jeunesse. Conséquence d'un trop long décalage horaire. Mais qui a poursuivi longtemps l'ex-plus jeune Premier ministre de la Ve République.

Bientôt, les mêmes invités politiques revenant chaque année, nous étions passés des appartements privés aux résidences secondaires, puis aux bureaux sans âme. Ayant fait le tour de ceux-ci, le renouvellement devenait difficile. Sans compter qu'à cette époque, TF1 voulut faire passer l'émission du *prime time* à la deuxième partie de soirée. J'estimai que cette concession à l'air du temps minorait déjà un peu la politique, et « Questions à domicile » s'arrêta après quatre années plus que plaisantes.

Si à « Questions à domicile », l'originalité était dans le lieu, à « 7 sur 7 » elle était davantage dans le ton.

En revoyant d'anciens numéros, je craignais de les trouver un peu fades. Or, la facture, incisive et tenace, ne m'a pas paru si éloignée de ce qui se fait aujourd'hui. Je ne voulais pas, comme ce fut un temps la mode, jouer l'insolente. S'il n'est pas étayé par un grand professionnalisme et une compétence indiscutable, l'irrespect agace. Celles et ceux qui demeurent une référence savent faire preuve d'autorité sans verser dans une agressivité désagréable.

Ce qui a changé en revanche, c'est la durée même des sujets de discussion. Je laissais plus de temps qu'on ne le fait aujourd'hui à mon interlocuteur pour répondre, quitte à le relancer autant que possible. De nos jours, priment la vitesse, le rythme, l'interruption.

Or, si la politique est une vision du monde, il faut offrir à ses représentants la possibilité de développer une pensée complexe. Le temps est l'allié de la compréhension. Dans le chaos de l'information, il est essentiel pour comprendre une problématique ou un chemin.

Il est fréquent – et de plus en plus à mesure qu'augmente la défiance envers ces deux professions – qu'on mette l'accent sur les relations de connivence entre les journalistes et le monde politique. Relations poreuses parfois ; même monde, même milieu, mêmes références. Mais complices, rarement. Quant aux questions posées, complaisantes ou pas, elles doivent être jugées sur pièces. Et non sur la proximité supposée de l'intervieweur avec le monde de son invité.

Je n'ai jamais cherché à piéger mon interlocuteur, ni à me mettre dans le rôle du procureur. Simplement, à lui apporter la contradiction en me faisant l'écho de ceux qui ne pensaient pas comme lui. Quant aux artistes, aux créateurs, aux écrivains, il faut tenter de leur faire donner le meilleur d'eux-mêmes. J'y suis arrivée parfois. On n'y parvient jamais en essayant de se mettre soi-même en avant, erreur des débutants qui pensent que la question est plus décisive que la réponse. L'humilité est le premier gage du succès.

Dans une interview, la seconde question est la plus importante. La première est à la portée de tout le monde et il est facile d'enchaîner ensuite les interrogations, en changeant de thème à chaque fois. Relancer, contredire, démentir suppose en revanche que le sujet soit connu et assimilé pour répondre à son interlocuteur. Ceux qui s'en sortent brillamment ont une mémoire phénoménale, ou une forte capacité de travail. Je relevais de ce dernier cas. Ce qui ne m'a pas épargné quelques frayeurs, quand la fatigue ou simplement l'inattention venaient perturber mon écoute. Un bouton de la chemise de l'invité qui s'ouvrait, la poussière sur la table qui volait quand nous nous y accoudions, l'idée que j'étais partie de chez moi en laissant les clés à l'intérieur… Décrocher quelques secondes sans écouter dans une émission en direct, vous expose à relancer sur un thème déjà abordé. La chaleur montant au visage, sentant des gouttes de sueur perler dans mon dos, je me suis trouvée plusieurs fois dans cette situation peu enviable. Dans un journal télévisé, l'aide du prompteur est une béquille bienvenue. Je n'en disposais pas.

J'ai donc beaucoup travaillé, sans doute plus qu'il n'était nécessaire. Non par vertu, mais par anxiété. Ayant moins de facilité que d'autres, il me fallait trimer davantage pour arriver à une maîtrise des sujets. J'aurais tant aimé être de ceux ou celles qui, lisant un document, se l'approprient pour longtemps. Je n'ai, comme mon père, jamais eu de mémoire, ce qui m'a handicapée tout au long de mes études. Incapable de retenir un poème par cœur, je ne faisais pas mieux avec les leçons de sciences nat' ou de géographie. Je ne m'en suis sortie qu'à force de bachotage. J'avais plus d'habileté quand il fallait privilégier l'analyse sur la connaissance.

Dans l'enseignement supérieur, je connus les mêmes soucis : de l'aride cours en droit romain ou de celui d'économie un peu soporifique de Raymond Barre à Sciences Po, la mémoire me manque.

Le temps du règne des émissions politiques sur les programmes de télévision est dépassé. Aujourd'hui, l'impact en est plus faible. J'ai bénéficié d'une époque faste. La politique s'est banalisée, elle est partout, des chaînes d'info aux réseaux sociaux, en passant par les pages de controverse dans les journaux. Les émissions d'autrefois avaient un parfum plus théâtral, dû à leur rareté et à l'autorité des intervenants. La parole des responsables est en effet dévaluée, et avec elle, le prestige de celui qui la porte, comme l'influence de ceux qui l'interrogent. Elles étaient aussi l'occasion d'un compte rendu de mandat de l'homme politique qui devait répondre à ses électeurs et à ses adversaires. Ce n'est à l'évidence plus le cas.

Sans doute est-ce l'enjolivement du passé, mais j'ai l'impression aussi que le climat était plus civil, moins porteur d'anathèmes qu'aujourd'hui. Étions-nous plus tolérants ? Le consensus républicain était sans doute plus fort. Excepté en ce qui concerne le FN, l'exclusion de la discussion pour « déviance » n'était plus, ou pas encore à l'ordre du jour.

L'une des joies de ce rendez-vous télévisuel qui a duré treize ans tenait à l'alchimie qui pouvait se produire entre mes invités et l'actualité du monde que je leur demandais de commenter. Et les sujets au sommaire de ces émissions, entre 1984 et 1997, sont encore dans nos mémoires.

Dès 1984, l'affaire Grégory, l'un des faits divers les plus marquants en France depuis la guerre, ponctua pendant des mois, voire des années, le feuilleton hebdomadaire. Les rebondissements réguliers et la place qu'il prit dans les médias ont alimenté les commentaires et les fantasmes jusqu'à aujourd'hui : les obsèques déchirantes du petit Grégory, le meurtre de Bernard Laroche par son beau-frère Jean-Marie Villemin et l'incarcération de ce dernier, le climat fait de soupçons, de jalousie, de lettres anonymes dans cette vallée de la Vologne, le calvaire que vécut cette famille, les accusations invraisemblables contre Christine Villemin, notamment le texte indécent de Marguerite Duras dans *Libération*, une tirade littéraire, qui portait sur la mère de Grégory, présentée comme meurtrière (sans qu'elle apporte le moindre élément de preuve) et qualifiée en même temps de « sublime, forcément sublime ».

Les grands mouvements politiques de la société furent au cœur des commentaires de la semaine, comme la montée inexorable du Front national. Les déclarations explosives ou obscènes de Jean-Marie Le Pen, dont il se régalait périodiquement, ont rythmé la vie publique de cette période, où chacun était sommé d'afficher sa position face au FN et face au sujet de plus en plus brûlant de la place de l'immigration dans la vie nationale.

L'« affaire des foulards » dans les collèges de Creil et de Montfermeil en 1989, qui déclencha toutes les polémiques sur l'islamisation d'une minorité de musulmans de France, aura empoisonné les trente dernières années de la vie publique. Les revendications identitaires d'une partie de la jeunesse encore marquée par le poids de la colonisation, les controverses sur l'immigration, ce grand impensé de la politique française, continuent à dominer le débat public, marqué par une formule lancée à mon micro un dimanche soir de 1989 par Michel Rocard, reprise par Emmanuel Macron, selon laquelle « nous ne pouvons pas accueillir toute la misère du monde ». Rocard devait ajouter quelques années plus tard « mais il faut que la France en prenne sa part », mais ce correctif resta à jamais occulté et très rarement cité.

De la catastrophe de Tchernobyl en 1986 à la guerre dans l'ex-Yougoslavie, les sujets internationaux occupèrent une place importante. Pendant dix ans, de 1991 à 2001, il en fut question chaque semaine : Milošević, Mladić ou Karadžić, partisans d'une grande Serbie, devinrent des patronymes familiers et l'incarnation d'atroces crimes de guerre. En Bosnie, le siège de Sarajevo fut emblématique et meurtrier, et le massacre de Srebrenica, l'apogée d'une épuration ethnique qui n'avait plus eu cours en Europe depuis la Seconde Guerre mondiale.

Ce délitement de la Yougoslavie fut la conséquence des révolutions en Europe de l'Est, avec la fin de l'Union soviétique, la chute du mur de Berlin ou l'effondrement de la Roumanie de Ceauşescu. Tous ces régimes s'écroulèrent comme des châteaux de cartes, et sonnèrent le glas de soixante-dix ans de communisme et quarante ans de guerre froide en Europe.

Le Proche-Orient, Israël, la Palestine, les accords d'Oslo si prometteurs, l'assassinat d'Yitzhak Rabin si dévastateur, furent aussi au cœur des commentaires des années 90, de même que les turbulences au pays de Saddam Hussein, qui allaient en entraîner d'autres, plus tard.

La première guerre du Golfe, après l'invasion du Koweït par l'Irak, inaugura dans les médias – comme la guerre dans l'ex-Yougoslavie – une nouvelle façon de rendre compte des guerres modernes pour le meilleur et pour le pire. Les reportages en direct des bombardements de Bagdad étaient spectaculaires, mais, pour les journalistes accompagnant les troupes, il devenait impératif de faire la part entre information et propagande.

L'Europe, encore populaire il y a trente ans, était aussi au centre des débats. C'est à partir du référendum de Maastricht (1992) qu'on commence à dater le reflux de l'idéal européen dans les opinions publiques, et la fracture en deux France, les « élites » pro-européennes et des opinions publiques plus eurosceptiques.

J'ajouterai que le retour de l'antisémitisme nous a tous pris de court. La manifestation gigantesque qui réunit presque toute la classe politique, Mitterrand en tête, après la profanation du cimetière de Carpentras, paraît aujourd'hui bien lointaine, quand chacun sait que l'attentat contre l'Hyper Cacher en 2015 n'aurait sans doute pas suscité autant d'émotion s'il n'avait été précédé du massacre à *Charlie Hebdo*. Souvenons-nous des assassinats perpétrés par Mohamed Merah à Toulouse en 2012, contre les militaires d'abord, puis contre les enfants juifs de l'école Ozar Hatorah : la stupeur paralysa sans doute la France, qui ne se mobilisa pas encore, face à cet intégrisme violent qui allait signer les pires attentats sur notre sol.

La présidence de François Mitterrand fut secouée par l'irruption des affaires dans la vie publique française, de celle du *Rainbow Warrior* aux soubresauts de ce qu'on a appelé l'affaire Pelat en passant par celle des Irlandais de Vincennes. Son deuxième mandat fut endeuillé aussi par le suicide de son Premier ministre Pierre Bérégovoy, le 1er mai 1993, qui émut profondément l'opinion.

Quant à la propre mort de François Mitterrand, l'hommage éclatant de Jacques Chirac à son prédécesseur, la sortie au grand jour de la deuxième famille du défunt président, tous ces événements eurent une place de choix dans les « journaux de la semaine » de « 7 sur 7 ». Comme le renoncement de Jacques Delors, les débuts de la présidence Chirac, son discours du Vél' d'Hiv de 1995 qui tournait une page dans le non-dit de la responsabilité de la France dans la déportation des juifs sous l'Occupation, les grèves de l'hiver 1995 qui gelèrent le pays, et la dissolution de 1997 qui contraignit Chirac à une cohabitation de cinq ans et sonna – j'y reviendrai – la fin de « 7 sur 7 ».

Avant d'esquisser quelques portraits de fortes personnalités de ces années 80-90, je voulais rappeler ces treize ans de petites et grandes joies éditoriales. Treize ans riches où je n'ai fait que cela ou presque. Au détriment sans doute d'une vie de femme et de mère. Quelle place restait-il à mes enfants quand les week-ends n'étaient que laborieux et les semaines intenses ? Je tenterai de répondre plus loin à la question de ce que j'ai sacrifié et de l'image que j'ai dû laisser à mes enfants d'une mère-courant d'air. Les femmes actives ont toutes ce souci : que faire passer en priorité ? C'est un équilibre subtil que chacune d'elles doit réinventer. Je ne vais pas minorer les joies profondes que la vie professionnelle m'a données. Mais la vie privée grignotée est une ombre permanente au tableau. On peut en différer la prise de conscience. Elle finit toujours par vous rattraper.

6.

Jacques, Valéry, Nicolas, Simone et les autres

Il est 18 h 45 ce 11 décembre 1994, l'impatience est immense. La gauche n'a pas encore de candidat pour l'élection présidentielle, qui doit avoir lieu en mai 1995. Ou plutôt elle en a un, mais c'est un fantôme : Jacques Delors, ancien ministre, homme d'une gauche modérée et réaliste, président de la Commission européenne.

Il apparaît comme le favori dans tous les sondages, mais s'est refusé jusque-là à aborder le sujet. La gauche est orpheline depuis Mitterrand, l'appétit pour Chirac n'est pas immense, Balladur séduit surtout les élites mondialisées, comme on dirait aujourd'hui. Delors, sous une intense pression, décide de briser le silence le soir même à « 7 sur 7 ».

Arrivé dans la loge de maquillage de TF1, il fait sortir tout le monde afin que sa décision reste confidentielle quelques minutes encore et me confie qu'il ne sera pas candidat. J'encaisse le coup que je redoutais, ma déception est grande. Comme beaucoup de Français, j'espérais sa candidature. Je l'aime bien, et s'il m'agace un peu avec ses airs de professeur, j'adhère à sa vision réformiste ; on a besoin de cet homme.

« On ne peut pas commencer comme cela, sinon tout le monde va éteindre son poste de télévision », dis-je en troquant ma casquette de citoyenne pour celle de productrice. « Ce n'est pas mon intention, car avant d'expliquer pourquoi je ne me présenterai pas, je veux avoir le temps de dresser le constat de la situation de la France », répond-il. C'est entendu, on passera la première demi-heure à l'analyse de l'état de notre pays.

L'émission tant attendue commence, et je dois confesser un jeu stupide. Mon mari d'alors, qui – contrairement à moi – est sûr du refus de Delors, attend néanmoins sa réponse, comme tout le monde, impatiemment. Et ce soir-là, malgré la gravité de l'enjeu, je me livre à un amusement complice. J'avais convenu avec lui que si je commençais l'émission avec ces mots « Delors sera-t-il candidat ? *Voici* la question que chacun se pose », cela voulait dire qu'il se présentait à la présidentielle. Si au contraire, j'optais pour « *voilà* la question… », cela signifiait qu'il y renonçait.

Frivolité infantile – ne pas se tromper entre voici et voilà ! – qui m'absorbe durant la dernière minute qui précède le passage à l'antenne, au lieu de me concentrer sur ce qui va suivre. Mon ex-mari sera donc, avec mon

« voilà », le premier informé de la décision négative de Jacques Delors.

Au-delà de cette anecdote futile, l'émission restera un souvenir intense. Pendant la première demi-heure, Delors dresse un tel constat de la situation française en présentant les solutions pour l'améliorer, que chacun se dit qu'il sera candidat, avant qu'il n'annonce, trente minutes plus tard, qu'il en abandonnait l'idée.

Balladur et Chirac reconnaîtront d'ailleurs devant moi que, pendant ces minutes où Delors faisait l'analyse des blocages de la société française, ils ont cru à sa détermination d'être candidat. Le mari de Martine Aubry appela sa belle-mère, Marie Delors, pour savoir si son époux avait ou non changé d'avis. Moi-même, troublée, je me suis dit que j'avais rêvé, que j'avais mal compris ce qu'il m'avait dit quelques minutes avant que ne commence l'émission, et qu'il était en fait disposé à partir en campagne. Mitterrand, lui, n'avait pas de doute, ayant toujours dit méchamment que Delors aurait préféré être nommé qu'avoir à se battre pour être élu.

Ce qui est en tout cas évident, c'est que cette prestation étonnante en deux temps qui ne semblaient pas coordonnés, en dit beaucoup sur la bataille intérieure qui déchira cet homme : il avait toutes les bonnes raisons de se présenter et toutes les mauvaises de renoncer.

Quand il est à portée de main le pouvoir séduit autant qu'il terrifie. En tout cas, Jacques Delors n'avait pas pris la mesure de l'attente fiévreuse des Français.

Il y eut, ce soir-là, quelque 12 ou 13 millions de téléspectateurs, un record pour une émission politique diffusée sur une seule chaîne. Quand je l'ai appelé le lendemain à Bruxelles, il soupira, étonné : « 13 millions ! quand même… » – à quoi je lui répondis, déçue comme toute la gauche : « Ah ne me dites pas maintenant que vous regrettez ! »

Je faisais cette émission depuis déjà dix ans quand survint l'épisode Delors. J'y ai invité des politiques, des artistes, des intellectuels, des savants, des inclassables. Certains ont crevé l'écran, d'autres ont montré leur vacuité.

Les politiques ont été la matière première de cette émission. La formule les avantageait puisqu'elle consistait à commenter les événements d'une semaine sur lesquels ils étaient censés s'exprimer ou prendre des décisions. Et puis, comme je l'ai dit, disposer d'une heure pour livrer sa vision du monde permettait aux plus brillants d'en sortir gagnants.

Pour me rafraîchir la mémoire, j'ai regardé la liste de ces invités issus du monde politique. Et je me suis trouvée bien peu audacieuse, à faire régulièrement venir les mêmes interlocuteurs à partir des années 92-93.

Sans doute parce que la direction de TF1 me faisait la guerre pour que le rendez-vous reste d'influence, et que j'invitais donc, pour avoir la paix, des politiques que la chaîne ne pouvait se permettre de trouver falots. Les émissions avec Pierre Méhaignerie ou Edmond Alphandéry étaient honnêtes, mais avouons-le, très ennuyeuses. Quant à François Léotard ou Bernard Kouchner, ils sont venus plus souvent que leur poids politique respectif ne le justifiait, parce qu'ils étaient agiles et chaleureux.

Les plus brillants des visiteurs du dimanche soir, à part ceux dont je vais détailler les prestations, furent sans conteste ceux dont la parole faisait mouche ou qui frondaient un peu contre leur parti d'origine, comme Charles Pasqua, Pierre Mazeaud, Philippe Séguin, Claude Allègre ou Jean-Pierre Chevènement. J'aimais leur côté percutant, parfois bougon, libre. La plupart d'ailleurs ont été écartés des premiers rôles au pouvoir (sauf Pasqua, qui savait se rendre indispensable ou qui avait, sur les uns et les autres, de solides dossiers !).

Il y eut les infatigables comme Jack Lang ; les hommes à l'intellect subtil et au destin prometteur mais qui n'ont pas su s'imposer au-delà de leur ministère, comme Alain Madelin ou Michel Delebarre ; les totalement oubliés comme Jean Arthuis ou Jean-Pierre Soisson ; les gentils inoffensifs comme Robert Hue ; les grognons qui n'amusaient plus personne comme

Georges Marchais ; les originaux en marge des partis, comme Daniel Cohn-Bendit ou Jean-Jacques Servan-Schreiber. Et puis tous ceux dont l'émission n'a pas laissé la moindre trace comme Michel Charasse, Ségolène Royal ou Gérard Longuet, dont je suis incapable de me rappeler les passages dans l'émission.

Et puis, il y eut les poids lourds.

J'ai parlé de Mitterrand. Il fut le seul président français en fonction que j'ai interrogé. Giscard ne l'était plus, Chirac et Sarkozy, pas encore.

Giscard reste pour moi une énigme. Brillant, il incarnait cette intelligence propre aux années 70, énarque, ingénieux, synthétique, rapide. Déchu, ayant perdu un pouvoir dont jamais il ne se consola, il continuait d'en imposer. Il m'a toujours paru étrange, comme à côté de lui-même, mal dans sa peau, jouant un rôle. Très timide en vérité. Embarrassé avec les gens – souvenons-nous de ses pathétiques dîners chez les Français, où il ne mesurait ni la gêne des hôtes qui le recevaient, ni celle des téléspectateurs conviés à partager ces repas déplacés.

Je trouvais ses raisonnements sans faille jusqu'à ce que, justement, la fêlure s'y invite. Ses analyses étaient souvent justes alors que les conclusions auxquelles il aboutissait sonnaient faux.

C'était un être surprenant. Je suis allée plusieurs fois chez lui, rue Benouville dans le XVIe arrondissement de Paris, et j'ai toujours eu l'impression que cet hôtel particulier embaumait le XIXe siècle. Des pièces mal aérées, des tapisseries pleines de poussière, des bergères Louis XVI un peu bancales, des vieilles pendules qui tintaient plus faux que le coucou des fermes de Chamalières. Invariablement, il accueillait ses visiteurs par un « Vous êtes venu comment ? ». À pied, à cheval, en voiture, en train ? Quel sens avait cette question, hormis le fait d'engager une conversation qu'il hésitait à conduire, sous ses airs de certitude affichée, mais finalement assez empruntée, avec ses interlocuteurs ? À chaque fois, et alors qu'en treize ans de « 7 sur 7 », il a dû venir à une dizaine de reprises, il me posait ces drôles de questions : « Comment ça se pâââsse, il y a des imââârges ? Et vous serez habillée comment ? » Ce à quoi je répondais invariablement : « Mais vous le savez bien, monsieur le président, il y a les images de la semaine comme les huit, neuf, dix autres fois où vous êtes venu ! Et la couleur de ma veste – rose ou verte – ne risquera pas de jurer avec la vôtre ! » Drôle de bonhomme, décidément.

J'avais une image assez convenue de sa présidence, malgré ses réformes du début plutôt audacieuses, de la majorité à dix-huit ans à l'avortement. Je fus amusée par le personnage dont rend fidèlement compte l'excellent film de Raymond Depardon, *Une partie de campagne*, qui relate sa fulgurante ascension et qu'on a revu au moment de sa disparition en décembre 2020.

Il se termine par cette soirée irréelle de l'élection présidentielle de 1974, où seul avec son transistor, dans les salons de son bureau du Louvre – alors siège du ministère des Finances –, il écoute les résultats qui le donnent gagnant, et qu'il commente au téléphone avec son fidèle Michel Poniatowski, moins apparemment voyou que Pasqua, mais sans doute plus dangereux.

Toutefois, je fus déçue par l'homme politique des années 85-90 qui tenta, pour tenir un rôle que la politique lui refusait, d'emprunter des chemins peu dignes d'un ancien président de la République. Je veux parler de ses positions longtemps ambiguës vis-à-vis de l'immigration.

J'ai le souvenir d'une émission tendue en septembre 1991. *Le Figaro Magazine* avait sorti une couverture choquante avec une Marianne voilée et un article de Giscard sur le thème de l'invasion (de notre belle France par les immigrés). Le propos était clairement opportuniste qui surfait sur les frayeurs des Français. Nous eûmes une rude passe d'armes où il n'assuma pas la définition littérale du mot « invasion » et se démena pour faire croire que le terme était anodin.

J'étais assez tranchante, mais en bon politique, il ne se fâcha même pas. Et trouva même le moyen de me faire quelques mois plus tard un compliment bien lourdaud à l'antenne, me déclarant que j'avais beaucoup plus de charme que Madonna, venue la semaine précédente !

Quelque temps plus tard, il commit un roman, *Le Passage*, digne de la collection Harlequin : histoire à l'eau de rose, intrigue insignifiante, érotisme de pacotille… Un jour qu'à « 7 sur 7 », je le taquinais gentiment sur cette production étonnante, il me répondit : « Chère Anne Sinclair, je crois que vous n'aimez pas la littérature », ce à quoi je rétorquai, au risque de l'insolence : « Si justement, monsieur le président. » Encore une fois, cette réponse ne le vexa pas car il écoutait rarement ses interlocuteurs, marquant par là une suprême indifférence à qui ne cautionnait pas sa pensée, qu'il continuait imperturbablement à dérouler.

Un jour que nous faisions une émission de « Questions à domicile » en direct à Chanonat, dans le château familial glacial et trop dur à chauffer, il eut cette réflexion étrange : « Ce serait bien que quelque chose rate. » Suggérant à sa façon qu'un impair rendrait l'instant plus naturel. Ce n'était pas sot. La télé est, en effet, représentation et spectacle, mais il n'avait pas compris que tout ce qui le souligne apparaît d'autant plus fabriqué. C'est ainsi qu'il voulut garder la fenêtre ouverte, car il souhaitait qu'on entende la chouette qui venait chaque soir hululer dans le jardin. Bien entendu, l'animal, effrayé par les éclairages dans les arbres, ne se montra pas ce soir-là, et Pierre-Luc Séguillon et moi avons grelotté de froid. L'année d'après, lors d'une nouvelle émission, il me fit cadeau, à l'antenne, d'une chouette en carton-pâte en souvenir de la fenêtre ouverte dans l'hiver de Chanonat. Le générique de fin terminé, il voulut remballer sa chouette qui n'était là, à l'évidence, que pour les besoins de sa communication. Je refusai énergiquement. Et la chouette trôna sur la cheminée de la maison de campagne de mes enfants et de leur père jusqu'à ce que, poussiéreuse et décolorée, elle finisse dans le feu.

Son Premier ministre, Raymond Barre, était un homme affable, un bon gestionnaire de société d'abondance. Il aurait pu être de la IIIe ou de la IVe République. Il en avait la placidité, le calme, l'absence de fantaisie et le costume trois pièces pour camoufler un certain embonpoint. Son phrasé, lui aussi, si particulier, était une aubaine pour les imitateurs. Il aurait fait un président de droite moins inventif mais moins foutraque que Giscard et moins dynamique mais plus averti des choses économiques que Chirac.

Battu en 1988 au premier tour par ce dernier qu'il n'estimait pas, il demeura, de loin en loin, une sorte de sage de droite, qui se plaisait à commenter l'actualité des autres.

J'avais pour lui du respect et cette sorte d'affection qu'on a pour son vieux prof. Il enseignait l'économie à Sciences Po quand j'y étais étudiante, et son cours était un passage obligé, mais où beaucoup, dont j'étais, luttaient pour ne pas s'endormir. Je lui en fis un jour la remarque à « 7 sur 7 », alors qu'il m'avait gentiment reproché de n'avoir pas assez écouté ses cours d'économie ! Lui non plus ne se vexait pas. Un homme politique véritable, au cuir épais.

Plus aguerri encore était Jacques Chirac, professionnel parmi les professionnels. Je le connaissais moins que les deux autres, cet homme qu'on trouva débonnaire sur le tard alors qu'il avait longtemps traîné derrière lui une image autoritaire. J'eus avec lui des rapports exécrables avant qu'ils ne deviennent cordiaux. C'était encore une fois dans « Questions à domicile ».

En 1986, lors de la première cohabitation de la Ve République, Chirac étant Premier ministre, nous étions allés l'interroger à Matignon. Visiblement, mes questions l'agaçaient beaucoup. À l'une d'entre elles où je citais Raymond Barre, Chirac, d'un ton crispé, me répondit : « Madame Séguillon…

— Non moi, c'est Sinclair.

— Madame Sinclair, regardez donc à droite, une fois n'est pas coutume, et caressez donc ce cheval Tang, cela vous fera le plus grand bien », ajouta-t-il évoquant la fière sculpture chinoise qui se trouvait à côté de moi. Je répondis, assez interloquée par la dureté et la misogynie du propos, que je ne regarderais pas à droite, que j'étais parfaitement sereine, et que j'allais reposer ma question qui n'était en rien insolente. J'étais furieuse de ce traitement et lui, de ma présence qu'il trouvait hostile. Si je suis honnête, j'avoue qu'il n'avait pas tort, que sa politique très conservatrice me rebutait, et que les privatisations qu'il avait engagées me semblaient inopportunes. Il avait donc raison d'avoir décelé chez moi une réprobation que je n'aurais pas dû laisser voir.

La brouille dura quatre ans, pendant lesquels il refusa de venir à « 7 sur 7 ». En 1990, j'allai le voir. Il avait perdu la présidentielle de 1988, et avec elle toute superbe. Il était au creux de la vague, et s'était replié dans son immense bureau de maire de Paris à l'Hôtel de Ville, laissant Balladur tenir le rôle de l'homme providentiel de son camp. Je lui expliquai que je n'avais rien contre lui, que tout le monde – sauf Le Pen – venait dans mon émission, que les hommes de droite comme de gauche trouvaient que je faisais plutôt honnêtement mon métier, et qu'il n'avait aucune raison de se méfier de moi. Il m'objecta alors que dans le domaine de la culture, je n'invitais, à « 7 sur 7 », que des femmes ou des hommes de gauche. La vérité est que les artistes de droite étaient peu nombreux alors, tant la gauche demeurait encore dominante culturellement. Il en convint.

La différence entre Chirac et les autres est qu'il acceptait de réviser son jugement, pour peu qu'il sente de la sincérité chez son interlocuteur. Nous actâmes le principe d'une émission et il revint donc plusieurs fois entre

1990 et la présidentielle de 1995. En novembre 1994, lorsqu'il voulut annoncer sa candidature, il choisit de l'officialiser le matin dans *La Voix du Nord*, et le soir à « 7 sur 7 ». Sa prestation n'eut rien d'exceptionnel. Lui-même l'était rarement à la télévision, avec ses phrases trop longues et mécaniques, son sourire appliqué et son ton péremptoire, peu encombré de nuances.

C'était l'époque où Bernadette s'en allait répétant que les Français n'aimaient pas son mari, avant qu'ils ne l'acclament une fois élu, notamment au soir de sa seconde élection en 2002 après le choc de la présence de Jean-Marie Le Pen au deuxième tour. Les « Guignols » de Canal+ l'avaient rendu attendrissant, avec sa marionnette pataude, des couteaux plantés dans le dos, par Balladur et Sarkozy qui l'avaient trahi. Mais c'est surtout au moment où il devint plus fragile politiquement, au cours de son second mandat, et qu'il fut victime d'un accident vasculaire, que les Français se prirent vraiment d'affection pour lui. Il faut dire qu'il était sympathique. Vraiment sympathique. Direct, sans façons, moins olympien que Mitterrand qui le précéda, moins canaille que Sarkozy qui lui succéda.

Quelques mots donc sur cet homme, Nicolas Sarkozy, qui fut mon invité le plus fréquent entre 1992 et 1997. Je lui fis faire sa première longue émission de télévision en 1992, alors qu'il était encore maire de

Neuilly. Quelques jours avant, il m'invita pour un café au Fouquet's. Déjà.

« Vous savez, Anne Sinclair », me dit-il en me touchant le bras – c'était son tic le plus fameux, nommer son interlocuteur tout en lui tapotant la main, l'avant-bras ou l'épaule. « Vous savez, Anne Sinclair, je serai ministre un jour. De quoi, je m'en fous, mais je serai ministre ! » Je rentrai chez moi, impressionnée par le culot, la franchise, l'absence de complexe et l'ambition sans limites de cet homme. La suite devait le confirmer.

Il vint à « 7 sur 7 » plusieurs fois par an, ministre, tête de liste aux européennes, élu, battu, jusqu'à la présidentielle de 2007. Il avait dès le départ cette assurance – on dira bientôt cette arrogance – qui semblait le rendre invincible. Battu, cette mine contrite qu'il savait si bien afficher pour dire, tous les trois ou quatre mois, qu'il avait « changé », qu'il avait tiré les leçons de la page précédente, avant de recommencer à l'identique, une fois la période de deuil passée.

À l'époque, il était de commerce agréable. Et même si je ne partageais aucune de ses idées, son aplomb et son activisme le rendaient presque attachant.

Il pouvait aussi rougir comme un jeune puceau. Un jour que j'avais invité la somptueuse Naomi Campbell à venir quelques minutes sur le plateau dans l'émission consacrée à Sarkozy, je pris un malin plaisir à suggérer au futur président de commenter les intonations très sexuelles que la mannequin-chanteuse avait glissées dans son album. Gêné comme un gamin que sa femme d'alors, Cécilia, rabroua une fois l'émission terminée, il m'amusait. Un soir, même, nous dînâmes non pas ensemble mais côte à côte, chacun avec son conjoint, en rapprochant nos deux tables, mais pardi, j'y pense, c'était encore au Fouquet's !

Élu président, je ne l'ai plus revu. Il n'avait plus besoin des journalistes. Il était devenu imbuvable. Pire, son ministère de l'Identité nationale rendit la droite très perméable aux thèses du FN. Son discours sur les Roms, ses propos sur l'immigration ne firent que confirmer l'antipathie qu'il m'inspirait, tout comme sa politique. Les Français eurent eux aussi, peu à peu, le même jugement.

En 2007, je partis pour Washington, avec le nouveau directeur du FMI, jusqu'aux événements connus dont je parlerai un peu plus loin.

Je ne le revis, à ma demande, qu'en 2016, alors qu'il se lançait dans la primaire de la droite. J'avais sollicité un rendez-vous pour les besoins de mon livre sur la campagne électorale d'alors, *Chronique d'une France blessée*. Je voulais l'interroger sur ce match à droite qu'il devait d'ailleurs perdre quelques semaines plus tard. L'entretien se passa mal. Il voulut d'emblée faire lui-même allusion aux événements de 2011 au

Sofitel de Manhattan. On lui avait rapporté que je le soupçonnais d'interventions auprès du procureur de New York et il tentait, de façon confuse, de me dire qu'il n'y était pour rien. Je n'étais pas venue pour cela et je voulais à tout prix arrêter un inutile et hypocrite pathos. Il était nerveux, tendu, en perte de vitesse au profit, croyait-on, de Juppé, en fait de Fillon. J'ai été choquée de ce qui m'apparut comme un manque de tact et son insistance me déplut. Bien entendu, je le racontai. Bien entendu, cela ne fit pas de lui un ami ! Sans conviction, prêt à tout, y compris aux basses œuvres de police, il est un homme pour lequel je n'ai pas grand respect.

Des autres piliers de la droite française, je ne parlerai pas, pour ne pas encombrer ce récit d'un catalogue fastidieux : Bayrou, Pasqua, les importants pourvus de ministères participèrent tous à « 7 sur 7 », dimanche après dimanche. Je m'arrêterai sur deux courts portraits, ceux de Balladur et de Juppé.

Édouard Balladur, je le connus durant la cohabitation de 1986, alors qu'il avait le vent en poupe pour devenir Premier ministre en 1993 si les socialistes perdaient les élections. Il avait écrit un ouvrage intéressant : était-ce le *Dictionnaire de la réforme* ? *Douze lettres aux Français trop tranquilles* ? L'un des deux je crois. Il y exposait sa théorie de la cohabitation, préconisant – ô habileté ! – que le Premier ministre qui serait désigné si la droite venait à gagner ne soit en aucun cas candidat à la présidentielle qui suivrait. Autrement dit, mon cher Chirac, n'aie aucune crainte, ne m'empêche pas d'être Premier ministre, je ne te ferai pas ce mauvais coup-là. Qu'il fit, au demeurant. Mais dans la période 90-95, il apparaissait comme un homme raisonnable, à bonne distance des extrêmes, avant de représenter, pour les centristes français, le « cercle de la raison » – comme disait Alain Minc – qu'incarnera Macron plus tard.

Il était affable et courtois, intelligent et rapide, content de lui mais plus modéré que les excités revanchards du RPR, un nouveau Barre, en somme. Une seule chose l'exaspérait, que l'on trouve Juppé intelligent. Jalousie…

Je me rappelle cette douce fin du mois de février 1995. Il m'avait conviée à déjeuner en tête à tête à Matignon, les feuilles du marronnier du jardin commençaient à poindre. Chirac était candidat et on ne lui donnait pas une chance. Les socialistes, représentés par Jospin, étaient mal en point. Balladur apparaissait le plus apte à l'emporter. Au café, il alluma un cigare : « Voyez-vous, chère Anne, la logique c'est que je fasse 55 % et Jospin 45 %. » Je ne le contredis pas, je le croyais moi aussi. Le soir même tombait la dépêche d'une vilaine affaire politico-financière, l'affaire Schuller-Maréchal, que tout le monde a oubliée depuis mais qui lui fit beaucoup de mal, en mettant en cause la probité de son gouvernement. De ce jour, son taux de popularité chuta jusqu'à ce que, un mois plus tard, Chirac passe devant lui. Il demeurera comme un moment dans la vie publique française, à l'image de ces hommes dont les élites s'entichent tout à coup.

Juppé, c'est autre chose. Il a toujours eu une réputation de raideur, malgré sa *Tentation de Venise*[1] qui l'humanisa brièvement, avant que l'effet ne soit gommé deux ans plus tard par son passage à Matignon et les grandes grèves qui suivirent sa réforme des retraites. Il regagna en capital sympathie, après son exil volontaire au Canada, et sa condamnation dans l'affaire des HLM de Paris qui visait en fait Jacques Chirac mais dont il prit la responsabilité avec panache. Le lointain intérêt pour sa personne se transforma en attente de sa candidature à la présidentielle de 2017. Ce retour de flamme le rendit plus souriant et gai que d'habitude. Pendant deux ans, il fit la course en tête chez les prétendants aux primaires de la droite en 2015-2016, devant Sarkozy éliminé platement et Fillon dont on ne parlait pas encore et qui l'emporta au

1. *La Tentation de Venise*, Grasset, Paris, 1993.

finish avant d'être balayé dans la tourmente des soupçons d'emploi fictif de sa femme Penelope. Il était d'ailleurs touchant de voir Alain Juppé, sobre dans ses sentiments, avare dans leur expression, être ému par l'espoir qu'il suscita alors, celui d'une droite centriste, apaisée et sage.

J'ai toujours eu de l'affection pour lui. J'aime en effet ces hommes de rigueur et de morale. Rares dans la classe politique. Certes, il ne décoiffe pas par son audace, mais sa constance et son sérieux, auxquels, au fil des années, est venue s'ajouter une conscience accrue de l'urgence sociale, ont adouci son image et en firent l'un des rares hommes politiques à s'être amendés avec les années.

J'ai invité maintes fois Juppé à « 7 sur 7 ». Il venait souvent le dimanche soir avec une inusable veste en tweed bleu dont il m'avoua que, s'il la gardait pour cette occasion, c'est qu'elle lui avait porté chance la première fois qu'il avait été invité sur le plateau. Car cet homme, apparemment sûr de lui, est un timide pétri de trac. Lors de la dernière campagne présidentielle, j'ai assisté à l'un de ses meetings à Paris au Palais des Sports, car je voulais voir comment l'homme qui avait été désigné par Chirac comme « le meilleur d'entre nous », celui qui avait mis la France dans la rue en 1995, se débrouillait face à la ferveur d'une foule qui l'avait choisi pour champion.

Il ne fut pas très bon et aurait sans doute paru plus à l'aise dans un amphi d'université que dans une salle de meeting où l'on crie, frappe des mains et des pieds, où l'on adule l'orateur et où l'on siffle l'adversaire. Au moment où il expliquait un point complexe de son programme, les militants qui avaient envie de vivre intensément cet instant de communion se mirent à applaudir frénétiquement pour se donner de l'ardeur, en scandant Ju-ppé, Ju-ppé, sans grand rapport avec ce qu'il expliquait. C'est alors qu'à la surprise de tous, là où de Gaulle aurait levé les bras, Mitterrand gonflé la voix et Sarkozy bombé le torse, Juppé, légèrement agacé, leur fit signe de se taire pour attendre la fin de la démonstration. La fièvre retomba. L'enthousiasme était douché. C'est dit, il ne serait jamais un tribun qui soulève les foules…

Contrairement à ce que pensent mes détracteurs de droite, les figures marquantes de la gauche furent moins nombreuses à être invitées.

L'extrême gauche était à l'époque marginale. J'ai convié peu de représentants du Parti communiste. Robert Hue était un interlocuteur délicieux et tolérant. Henri Krasucki, successeur de Georges Séguy, ancêtre de Philippe Martinez à la tête de la CGT, était un être plein de finesse qui me laisse un souvenir attachant pour avoir joliment parlé de son amour de la musique, de Mozart à Jean Ferrat et Jacques Higelin.

Georges Marchais ne fut pas surprenant. Venu à « 7 sur 7 », en 1992, alors que le PC n'était plus que l'ombre de lui-même, il n'avait pas su faire preuve de la moindre autocritique alors que je l'interrogeais sur la façon dont Gorbatchev avait su faire la sienne. J'eus seulement droit à la langue de bois post-stalinienne qui perdit ce parti : « Nous avons analysé les causes externes et internes de la baisse d'influence de notre parti, nous avons critiqué la vie démocratique au sein du parti et les choses ont changé. » On ne peut pas faire plus inaudible.

Parmi les politiques de gauche, les représentants du Parti socialiste ont été mes hôtes les plus fréquents. À l'époque, être « de gauche » signifiait le plus souvent appartenir à un PS ultra-dominant. Laurent Fabius et Martine Aubry vinrent régulièrement. En dehors de Mitterrand et Delors dont j'ai déjà parlé, je veux évoquer ici Lionel Jospin, François Hollande et Michel Rocard.

Lionel Jospin, je l'ai connu comme les autres, à l'occasion de mes émissions télévisées, de nombreux « 7 sur 7 », et deux « Questions à domicile », l'une à Toulouse dans sa circonscription en 1984, l'autre dans l'appartement exigu qu'il occupait avec sa première femme, Élisabeth, rue Servandoni, près du jardin du Luxembourg. De cette émission, me revient la chaleur éprouvante qu'il faisait sous les projecteurs du petit appartement, alors que nous évoquions le scandale du *Rainbow Warrior*[1].

À l'époque, je me sentais plus proche de Laurent Fabius, qui était un ami de mes années Sciences Po. Il me semblait plus moderne que Jospin, lui-même apparemment plus rigide et relevant davantage de ce qu'on a appelé la « première gauche ».

Je changeai d'avis quand je le connus mieux. Il était un proche de Dominique Strauss-Kahn et fut même son témoin à notre mariage. Il venait d'épouser Sylviane Agacinski, et cela nous rapprocha. Nous avons souvent dîné tous les quatre et j'appris à apprécier son humour, assez britannique. Bien que sa façon obstinée de ne jamais lâcher la discussion soit très typique de sa façon de raisonner, il m'a touchée et attendrie plusieurs fois.

Je me souviens d'un soir où, battu aux élections, sans plus aucune affectation, pas même au Quai d'Orsay qui était son attache d'origine, il était chez nous, déprimé et affalé sur un canapé. Pour lui changer les idées, je lui prêtai *24 heures*, la série qui nous initia… aux séries.

1. Ce fut une des affaires du premier septennat de Mitterrand, le sabotage, en juillet 1985, par les services secrets français du navire de Greenpeace. Cette action fit un mort, et déclencha une bronca médiatique et politique impressionnante.

C'était une des premières à captiver les foules, après les années *Dallas* ou *Urgences*. Je lui en donnai les premiers épisodes en DVD et fis avec lui le pari qu'il ne pourrait pas la lâcher tant elle était addictive. Il la prit avec réticence et un léger sourire condescendant pour cette fille qui regardait des « feuilletons » à la télé – c'est ainsi qu'on appelait les séries dans ma et sa jeunesse. Le lendemain matin, il me téléphona, furieux contre lui-même de s'être couché à 4 heures du matin pour finir les épisodes, et jura qu'on ne l'y reprendrait plus ! Surtout ne pas donner prise, ne pas être sous l'influence de quoi que ce soit qui pourrait le détourner du sérieux de son travail. Je ne lui ai pas demandé depuis s'il avait regardé *Le Bureau des Légendes*, *Fauda*, *Succession* ou *Baron noir* !

J'ai aussi le souvenir de ce soir de juin 1997 où je lui avais proposé de venir dans mon émission alors que bruissaient des rumeurs d'élections. De fait, le lendemain matin, Chirac dissolvait l'Assemblée nationale. Jospin avait pris une longueur d'avance en appelant, la veille au soir, à un choix de civilisation. Deux mois plus tard, après une campagne victorieuse, il devenait le Premier ministre de gauche de Jacques Chirac jusqu'à la présidentielle, cinq ans plus tard. Ce fut une soirée de fête, tant le souvenir de la débâcle de 1993, à la fin de l'ère Mitterrand, était encore proche, quelques semaines avant le suicide de Pierre Bérégovoy qui avait pris cet échec pour le sien.

Je me rappelle la joie des militants de gauche qui n'en revenaient pas que Chirac, par la dissolution, leur ait donné la victoire. Je me rappelle celle de Lionel Jospin, revenu d'entre les morts politiques de 1993. Je me rappelle les jours qui suivirent, la nomination d'un gouvernement pluriel composé de ministres emblématiques. Mon mari en faisait partie, nommé à l'Économie et aux Finances, à la tête du paquebot de Bercy, entraînant ma décision brutale de mettre un terme à « 7 sur 7 », pour des raisons sur lesquelles je reviendrai plus tard.

Je me rappelle enfin ces cinq années de gouvernement de la gauche, sans accroc majeur, une réussite qui nous rendait confiants sur l'issue de la bataille de 2002, où Jospin affronta Chirac pour la deuxième fois. Mais un déraillement imprévu nommé Jean-Marie Le Pen transforma le premier tour en apocalypse d'abord, puis en triomphe pour Jacques Chirac, ensuite.

Que se serait-il passé si Jospin avait été au deuxième tour en 2002, ce qui semblait écrit, avec de sérieuses chances de gagner la présidentielle ? On peut jouer longtemps à ce petit jeu. Il reste, toutefois, comme Alain Juppé, une des grandes figures de son camp auxquelles les Français doivent beaucoup.

François Hollande, ou l'histoire d'un grand malentendu avec son pays. Cet homme, doué, talentueux, qui a su, dans les moments difficiles, atteindre à la grandeur, aura déçu dans son quotidien de président. Je ne l'ai interviewé qu'une fois alors qu'il était premier secrétaire du PS, et n'en ai pas gardé de grand souvenir. Ils ne s'aimaient guère, DSK et lui, concurrents en 2010-2011, et sans doute pour cela, à l'époque, j'ai longtemps eu une image un peu déformée de sa personnalité.

En campagne je l'ai trouvé très bon, et j'étais ravie de le voir déboulonner Sarkozy. Sur sa présidence, j'ai, comme beaucoup de gens de gauche, été critique, car à vouloir trop se distinguer de son prédécesseur, il s'est banalisé et rendu « gris » à l'excès. Pourtant, le mariage pour tous, sa gestion des attentats, l'intervention au Mali ont été des actes forts qui auraient mérité plus de reconnaissance de la part de ses concitoyens.

J'ai été sévère avec lui dans un précédent livre[1] – notamment pour ses confessions aux journalistes du *Monde* Gérard Davet et Fabrice Lhomme[2] – mais je m'en suis voulu d'avoir donné l'impression de hurler avec les loups. On lui rendra justice plus tard. D'autant qu'on redécouvre des vertus à la gauche keynésienne alors que la Covid a bouleversé la France, et que Macron, qui devait symboliser le renouveau, prolonge en fait les vertus et travers de l'ancien monde qu'il a tant méprisé.

1. *Chronique d'une France blessée*, Grasset, Paris, 2017.
2. « *Un président ne devrait pas dire ça…* », Stock, Paris, 2016.

Alors, Macron, évoquons-le quelques instants, puisque nous y sommes. Je l'ai fait dans ma *Chronique d'une France blessée.* Je ne l'ai pas revu depuis. Je sais qu'il n'a pas aimé ce livre, qu'il est rancunier, et considère que je représente une vieille gauche dépassée. Il a fort mal pris – et je le comprends – des propos ironiques que j'avais tenus sur les stilettos de sa femme. Je les regrette, ils étaient faciles et de mauvais goût, et pour avoir moi-même subi beaucoup de remarques blessantes, j'aurais pu épargner celles-là à cette femme courageuse.

Il reste que ce président, s'il a eu mes suffrages, n'a pas conservé mon soutien. Comparé aux « illibéraux » qui font florès dans le monde depuis quelques années, on peut bien sûr se féliciter de l'avoir aux commandes, et s'il se trouve de nouveau opposé à Marine Le Pen, je voterai encore pour lui. Mais sa façon politicienne de troquer l'électorat de gauche qui l'a élu contre celui de la droite qu'il veut recueillir en 2022, est une tromperie.

Il tente dans ses entretiens de prendre la hauteur de vue que les tourmentes successives qui se sont abattues sur lui (gilets jaunes ou Covid) ne lui ont pas permis. Mais il s'abîme souvent dans des généralités intellectuelles contradictoires où il commente la société plus qu'il n'en donne de vision. J'ai fait, comme d'autres, l'expérience de tête-à-tête avec lui, où, smartphone retourné sur la table, ses yeux rivés dans les vôtres, il donne l'impression qu'il n'écoute que vous. Séduire coûte que coûte, mais, de fait, assez imperméable à ce que pensent les autres.

Dans cette galerie de portraits des hommes de gauche (ou qui en sont issus) l'une des plus belles figures de la vie publique de ces années est Michel Rocard. Il a beaucoup compté pour moi et pour ma génération. Le jour de sa mort, beaucoup de gens, bien au-delà du cercle intime, se sont trouvés orphelins. Ce fut mon cas, je l'aimais et l'admirais.

Il a passé sa vie à lutter pour le bien commun, sans vanité, sans orgueil déplacé, toujours prêt à servir, comme son cher Pierre Mendès France. Il a donné de la noblesse à la politique, plein d'enthousiasme à faire plutôt qu'à dire, quand tant de ses congénères l'ont dégradée et rabaissée. Que ce soit pour la négociation collective, pour l'agriculture, pour la Nouvelle-Calédonie, pour l'Afrique, pour l'Arctique.

À l'hiver de sa vie, maigre mais infiniment présent, il racontait avec vigueur et sans un regret, comment la politique devint une vocation, après avoir aidé au retour des déportés au Lutetia, à l'âge de quinze ans, détaché comme éclaireur protestant. Il fallait les porter, les soigner, les laver, et le jeune Rocard s'est alors demandé, comme tant d'autres qui en ont été témoins, comment des hommes avaient pu ainsi martyriser et massacrer, à l'échelle industrielle, leurs semblables. La réponse – si jamais il y en a une – est passée pour lui par l'engagement qui fut le sens de son existence.

Le « rocardisme », la « deuxième gauche », quelle que soit la façon dont on nomme ce courant de pensée qu'il représente, restera comme une combinaison de foi, de contrat, et de sens du collectif. Après Pierre Mendès France, avec lui, comme lui, il incarne le respect de la chose publique et de la parole donnée. Et c'est ce que je respecte le plus.

Pour l'avoir si souvent interviewé, pour l'avoir côtoyé en privé comme en public, j'ai encore dans l'oreille sa façon si particulière de parler. Un débit rapide et saccadé, avec des inflexions tonitruantes et des points de suspension quand arrivaient les sujets difficiles. Son vocabulaire n'était pas simple et sa syntaxe totalement incompréhensible, surtout quand les incises se bousculaient. Mais on le respectait. Parce qu'il était un homme politique créatif (un oxymore), parce qu'il faisait appel au meilleur de nous-mêmes, parce qu'il était totalement engagé dans sa sincérité, toujours en avance d'une idée et d'une solution. Il chérissait la vérité, même si elle était à contre-courant, il vénérait la franchise, même quand elle coûtait cher, il pensait que les temps difficiles s'affrontent en face, sans biaiser, et il a eu souvent raison. Il fut peut-être le dernier de cette lignée.

Différent de tous ses congénères, il n'avait pas une once de vanité personnelle, il avait le sens du travail collectif, et avait pour seule ambition de servir l'État.

Cet homme mettait autant d'ardeur, après avoir quitté le pouvoir, à vous entretenir de la problématique du développement du Togo, que de l'avenir de l'Arctique et de l'Antarctique. Je me rappelle, alors qu'il était fraîchement nommé ambassadeur de France chargé des pôles, l'avoir croisé dans un avion. Il me retint par la manche pour me dire, les yeux brillants : « Tu te rends compte, je suis ambassadeur de France ! », lui qui aurait pu être président de la République, qui fut Premier ministre, respecté par toute la social-démocratie européenne. Il ne cessa jamais, jusqu'à la fin, de parler avec passion de la beauté des icebergs, et du drame des ours blancs victimes eux aussi des glaces qui fondent. Tous n'ont pas eu la même grandeur.

J'ai eu la triste joie de déjeuner à ses côtés quelques semaines avant sa mort. L'entretien, comme toujours avec lui, était tendre, affectueux, amical. Privilégiant l'horizon intelligent sur la basse cuisine, il se demandait avec curiosité quelle trace l'effervescence intellectuelle de sa génération laisserait dans l'histoire. Ce jour-là, il nous régala de ses souvenirs. L'Algérie, le PSU, Charléty, les grandes et petites heures de la Ve République et des combats qu'il avait menés, défilaient en rang serré.

Mitterrand surgit bien sûr dans son récit. Il restait sévère sur ce qu'on a appelé la « parenthèse » de 1983, faute pour le pouvoir socialiste d'avoir su nommer le tournant vers la social-démocratie. Plus qu'un épisode, il s'agissait pour lui de ce qu'il appelait « le grand mensonge » des septennats Mitterrand. Il regrettait que le PS soit resté englué dans l'éternel complexe d'une gauche qui n'osait pas rompre avec une radicalité empreinte de substrat marxiste. Une gauche qui, depuis Jaurès, restait inhibée par le Parti communiste et la radicalité.

Tandis qu'il parlait, je repensais à son livre où il racontait naïvement la façon dont François Mitterrand l'avait traité et surtout humilié jusqu'à le congédier comme on le faisait autrefois d'un domestique. Mitterrand, son opposé : un stratège, sans scrupules quand il s'agissait de politique, mais un homme taillé pour le pouvoir et son exercice, alors que Rocard, comme Mendès, ne l'était sans doute pas.

On avait ri aussi ce jour-là, à l'évocation de ces années où il faisait du planeur et où j'étais de ceux qui lui disaient que c'était folie : il tenait à redire que c'était le lieu où il put atteindre une vraie jouissance, du ciel, du silence, de l'ivresse de conduire dans l'éther. Un sport de liberté, disait-il, et en tout cas, un de ses plus grands moments de bonheur.

Il faisait partie de ces optimistes impénitents et de ces pessimistes toujours actifs, qui pensent que le pire n'est pas forcément sûr, et que l'avenir dépend des hommes qui le font. Il a incarné l'espoir en un monde fraternel, collectif, autonome, soucieux du bien commun. Avec lui s'en est allée une part de nous-mêmes.

Ce dernier jour où je l'ai vu, c'est sur une note nostalgique qu'il était reparti avec Sylvie, sa femme. J'ai encore dans l'oreille cette phrase, faussement désinvolte et vraiment émue, qui dit bien l'amour qu'il lui porta et les déceptions qu'elle lui causa : « Faut se la faire, la France[1] ! »

Pour finir, un *mea culpa*. J'ai parlé de la rareté des journalistes femmes à la télé, mais je dois avouer aussi le petit nombre d'invitées à « 7 sur 7 ».

Le monde a bien changé car non seulement l'on s'en offusquerait aujourd'hui, mais en regardant dans le rétroviseur, je suis moi-même choquée.

La plupart des femmes que j'ai conviées dans les années 80-90 étaient comédiennes. Elles étaient belles mais sans forte implication dans les événements du monde (Sophie Marceau), de grandes actrices un peu réservées à l'antenne (Isabelle Huppert), quelques monstres sacrés (Simone Signoret), ou des intellectuelles comme Élisabeth Badinter devenue, au fil de ses

---

1. Ce passage est tiré d'un texte que j'ai écrit en 2018 pour un livre d'hommages, *Michel Rocard par…*, Flammarion, Paris, 2018.

livres, un repère dans la société française. On dira que j'étais peu féministe, car leur nombre fut très inférieur à celui de mes invités masculins. J'étais surtout soumise à des impératifs de notoriété et l'ère des femmes dans la vie publique n'était pas encore venue.

Elles étaient peu nombreuses, celles élues au Parlement ou exerçant des responsabilités de premier plan. Souvenons-nous des quolibets qui accueillirent Michel Rocard qui souhaitait des listes paritaires aux élections, accusé de préparer des listes « Chabadabada », faites d'un homme et une femme !

Naviguaient donc en politique quelques femmes-dragons, égéries de l'ombre, comme Marie-France Garaud ; quelques femmes ministres défricheuses dont on lima l'ambition, comme Michèle Barzach ; d'autres de qualité aussi, mais encore trop nouvelles pour compter dans la galaxie, comme Anne-Marie Idrac ; des femmes, virées avant même d'avoir imprimé leur marque comme Françoise de Panafieu ; d'autres sans aucun charisme et maniant la langue de bois, autant que les hommes, comme Michèle Alliot-Marie ; des politiques intelligentes mais qui semblaient fragiles, comme Élisabeth Guigou ; des vedettes comme Ségolène Royal, dont la pertinence des analyses est souvent discutable ; ou enfin quelques-unes, dont le parcours a ressemblé à un chemin de croix, comme Georgina Dufoix, ou Édith Cresson, ayant toutes deux explosé en vol. Restaient donc de rares championnes comme Florence Arthaud ; des femmes qui avaient marqué leur temps par d'autres fonctions comme Françoise Giroud ; des femmes de pouvoir qui n'ont jamais exercé de rôle politique à proprement parler, comme Nicole Notat, ou celle qui fut populaire avant d'être une icône, Simone Veil.

Je l'ai invitée très souvent en treize ans, comme ministre ou membre de l'opposition. Simone Veil n'était pas une grande oratrice. En revanche, elle imprimait sur l'écran sa beauté, son intensité et son aura morale : des yeux qui lançaient des éclairs, des convictions affirmées, un sourire légèrement ironique et doux que démentait une violence contenue.

J'ai beaucoup aimé Simone, qui fut pour moi une amie. Je l'ai connue un week-end d'été en 1975 ou 1976, chez Marcel Bleustein-Blanchet, le fondateur de Publicis. Simone et Antoine, un couple tendre et moqueur l'un envers l'autre : Simone hochait la tête quand Antoine partait dans ses envolées centristes. Antoine n'hésitait pas à refuser un chocolat à la « patronne » trop gourmande. Privilège immense, j'ai vu Simone, son chignon austère effondré sur les épaules, « en cheveux » comme on disait autrefois des belles qui sortaient, au début du XXe siècle, la coiffure dénouée.

Simone était ardente et capable de colères. On pouvait se disputer fortement avec elle : je me rappelle de sérieuses algarades à propos du *Chagrin et la Pitié* ou au sujet du procès de Maurice Papon, le préfet collabo. Elle reprochait au premier de faire l'impasse sur les Français résistants et au second de prendre le risque de banaliser le crime d'un bureaucrate. J'étais d'un avis opposé, mais la querelle finissait par se vider, soit qu'on batte en retraite parce qu'elle vous avait convaincue, soit le plus souvent par lassitude. Car elle ne lâchait rien, Simone, ce qui fit sa force dans les épreuves parmi les plus dures qu'ait vécues un être humain.

Elle est devenue une icône et c'est un exploit, tant elle fut traînée dans la boue, haïe, voire traitée de nazie, au moment de son combat pour l'avortement. Elle en serait aujourd'hui elle-même surprise, se retournerait sans doute pour savoir de qui l'on parle. Elle était simple, sans façons, sans goûts de luxe, mère et grand-mère aimante, disponible, normale. Elle se savait populaire, aimée, mais sa sanctification au moment de sa mort et du transfert de ses cendres au Panthéon l'aurait sidérée. Réussissant à réunir toute la France sur son nom, elle était de droite, méfiante envers la gauche, n'aimant pas Mitterrand, mais capable aussi de désapprouver publiquement son camp quand Sarkozy, par exemple, décida d'instaurer un ministère de l'Identité nationale.

J'avais pour elle de la tendresse et tenais à son estime. Je me rappelle être allée la voir pour lui faire confidence de mon intention de divorcer d'avec Ivan en 1990. Elle l'aimait beaucoup et je voulais qu'elle sache que malgré notre séparation, je gardais pour le père de mes enfants attachement et admiration.

Une foultitude d'images me trottent dans la tête. Simone et ses fils Jean et Pierre-François, mes amis ; Simone et ses petites-filles qui lui ressemblent tant ; Simone qui riait, Simone qui jamais ne pleurait et qui mit si longtemps à raconter sa vie.

7.

Madonna, Belmondo, Signoret, Bedos et les autres...

Le dispositif de sécurité était exceptionnel. Une foule nombreuse l'attendait sur le trottoir, face aux bureaux de TF1 à Boulogne. On craignait l'émeute en ce soir d'octobre 1992.

Madonna, dans une émission d'information en France, c'était un événement. On ouvrit sur la rue les portes du studio afin que le chauffeur puisse se faufiler jusqu'aux caméras. La voiture était immense, une limousine interminable avec trois portes de chaque côté, une *stretch-limo* comme disent les Américains, noire ou blanche selon l'ostentation des propriétaires, avec télévision, bar, et secrétariat. Les gardes du corps qui l'accompagnaient étaient impressionnants, eux aussi, venus spécialement de Los Angeles, baraqués comme des vigiles, l'arme glissée dans la ceinture.

Elle, en revanche, était toute menue, ou du moins me parut telle, à côté des malabars qui l'accompagnaient.

Pâle, déjà maquillée et vêtue d'un étrange accoutrement : veste en tweed verdâtre portée sur un short assorti, des sabots, un ruban en velours rouge autour du cou, des nattes à la Heidi, la petite fille des Alpes suisses, héroïne des jeunes d'autrefois. Elle s'était fait recouvrir une incisive d'une jaquette en or, « bijou de bouche » comme elle l'appela. Bizarre, pas sexy pour un sou, à peine provocante, elle dont la petite culotte jetée à ses fans avait fait le tour du monde, symbole d'un érotisme débridé. C'était juste moche.

Elle n'avait aucune idée de ce qu'elle venait faire dans ce programme. Ses attachés de presse avaient dû lui souffler l'idée qu'à la télévision française, un tel passage décalé susciterait de l'intérêt. De fait, elle compta parmi les plus gros scores d'audience de cette émission (battue de justesse par Jacques Delors). Hormis un commentaire surprenant sur Gorbatchev, avouant qu'elle avait rêvé de lui, Madonna se révéla insipide. J'étais ravie de la recevoir, amusée qu'elle soit sur le plateau de « 7 sur 7 ». Je la savais intelligente et capable d'humour. Elle se montra sans étoffe, maussade, rébarbative, peu intéressée par l'actualité. Un ratage, en dépit de l'audience record.

Les chiffres ne disent qu'en partie la qualité d'une soirée à la télévision. J'étais toujours très en colère quand, au lendemain d'une mauvaise émission à fort taux d'écoute, les patrons de TF1 ne manquaient pas de me féliciter. En colère aussi quand, à l'inverse, une très belle heure passée avec quelqu'un qui avait obtenu un score médiocre me valait une moue renfrognée de ces mêmes dirigeants…

Madonna illustre une autre catégorie de personnalités conviées à « 7 sur 7 » : après les gens de pouvoir, les saltimbanques, musiciens, comédiens, chanteurs.

Pour les politiques, un passage dans mon émission valait bilan d'activité. Ils n'avaient donc pas à être ménagés. Au contraire, j'ai toujours salué le bon vouloir des artistes, personnalités souvent fragiles que rien n'obligeait à répondre aux questions. Les comprendre, les connaître comptait pour moi plus que leur avis sur tel ou tel événement. Le ton était donc naturellement tout autre : je devais les interroger avec chaleur, aménité, pour les aider à vaincre leur timidité, à prendre des risques et s'exposer au jugement d'une partie de leur public.

Je ne vais pas, là encore, infliger au lecteur un catalogue exhaustif : il y eut Sardou qui adorait jouer les réacs, Johnny qui aimait « acheter des sauces au supermarché », ou Yehudi Menuhin musicien de génie. Il y eut Kirk Douglas et sa fossette, spirituel et charmeur, Renaud, plus sauvage ; la belle Claudia Schiffer, et Aznavour, l'Arménie en bandoulière. J'ai fait venir les

Rita Mitsouko normalement déjantés et Matoub Lounès, qui avoua sa peur, quelques mois avant d'être assassiné en Algérie. Daniel Barenboïm, un des musiciens vivants parmi les plus grands, injustement écarté de la direction de l'Opéra par le despotique Pierre Bergé qui refusait de partager son autorité ; Gérard Depardieu, qui ne braillait pas encore à tout-va et parlait assez joliment du langage qui l'avait sauvé de l'ignorance ; Mathieu Kassovitz, alors l'auteur de *La Haine* et pas encore le « Malotru » du *Bureau des Légendes* ; Raymond Devos, l'ancêtre de tous les humoristes. Il avait fait un vrai numéro de clown, s'était affublé d'un gros nez rouge et m'avait invitée à faire de même avec celui qu'il me tendait. Il avait pointé avec justesse que « l'ennemi du comique, c'est l'orgueil », et, redevenant sérieux, il avait, comme beaucoup d'artistes, évoqué le virus du sida, qui frappait encore au mitan des années 90, avec ses mots de poète : « Le sida, c'est une tache énorme sur le lit du verbe aimer »...

Tant d'autres encore, séduisants ou décevants. Je ne parlerai ici que de quelques-uns, ceux qui m'ont prise à contre-pied, que j'ai découverts différents de ce que je croyais, et deux ou trois que j'ai mieux connus.

Madonna ne fut pas la seule à se montrer sous un jour peu favorable. Paul McCartney me déçut lui aussi. Paul McCartney ! Mon idole de jeunesse...

Je suis partie pour Rotterdam où il donnait un concert début octobre 1993. Nous nous sommes installés dans les combles, au-dessus d'une sorte de Zénith où son spectacle devait commencer dès la fin de l'émission. Nous avions le temps, mais son manager, qui, comme Madonna, ignorait tout de l'exercice de « 7 sur 7 », donna des signes d'impatience vers 19 h 30. À 19 h 45, un quart d'heure avant la fin, alors que je peinais à arracher trois mots intéressants à l'ex-Beatle, l'homme de presse de McCartney vint derrière le chanteur, face à moi, me faire un signe de menace, l'ongle du pouce griffant la gorge, tel un comédien qui joue un méchant mafieux prêt à trancher le cou de sa victime ! Déstabilisant, drôle *a posteriori*, mais très décevant sur la star, et son entourage peu gracieux.

Heureusement, les mythes du cinéma allaient me laisser des souvenirs autrement réjouissants.

Alain Delon était très nerveux, et refusa de s'asseoir jusqu'à la dernière minute du générique, marchant de long en large pour tenter de maîtriser son anxiété. Je n'ai jamais été une grande admiratrice ni de son jeu (excepté dans *Monsieur Klein*, ou dans *Le Guépard*), ni même, je l'avoue au grand dam de mes amies, de sa beauté ombrageuse. Non sans lucidité, il avait reconnu qu'« il est plus facile d'avoir du génie quand on a une sale tronche. D'ailleurs ne dit-on pas beau et con ? ». Ce jour-là, il était plus juste, plus tourmenté, moins léger que dans les interviews qu'il donne d'habitude. Il avait même adouci son discours réactionnaire et pris quelque distance avec son « copain de vingt ans », Jean-Marie Le Pen. Un bon Delon, pour rattraper le mauvais, qui souvent parle de lui à la troisième personne.

Je trouvais Belmondo beaucoup plus gracieux. Exquis même, jovial, heureux de vivre et de jouer la comédie, avouant avec bonhomie et simplicité que le cinéma d'auteur l'avait toujours ignoré si l'on excepte *À bout de souffle* de Jean-Luc Godard. Appelé à commenter l'actualité de décembre 1988, où une grève de la SNCF avait dominé la semaine, il avait drôlement déclaré, se moquant lui-même de ses rôles téméraires de cascadeur : « Oh, moi la dernière fois que j'ai pris le train, c'était sur le toit ! » Cette phrase m'est revenue il y a quelque temps, alors que j'étais assise juste derrière lui pour un hommage à la mémoire d'un ami commun. Sa silhouette me serra le cœur. À chaque fois que l'assistance se levait pour applaudir ou se recueillir, je le voyais, autrefois symbole même d'entrain et de jeunesse, soulevé par deux personnes, peinant à se tenir debout avec ses cannes anglaises…

Philippe Noiret avait sa belle gueule de père tranquille. Parmi tous ses films, ceux de Bertrand Tavernier m'ont particulièrement marquée. Notamment, son rôle dans *La Vie et rien d'autre*, un long-métrage moins connu que d'autres sur la fin de la guerre de 14 où deux femmes recherchent le même soldat disparu.

Il avait très justement abordé ses rapports avec les journalistes. « Certains de vos confrères se prennent pour des vedettes, alors que les vedettes, c'est nous ! » avait-il dit de ce ton d'ironie désabusée qui était sa marque dans les interviews. Et alors que je lui demandais s'il ne trouvait pas que la télévision était aussi un art, il me reprocha avec gourmandise d'aller le chercher là où ça le démangeait d'intervenir : « Ah, vous chatouillez l'éléphant… ! La télévision, c'est un moyen de véhiculer mais elle n'a rien créé par elle-même à part un ou deux feuilletons… Le cinéma est un art. Plus la télévision sera mauvaise, mieux je me porterai. » Sa philippique était provocante, mais assez saine. Et des hommes libres comme lui terriblement réjouissants.

Accueillir Jeanne Moreau sur mon plateau fut un privilège. Belle, pétillante, forte personnalité. Je ne l'avais jamais interviewée, et c'était un cadeau. Elle était auparavant venue me voir à mon bureau, et tandis qu'elle me parlait de sa voix inimitable, je l'observais, fascinée, retirer ses longs gants, avec la sensualité qui émanait de cette grande actrice.

C'est étrange, car j'ai le souvenir d'une dame d'âge respectable, pour ne pas dire âgée. Je viens de vérifier, et j'en reste interloquée : c'était en novembre 1988 et elle n'avait que soixante ans ! J'en avais vingt de moins et j'étais incapable de me projeter à cet âge que j'ai aujourd'hui largement dépassé. Elle respirait toujours la séduction. J'avais en face de moi, vêtue d'un ensemble de daim bleu, doux à son teint, la Catherine de *Jules et Jim*, l'interprète de l'inoubliable ritournelle du « Tourbillon de la vie ». Elle avait confié qu'elle n'était pas militante, n'avait jamais signé aucun appel sinon celui en faveur de l'avortement. Avec une humilité peu fréquente chez ses homologues, Jeanne Moreau avait avoué qu'il y avait bien des choses sur lesquelles elle n'avait pas d'avis et qu'elle avait donc longuement hésité avant de me donner son accord.

Deux personnages hors du commun m'ont laissée croiser leur route pendant quelques années : Yves Montand et Simone Signoret. Tout a été dit et écrit sur eux, et personne n'attend mon témoignage pour les connaître mieux. J'ai cependant envie de raconter quelques bonheurs que je leur dois.

Je les ai rencontrés grâce à Ivan en 1975. Avec son habituel enthousiasme, il était heureux de me faire approcher ceux qu'il admirait. Il les connaissait depuis des années et les voyait assez souvent. Nous sommes devenus très proches et j'aurais aimé que ma mauvaise mémoire garde précieusement plus d'images qu'il ne m'en reste.

Montand avait un charme fou, un appétit de vivre d'une très forte intensité. Il était drôle et généreux, il s'emportait facilement quand on n'était pas de son avis. Au début, le couple Montand-Signoret m'a paru étrange : un homme encore jeune, toujours séducteur, compagnon d'une femme à la beauté éclatante et qui s'était laissé vieillir. Par orgueil ? Pour punir l'homme qu'elle aimait et se flageller elle-même ? Et puis, je me suis habituée à leur répartition des rôles.

Montand était l'instinct du couple et Simone, l'intellectuelle. Il marchait à grandes enjambées, parlait fort, en bon Méditerranéen, avec force moulinets des bras. Elle parlait plus bas, aimait rester attablée pendant des heures, devant son verre de Fernet-Branca, pour se livrer au *pilpoul* qu'elle pratiquait avec dextérité. Ils se complétaient parfaitement. Quand il s'agissait de convoquer les souvenirs, chacun prenait le relais de l'autre. Pour commenter les sujets du moment, Simone avait l'avantage. Elle était plus nuancée, plus complexe. Mais la vie, le sourire, la force, c'était lui.

Ils avaient un tout petit appartement place Dauphine, qu'ils appelaient la Roulotte et où il y avait tellement de va-et-vient qu'on avait le sentiment que tous habitaient là en même temps ! J'y ai croisé Michel Foucault, avec lequel Simone était partie en expédition en Pologne, dès les premiers temps de Solidarnosc ; Chris Marker, inclassable personnage, écrivain, cinéaste, poète, documentariste hors pair, auteur de films majeurs, soutien de la Nouvelle Vague ; Cornelius Castoriadis, philosophe et psychanalyste marqué par son passage au PC ; Régis Debray et Bernard Kouchner, familiers aussi de la Roulotte ou de la maison d'Autheuil en Normandie.

Et bien sûr Costa-Gavras dit Costa, l'immense réalisateur de *La guerre est finie*, *L'Aveu* ou *Z* ; et son double, le magnifique Jorge Semprún qui fut un de mes amis chers. Non seulement le scénariste inoubliable de la plupart des films de Costa, mais un grand écrivain qui a publié parmi les plus beaux ouvrages en français sur la déportation (*Le Grand Voyage*, *Quel beau dimanche !*, *L'Écriture ou la vie*). L'Académie française se serait grandie à l'admettre dans ses rangs. Mais il était espagnol, et surtout de gauche et ancien communiste : c'en était trop pour cette confrérie à cette époque-là.

Venu à « 7 sur 7 », alors que la démocratie avait été rétablie en Espagne après la mort de Franco et qu'il y était devenu – revanche sur le destin – ministre de la Culture de Felipe Gonzáles, il m'avait décrit son nouveau bureau. De sa fenêtre, il voyait l'ancien appartement qu'il avait dû quitter un jour de 1936, alors qu'il avait une quinzaine d'années, avec ses parents qui étaient recherchés par les phalanges fascistes espagnoles. Ironie de l'histoire, clin d'œil passé-présent que les Montand-Signoret affectionnaient.

Montand, donc. Avec Ivan, nous avons eu le privilège d'assister à son spectacle à l'Olympia en 1981. Son grand retour sur scène, à tout juste soixante ans. Vêtu sobrement de marron, avec pour seuls accessoires une canne et un chapeau, il chantait, avec économie, modestie et élégance ses succès d'hier signés Francis Lemarque ou Jacques Prévert ainsi que de nouvelles chansons écrites récemment pour lui par David McNeil. Une de ces soirées magiques qui laissent un souvenir indélébile de douceur, de communion et de joie.

J'ai fait de nombreuses émissions avec lui. Entre 1978 et 1981, j'étais en charge sur Antenne 2 d'une émission d'après-midi que j'assurais en alternance tous les deux jeudis. Elle me permit de roder un apprentissage de l'écran, de ses plaisirs et de ses pièges. Elle s'appelait, d'une façon très originale, « L'invité du jeudi ». Jean Lanzi, futur compagnon d'aventures télévisuelles, en était le producteur et aussi l'un des présentateurs. Pour la première de cette série, j'avais proposé à Yves Montand de venir m'aider à lancer cette émission. Un luxe fou pour ce programme en direct, au creux des après-midi. Catherine Clément, Jean Lacouture, Hélène Carrère d'Encausse, ou Ruggero Raimondi furent assez amicaux pour venir s'asseoir à mes côtés sur le canapé beige clair de l'émission. Montand fut donc le premier.

Si j'en dis un mot à ce stade, c'est pour évoquer mon ami Jean Cabut dont le dessin, qu'il avait fait à cette occasion, est toujours accroché dans mon bureau. À ses débuts, je connaissais peu Cabu (il supprima tôt le *t* de son patronyme) mais lui trouvais une folle virtuosité dans *Hara-Kiri* ou *Charlie Hebdo*. À la télévision, il avait fait ses armes dans une émission pour enfants qui s'appelait « Récréa 2 ». Je lui avais proposé de venir croquer en direct mes invités sérieux, politiques parfois, de son crayon rapide et corrosif. Jean-Luc Léridon, mon réalisateur, pointait sa caméra au-dessus de l'épaule de Cabu à l'œuvre, qui, en dessin, commentait l'entretien qui se tenait quelques mètres plus loin. Ce qu'il continua de faire ensuite, avec son talent ébouriffant, chez Michel Polac dans « Droit de réponse ».

Je connaissais son impérieux besoin de liberté, corollaire de sa personnalité, et lui avais promis que je n'interviendrais jamais dans ses choix. Je me suis mêlée une seule fois de ses caricatures, à l'occasion de la venue du général Bigeard. Je savais que Cabu détestait cordialement tout ce qu'il représentait, parce que

Bigeard était non seulement un militaire, mais il avait été accusé de tortures durant la guerre d'Algérie. Il était donc, pour Cabu, un double objet d'aversion. Je lui ai juste demandé de ne pas faire fuir mon invité dès les premières minutes de l'émission, ce que Cabu accepta fort sportivement avant même de consentir à un court échange avec le général !

Cabu était à la fois l'un des dessinateurs les plus doués que j'ai croisés, un observateur très fin de la société française, mais également un être délicieux d'une immense gentillesse. Le massacre de *Charlie* m'a tétanisée comme tout le monde, mais m'a percé aussi le cœur de chagrin.

Revenons à Montand et au dessin qu'en fit Cabu qui me le dédicaça « en souvenir de [son] premier trac télé ». On y voit Yves Montand, l'air paternel, machiste et goguenard, donner un bonbon à la petite fille désignée par les initiales AS qui le regarde avec de grands yeux admiratifs : « Vous savez que le cerveau féminin pèse beaucoup moins lourd que le cerveau masculin ? » murmure le personnage. J'écris ces lignes en regardant ce grand dessin au feutre accroché au mur de mon bureau et je pleure ces deux amis.

Deux autres passages télévisés avec Montand m'ont laissé des souvenirs forts. L'un, qui fut un moment exquis ; l'autre, plus périlleux.

Après la mort de Simone, Yves Montand était, quoi qu'il en dît, seul et malheureux. Il voulait, disait-il (il avait sans doute emprunté la formule à Castoriadis ou Semprún) « profaner le malheur », et avait proposé à TF1 une émission où il évoquerait des souvenirs et chanterait *a cappella* ou accompagné au piano par le fidèle Bob Castella. Je n'ai jamais revu le programme, mais il m'en reste de délicates images. J'avais même dansé avec lui dans son salon de la Roulotte, et arpenté le Pont-Neuf une nuit à côté de la star. II était sanglé dans son trench beige de flic ou de voyou du cinéma d'Alain Corneau, ou de Jean-Pierre Melville. J'avais alors eu l'enivrante impression de tourner quelques minutes dans un film avec Montand !

L'autre production est un souvenir plus douloureux, qui allait nous brouiller quelque temps. C'était une époque, en 1988, où l'on avançait des noms de vedettes qui pourraient être candidates à l'élection présidentielle. Après Coluche, et longtemps avant que Volodymyr Zelensky ne devienne président de l'Ukraine en 2019, Yves Montand s'était pris au jeu et caressait cette idée sans y croire, tout en y croyant.

« Montand à domicile » eut lieu dans la propriété d'Autheuil, une émission spéciale, où Yves Montand évoquerait ses idées pour la France de demain. Le programme ne fut pas des meilleurs, et c'est de notre faute, à Jean-Marie Colombani et moi qui avions voulu surprendre le public (et courir après l'audience ?) en proposant ce pari à Yves Montand. Mauvaise idée. Sachant qu'il ferait un très bon score un samedi soir sur une chaîne commerciale, Montand s'était mis en tête de réclamer un cachet à TF1. Il m'en avait parlé, mais par lâcheté et volonté de ne pas m'en mêler, j'avais répondu que ce n'était pas de ma compétence et lui avais conseillé de s'arranger seul avec la chaîne sans m'en parler. Ce n'était pas l'usage mais Montand trouvait cohérent que TF1 lui retourne une partie des recettes qu'ils tireraient de la publicité ce soir-là. Il demanda à la chaîne la modique somme de 800 000 francs, un peu plus de 100 000 euros. Je n'avais pas connaissance de l'ampleur de la rémunération et j'avais même oublié l'affaire, quand elle fut publiée quelques semaines plus tard dans *Le Canard enchaîné*. Le scandale secoua le chanteur et choqua ses admirateurs. Je m'en suis voulu car j'aurais dû lui recommander de ne rien réclamer, d'autant qu'il venait à la télévision pour dire aux Français les efforts qu'il leur faudrait concéder demain. Mais j'ai laissé faire. Il m'en garda une petite rancune, comme si je l'avais piégé dans une aventure compromettante.

Les choses s'apaisèrent au fil des semaines – on ne restait jamais fâché longtemps avec Yves Montand si l'on s'expliquait avec sincérité – mais je suis demeurée pour lui, je le sais, associée à ce souvenir désagréable. Catherine Allégret, qui n'a pas la finesse de sa mère, m'a tenue responsable de ce petit fiasco au point de m'empêcher de venir saluer Montand sur son lit de mort trois ans plus tard. Et Carole, la mère de son fils Valentin, dont je n'étais pas très proche, me tourna le dos, elle aussi. Ce fut un chagrin de ne pas être admise auprès d'un homme qui m'avait été si familier.

Quant à Simone Signoret, je l'ai aimée, admirée, et je crois qu'elle avait pour moi de l'amitié et de l'affection. Je ne l'ai finalement côtoyée que dix années, puisqu'elle est morte en 1985, d'un cancer contre lequel elle s'est battue avec courage, comme tout ce qu'elle faisait. Je me suis attachée à la femme, à sa voix, à son charisme, à son autorité, et à sa culture, qu'elle avait grande, plus proche d'une intellectuelle qu'elle n'était pas, que de la grande comédienne qu'elle était !

Je l'ai, elle aussi, interviewée plusieurs fois, dont un « 7 sur 7 » en 1985, l'année même de sa mort. Nous avions bien sûr parlé pour la nième fois de son fascinant livre de souvenirs autobiographiques *La nostalgie n'est plus ce qu'elle était*, titre dont elle avait fait une locution familière. Mais, ce jour-là, en février 1985, elle tenait à faire la promotion de la « petite main jaune » comme elle disait, de SOS Racisme, siglée « Touche pas à mon pote ».

Ce que Simone m'a appris, c'est précisément cela : mettre à profit sa popularité pour défendre ceux qui méritent de l'être, les hommes ou les causes. Et ne surtout pas gâcher un passage dans les médias pour sa seule satisfaction narcissique. Elle le fit des dizaines de fois, qu'il s'agisse des *refuzniks* d'URSS, des causes sociales en France, ou des Argentins sous la botte des généraux. Elle est allée pendant des mois manifester chaque jeudi devant l'ambassade parisienne quand les « Folles de mai » tournaient en rond sur la Plaza de Mayo à Buenos Aires pour réclamer des nouvelles des disparus, ou les corps de leurs enfants torturés par le général Videla et ses hommes. C'est d'ailleurs en souvenir de Simone que j'ai voulu visiter l'École de la marine, où la junte torturait. Je me rappelle cet endroit, devenu lieu de mémoire en Argentine, dans lequel, en plein milieu de la capitale, à l'image des camps dissimulés en plein cœur de la Pologne ou de l'Allemagne nazie, l'on martyrisait et exécutait des milliers d'opposants.

Elle se saisissait toujours d'un passage à « Apostrophes » ou à « 7 sur 7 » pour évoquer le sort des plus malheureux. Sa générosité lui fit défendre des causes plus qu'ambiguës (comme celle de Pierre Goldman), mais la plupart du temps, ses interventions faisaient mouche et alertaient jusqu'aux pouvoirs publics. Au point que souvent le dimanche, elle m'appelait quelques heures avant l'antenne pour me recommander de ne pas oublier d'interroger l'homme politique convié ce soir-là sur tel ou tel problème douloureux. Et de retour chez moi je retrouvais souvent sur mon répondeur un commentaire, « Dites donc, votre copain socialiste là, pas très brillant, hein, sur le sujet », laissé de sa voix rauque de fumeuse, gouailleuse, aux tonalités faubouriennes volontairement accentuées ! J'essaie, très modestement, de rester fidèle à ses enseignements quand je vais sur un plateau, afin que, comme elle disait, l'exercice ne soit pas gratuit, et ne se contente pas d'être une sorte de « service après-vente » promotionnel.

Elle était sans complaisance, sinon sans tendresse, pour ses amis de gauche. Et elle avait toujours voulu, avec orgueil, se tenir éloignée de tout pouvoir, acceptant que celui-ci vienne l'applaudir (sur un plateau de tournage ou dans une salle de théâtre), mais refusant de se compromettre en allant courtiser les dirigeants en place. L'expérience douloureuse des compagnons de route du Parti communiste était passée par là.

Elle laissait rarement éclater son agacement envers son mari qu'elle aimait toujours passionnément, mais dont elle jugeait sévèrement les fréquentations politiques hasardeuses ou féminines. J'ai ainsi le souvenir d'un coup de fil plein d'amertume qu'elle me passa, vers la fin de sa vie, un matin qu'elle avait lu les propos de Montand dans l'organe infréquentable pour elle qu'était *Le Figaro Magazine*. Avec les années, l'amante était devenue la mère, n'ignorait rien des escapades de son mari, et critiquait ses dérapages politiques dans une presse qu'elle réprouvait.

La dernière fois que nous sommes allés, Ivan et moi, la voir à Autheuil, quelques jours avant sa mort, elle était alitée, son amaigrissement ayant fait disparaître les poches gonflées sous ses yeux. Ils ne voyaient plus guère, mais étaient redevenus magnifiques et clairs ; plus rien ne mangeait leur éclat, sinon la maladie qui empirait. C'était quelques années après que j'avais perdu mon père et j'étais revenue très affectée de cette dernière rencontre, où j'avais reconnu la mort en train de s'approcher.

Bien sûr, il y eut d'autres beaux dimanches soir. Sur cinq cents émissions, un tiers à peu près furent consacrées à des artistes emblématiques.

Deux étrangers et deux Français me tiennent à cœur, suffisamment pour que j'y revienne.

Sharon Stone est une femme somptueuse. Pour la première fois, Jérôme Revon, mon réalisateur, décida de faire entrer l'invitée à l'image, autrement dit, la filmer alors qu'elle venait s'asseoir en face de moi. Son allure était celle d'une panthère, souple et élégante. Elle avait une longue jupe couleur or et un col roulé noir sans manches qui mettait en valeur son port de tête et ses épaules. Et elle avançait doucement, comme ces danseurs russes qui semblent glisser sur le sol, leurs pas abrités par leurs longues tuniques, sans qu'on puisse déceler le moindre frémissement.

Belle, sensuelle, tout le monde le sait. Intelligente, presque tous le savent. Je peux aussi témoigner qu'elle est extrêmement gracieuse, si sûre d'elle qu'elle peut s'intéresser aux autres, ce qui est toujours gratifiant. Enfin, nuançons : son attention était sûrement exagérée et sans grande curiosité. L'actrice montrait simplement de la chaleur, comme le font les Américains, mais qu'il ne faut pas prendre pour une manifestation amicale. « Vous avez des enfants, et combien ? » me demanda-t-elle pendant la pause publicitaire. « *Oh ! how nice* », lâcha-t-elle à ma réponse. Ce n'était ni *nice* ni pas *nice*, mais ce bavardage frivole, largement pratiqué aux États-Unis, rend les échanges plus fluides. Et de fait, vingt ans plus tard, le souvenir que je garde est charmant.

Woody Allen est à cet égard, comme à tant d'autres, plus européen qu'américain. Il ne feint pas la curiosité.

Je m'étais rendue à New York en 1992, au moment de la sortie en France d'un de ses films. L'enregistrement avait lieu dans une suite d'hôtel, un jour d'hiver pluvieux. Je l'ai vu arriver, ruisselant, son chapeau de pluie roulé en boule dans la poche de sa parka, la tête dans les épaules, me regardant à peine, l'air profondément déprimé. Il avait le teint pâle, la peau des mains presque translucide, comme un vieux juif ayant passé sa vie à étudier, sans voir le soleil, à l'ombre de sa *yeshiva*. On l'aurait cru tout droit sorti de l'écran, comme dans son film *La Rose pourpre du Caire*, tant j'avais le sentiment d'avoir devant moi le Woody Allen qu'on connaît par cœur.

Contrairement à ce que j'avais imaginé, la vie du monde le laissait froid, en tout cas les sujets politiques sur lesquels il n'avait pas grand-chose à dire. J'ai revu l'émission dernièrement, et une chose m'a frappée. Une de mes questions portait sur un sujet qui, en 1995, ne faisait pas polémique, les rapports entre hommes et femmes. Il n'y avait encore ni révélations ni controverses sur sa vie privée. À l'époque, aux États-Unis, en avance sur l'Europe, le politiquement correct commençait à s'imposer. Et nous nous moquions volontiers des réserves que faisaient les Américains sur la galanterie *so french* des hommes, fût-elle appuyée. On riait des professeurs laissant les portes de leur bureau ouvertes pour éviter le soupçon de harcèlement de jeunes étudiantes. Bref, l'Amérique nous paraissait puritaine, hypocrite. Et loin de nous.

Je me suis revue l'interroger sur la « possibilité dans ce pays, de faire encore la cour à une femme sans être accusé de machisme ». Question incongrue aujourd'hui, à l'heure de #MeToo, tant la mise au jour des comportements inappropriés et violents des hommes influents envers les femmes a bousculé profondément les jugements souvent sommaires que nous avions alors. Sans verser dans un maccarthysme dénonciateur, il est vrai que nos points de vue ont beaucoup évolué en vingt ou trente ans. Si bien que ma question d'alors paraît d'un autre âge avec, en contrepoint, le changement profond de la société, tout comme le mien, sur ces sujets.

J'ai enfin envie de citer ici deux artistes français, Patrick Bruel et Guy Bedos. D'abord parce qu'ils sont presque les seuls – avec Pierre Arditi et Daniel Barenboïm – avec lesquels j'ai noué une longue et durable amitié.

Bruel a participé, un soir de novembre 1991, à une émission qui a marqué sa vie, et sûrement son image. Des élections régionales devaient avoir lieu en 1992, et l'on s'attendait à une nouvelle montée du vote FN amorcée depuis 1984.

À l'époque, Patrick Bruel a une gueule d'ange. Encore très jeune, il est la coqueluche de toute une jeunesse et plus particulièrement des très jeunes filles qui hurlent son nom jusque sous les fenêtres des restaurants où il dîne.

Sachant qu'il avait beaucoup mieux à offrir que l'image d'une star pour midinettes sur papier glacé, Marie-France Lavarini, ma collaboratrice, m'avait convaincue de le rencontrer. Il me séduisit assez vite, je l'avoue, et je fus notamment frappée par sa maturité idéologique, et sa façon vive et percutante de s'exprimer. L'on prévoyait alors une énorme abstention chez les jeunes électeurs, et nous souhaitions profiter de son passage à « 7 sur 7 » pour les engager à s'inscrire sur les listes électorales et « faire barrage » au Front national. C'est ainsi qu'on s'exprimait alors, avant que la digue qu'on pensait élever ne cède.

Patrick Bruel m'a confié plus tard qu'il avait eu un trac fou, ce qui ne se voit guère à l'image. Il avait travaillé le sujet et son expression avec notre ami commun, le grand professeur de droit public Guy Carcassonne, qui avait ciselé avec lui quelques formules qui firent mouche contre Jean-Marie Le Pen, contre l'identité nationale dont il était à l'époque le seul promoteur, et contre son parti qui n'avait aucune réponse à apporter aux problèmes du moment, ce qui n'a guère changé.

Incisif, convaincant, il emporta l'adhésion des jeunes, impressionna les téléspectateurs, jusqu'à François Mitterrand qui lui confia que, ce jour-là, il avait marqué les esprits. Pour Bruel, ce fut une forme de Légion d'honneur.

Guy Bedos. Mon cher Guy, dont la mort m'a causé beaucoup de chagrin. J'ai une histoire de plus de quarante ans d'amitié avec lui, sa femme Joe, son fils Nicolas, et sa fille Victoria. Ses deux enfants sont nés juste avant les miens, dans la même maternité, à quelques jours près.

J'étais une amie de Guy depuis que j'avais travaillé à Europe 1. Depuis qu'il avait fait confiance à la toute jeune journaliste que j'étais, à laquelle il s'était livré lors de ses premières émissions radiophoniques. J'aimais Guy. Il m'a fait rire, m'a émue. J'ai applaudi à tout rompre ses spectacles, tous, sans exception. Il était acide mais élégant. Irrévérencieux et généreux. Décapant à la dent dure, mais profondément tendre. Comme de nombreux humoristes, il n'était pas drôle dans la vie et demeurait inconsolable de la mort de ceux qu'il aimait, Simone Signoret comme Pierre Desproges, entre autres.

J'adorais ses sketches, mais plus encore ses improvisations, où, sur scène, il se prêtait à un véritable travail d'éditorialiste politique, lors de ses « revues de presse », *stand-up* avant la lettre. Interdit ou presque de télé sous Giscard, il ne fut jamais aussi bon que sous ce septennat et se déchaînait au Cirque d'Hiver ou à l'Olympia, pour le plus grand bonheur de ses admirateurs. Sous Mitterrand, on le vit moins à l'aise dans ses attaques, car il était farouchement de gauche et l'admirait. Bien que sévère face aux reniements, qu'il ne digérait pas, de cette même gauche. Comme Simone Signoret, il n'a jamais, même auprès d'un membre du gouvernement ou d'un président avec lequel il était en affinité, songé à le courtiser ou à le ménager. Au contraire, il en rajoutait.

Il fut très amical dès le début avec moi, se joignant aux émissions comme celle dont j'ai parlé, qui avaient lieu en pleine après-midi, les seules avec celles de Drucker où il était le bienvenu, sous le septennat de Giscard finissant. J'avais dû solliciter – en 1980, il y a quarante ans, une époque où l'ORTF avait toujours du mal à s'affranchir de son autorité de tutelle – la permission de la direction d'Antenne 2 de diffuser un extrait de trois minutes du *Chagrin et la Pitié*, film de Marcel Ophuls, qui, bien que sorti en 1971, n'a pu être vu à la télévision que sous la mandature de François Mitterrand. Personne ne nous en empêcha, car « L'invité du jeudi » avait la chance d'être ignoré par les cabinets ministériels, et se trouvait ainsi soustrait à toutes les formes de pression.

Avec son humour habituel, Bedos avait d'ailleurs, du canapé où je recevais mes invités, affirmé que ce programme était diffusé dans l'indifférence générale, devant des lave-linge, seul public devant un écran resté allumé !

Il est ensuite venu de nombreuses fois à « 7 sur 7 », car il apportait de la gaieté mêlée à un commentaire mordant de l'actualité.

À la rentrée 1989, je lui avais proposé de venir commenter les événements de l'été. Il était question d'un âne, que sa propriétaire, Brigitte Bardot, tête de Turc des gens de gauche, notamment pour avoir déclaré sa flamme au Front national, avait choisi de faire castrer à Saint-Tropez. Une histoire sans aucun intérêt mais qui avait amusé les gazettes tout l'été.

D'ordinaire, j'ai toujours essayé de conserver une certaine maîtrise. J'ai quelquefois été désarçonnée, suis demeurée muette sur un sujet que je ne connaissais pas, ou ai pris parti plus que je n'aurais dû pour ou contre mon invité. Mais ce jour-là, un irrépressible fou rire me gagna devant les mésaventures de l'animal de la star planétaire, mise en boîte par Guy Bedos. Un fou rire, en direct. C'est terrible, quand rien ne peut vous sauver, quand on perd jusqu'au souffle, quand on s'étrangle sur un plateau de télévision, quand on pleure de rire et que le mascara se répand sur vos joues. La publicité arriva à point nommé, mais cette séquence fait encore les beaux jours des rétrospectives des meilleurs moments de télévision, et reste dans ma petite galerie de souvenirs personnels comme un moment de folle gaieté.

À une époque où les comiques professionnels sont légion, où le rire mécanique enregistré ponctue les émissions de variétés, où l'on a parfois délégué aux humoristes le soin de faire les éditoriaux incombant aux journalistes, je voudrais rappeler trois grands noms de ma jeunesse : Pierre Desproges dont le sens de l'absurde a rarement été égalé, Coluche qui décapa la bêtise de nos concitoyens avant de toucher leur générosité avec une entreprise de solidarité exemplaire, les Restos du Cœur, et Guy Bedos, ami précieux, irremplaçable, désormais définitivement absent.

8.

Gorbatchev, Hassan II, Tapie, Finkielkraut et les autres…

Faire cette émission hors des frontières n'était pas simple, rares étant les étrangers qui ont, de la langue française, une pratique courante. Les sous-titres étant bannis à 19 heures le dimanche sur TF1, il ne restait que la traduction simultanée qui décourage, paraît-il, le grand public. De fait, l'émission avec Woody Allen dont je parlais au chapitre précédent fit un score piteux au regard d'autres. Six millions tout de même, ce qui relativise l'adjectif « piteux ».

Je n'ai plus en mémoire l'audience que fit celle avec Mikhaïl Gorbatchev, mais c'est sans importance, tant elle fut pour moi l'une des plus marquantes, et concomitante de l'histoire en train de s'écrire.

Cela faisait plusieurs mois que j'essayais d'avoir un entretien avec Gorbatchev, le premier secrétaire du PCUS, le successeur de Tchernenko et d'Andropov. Il tranchait depuis son avènement en 1985, ayant franchement rompu avec l'ère brejnévienne, pour ne pas dire stalinienne du pays. Réformateur, pas forcément par conviction mais par nécessité, pour remettre en marche un empire bloqué, il avait lancé la *perestroïka*, ou la « reconstruction », et la *glasnost*, ou la « transparence ». Autrement dit, l'assouplissement d'un régime dictatorial qui existait depuis 1917, provoquant des secousses dans toute l'Union, surtout depuis novembre 1989, la chute du mur de Berlin et l'effondrement de toutes les dictatures communistes de l'Europe de l'Est. Accélération des réformes économiques, assouplissement des structures politiques, cet homme eut l'extrême courage et le mérite de s'attaquer ainsi au géant fossilisé depuis des décennies.

Pendant quelques mois, j'ai négocié avec Andreï Gratchev, son conseiller, historien, puis journaliste. Il vit depuis les années 90 à Paris, écrit dans les journaux européens, mais à l'époque, il était le chef du service de presse du dirigeant russe qui allait être renversé. Il s'était engagé à me faire signe quand le moment serait venu.

C'est le cas, en décembre 1991. Je pars pour Moscou rejoindre mon équipe présente depuis la veille, et je retrouve là-bas Ulysse Gosset, correspondant de TF1 en URSS depuis quelques années, qui réglait pour nous les détails pratiques de ce qui allait être l'émission, et participerait, à côté de moi, à l'interview.

Le jour dit, le 8 décembre, il neige sur Moscou et il fait moins 20 °C. Un paysage à la Tolstoï, vide, sombre et glacé. Arrivés au Kremlin, le planton à l'entrée nous demande ce que nous venons faire et nous nous annonçons : « Mais pourquoi donc voulez-vous faire une interview de Gorbatchev ? » nous répond-il, presque insolemment. Les choses étaient visiblement en train de changer très vite au pays des Soviets !

Nous montons dans les étages. Des coursives interminables, menaçantes, sans âme qui vive. Le Kremlin paraît vidé de tous ses occupants. Des rangées de bureaux fermés défilent tandis que nous marchons vers celui qui est encore l'antre du chef. Je suis sensible à l'atmosphère historique qui imprègne les lieux : adolescente déjà, j'aimais vibrer sur l'Agora d'Athènes dans les traces de Socrate, ou marcher dans celles de Tacite au Forum de Rome, la tête débordante d'histoires. Ce jour-là, dans les immenses couloirs du Kremlin, je suis prête à voir surgir dans ce corridor sans fin que nous arpentons en silence, Catherine II à cheval, Raspoutine ou Staline qui vont franchir les portes le long de notre passage.

Mikhaïl Gorbatchev accueille l'équipe avec cordialité et bonhomie, dans un bureau plutôt plus sobre que les cabinets dorés de nos gouvernants. En voyant son front orné de cette tache de naissance, je ne peux pas m'empêcher de repenser à ce trait de Guy Bedos qui, au temps de la guerre qu'y menait l'URSS, faisait remarquer qu'il avait la carte de l'Afghanistan tatouée sur le front ! Il a l'air rose et reposé alors que chacun sait que l'Union tremble sur ses bases et que la révolte gronde. Il sourit, plaisante, et tout au long de l'enregistrement, donne le change. J'ai en face de moi un excellent joueur de poker : « L'État c'est moi, le nucléaire c'est moi », dit en quelque sorte le dirigeant acculé qui ne possède plus que sa lampe de bureau.

Bien entendu, Gorbatchev conteste tout bouleversement en cours, sourit gentiment comme à une enfant impolie quand je lui demande de quoi il est encore le président, et se paie le luxe de nous taquiner sur les pays occidentaux qui « eux aussi ont leurs problèmes » ! Brillant, rapide, le verbe délié : on est loin des momies qui, depuis des lustres, hantent ce bureau.

Quel destin que le sien ! Six ans de pouvoir et plus de chamboulement dans l'histoire de l'URSS que depuis la révolution d'Octobre. J'en sors étourdie, admirative de cet homme qui aura été le plus populaire des dirigeants soviétiques en Occident, et le plus contesté, détesté même à l'intérieur de son pays. Il aura amorcé une nouvelle révolution et va être emporté par elle. Je ne suis pas experte en kremlinologie, mais l'évidence nous assaille.

Le moment est historique, l'interview, un scoop mondial. Ce sera d'ailleurs le dernier entretien qu'accordera

Gorbatchev à la presse internationale jusqu'à son départ du pouvoir. Les événements s'enchaînent rapidement puisque huit jours plus tard, l'URSS se disloque pour former la CEI, la Communauté des États indépendants, et le jour de Noël, Mikhaïl Gorbatchev démissionne de son poste de président.

Nous nous hâtons vers l'aéroport. Martin Bouygues, le propriétaire de TF1, avait fait, avec Patrick Le Lay, son président, le déplacement en avion privé. Tout se fige sous la glace. Plus d'enregistrement, de douane, de fonctionnaires. Sur la piste de l'aéroport de Moscou, désert comme tous les lieux qui nous auront accueillis ce jour-là, pas un homme, pas un véhicule. Chargés des caméras et des projecteurs, nous rejoignons à pied l'avion du groupe Bouygues, en dérapant sur la glace qui est en train de geler un pays et une histoire. Les moteurs tournent déjà, le temps presse, tout va fermer. Impossible de faire le plein, c'est en Turquie que le pilote devra faire escale pour ravitailler l'avion en fuel.

Martin Bouygues débouche une bouteille de château-margaux, et un peu honteux de fuir ainsi un empire qui s'enfonce dans la ruine, nous trinquons à l'émission réussie et à une France prospère où nous serons bien heureux de dormir la nuit prochaine.

C'est le privilège insigne – et l'illusion – des journalistes, que ressentent ceux qui font du grand reportage sur le théâtre des guerres, des tremblements de terre, des révolutions. C'est aussi mon regret de n'avoir pas pu vivre assez souvent ce moment : s'imaginer qu'on fait partie de l'histoire en train de se dérouler alors qu'on n'est qu'un piéton, sur le bord du trottoir, qui la regarde passer. Mais c'est assez enivrant.

Le contraste entre l'Orient bien compliqué et l'opulent Occident sera encore plus accentué à la fin du week-end. Le samedi se passe en montage dans les locaux de TF1 rue Cognacq-Jay, siège historique de ce qui fut le vieil ORTF que le groupe Bouygues va bientôt abandonner. Le soir même je m'envole pour Milan, assister pour mon plus grand bonheur à une représentation de *Parsifal*, lors de la soirée d'ouverture de la saison de la Scala, salle d'opéra mythique s'il en est.

C'est un événement traditionnel chaque début décembre. Les places s'arrachent plus d'un an à l'avance. Le somptueux théâtre, qui date du XVIIIe siècle, est l'opéra le plus prestigieux du monde et a vu passer tous les grands événements de l'Italie contemporaine. Notamment en 1848, où Victor-Emmanuel symbolise l'unité italienne en train de se faire autour de la personne de son roi. *Verdi, Verdi*, scandait la foule, tout autant pour acclamer le musicien emblématique, que pour crier l'acronyme de *Victor Emmanuel Re d'Italia*.

Ce voyage était prévu depuis de nombreuses semaines, j'en ai rêvé longtemps. Le spectacle dans la salle, plus encore que sur la scène, achève la semaine comme un mirage.

Les balcons sont tendus d'œillets qui embaument, les Italiennes se pavanent en tenue de soirée et leurs cavaliers en habit, les femmes sont parées d'énormes émeraudes, sans doute de pacotille, mais qui donnent à la salle un parfum de film de Visconti. En trente-six heures, je suis passée des boyards d'*Ivan le Terrible* à la délicate Alida Valli dans *Senso.*

Deux autres dirigeants m'ont procuré de grandes émotions, de nature différente. Helmut Kohl, alors chancelier d'Allemagne, et Hassan II, roi du Maroc.

Helmut Kohl n'a pas encore déménagé à Berlin, quand, en février 1997 il nous reçoit dans la vieille chancellerie de Bonn. Allure massive d'un grand-père débonnaire qui raconte ses souvenirs au coin du feu, près de son aquarium, où il se plaît à regarder les poissons rouges s'agiter « comme les politiques au Bundestag », me dit-il dans un sourire.

L'émission est à l'image du chancelier. Paisible, un peu lourde, mais émouvante. Kohl est un vrai européen. L'histoire de l'Allemagne, pour cet homme pacifique, ne pouvait pas conduire à un autre choix que celui de l'Europe, « seule capable », me dit-il ce jour-là,

« de protéger l'Allemagne contre ses démons ». Inspiré et sincère.

Et il ajoute cette histoire personnelle : son oncle, qui s'appelait Walter, était mort à la guerre de 14. Son frère, qu'on avait aussi appelé Walter, à celle de 40. Quand il eut un fils et que sa femme informa sa belle-mère qu'ils allaient aussi l'appeler Walter, elle eut ces mots : « Croyez-vous qu'on ait le droit, sans que cela porte encore malheur ? » En racontant ce souvenir, le chancelier, à l'antenne, eut les larmes aux yeux.

Ce colosse, bien calé dans son fauteuil, m'invite, après l'enregistrement, à m'installer dans celui qui lui fait face et qui est, me dit-il, celui où François Mitterrand avait l'habitude de s'asseoir quand il lui rendait visite. Ils s'estimaient, et nul n'a oublié cette photo du président français et du chancelier allemand, se tenant par la main devant l'ossuaire de Douaumont en 1984. L'un faisait vingt centimètres de plus que l'autre et si l'allure du couple était curieuse, le symbole était éloquent pour les deux peuples si longtemps ennemis et aujourd'hui, si liés l'un à l'autre.

Helmut Kohl me raconte ensuite, hors micro, ses rencontres avec le président français au cours desquelles, étrange anecdote, il évoquait ses souvenirs de guerre. Je me demande alors, sans oser en parler, ce que devait être cette conversation entre un homme dont le frère aîné était mort lors de la Seconde Guerre mondiale et

Mitterrand, qui avait eu avec Vichy un passé difficile à expliquer.

Mais la plus belle anecdote que Kohl me rapporte nous ramène à ce jour de novembre 1989[1] où le mur de Berlin tomba sous les coups de ceux qui ne voulaient plus de cette division d'après-guerre. On se souvient de l'ambiance festive, intense, heureuse, de cet événement historique, incroyable pour ma génération qui n'avait connu que la guerre froide.

Dans l'après-midi de ce 9 novembre, Gorbatchev appela le chancelier : « Mes services me disent qu'il y a des morts, des violences, et qu'il va falloir que l'Armée rouge intervienne.

— Je vous supplie, monsieur le président, de me croire, répliqua Helmut Kohl. L'atmosphère est d'une grande gaieté, d'une forte émotion, de beaucoup de joies partagées et il n'y a pas le moindre incident. »

Ce fut un miracle que le président soviétique donne plus de crédit à la parole du chancelier allemand qu'à celle de ses officiers du KGB, qui voulaient reprendre le contrôle de l'Europe de l'Est. On n'ose imaginer ce

1. Le 9 novembre, précisément. Une date fameuse dans l'histoire de l'Allemagne. Angela Merkel, à l'occasion de l'anniversaire de la chute du Mur, avait rappelé que cette date heureuse de l'Allemagne contemporaine était aussi celle, funeste, de la Nuit de cristal où, le 9 novembre 1938, les nazis enclenchèrent une chasse aux juifs violente et sanglante.

qui serait advenu si Kohl n'avait pas été persuasif et si Gorbatchev n'avait pas été un homme d'État.

Le 16 mai 1993, j'allais rencontrer un chef d'État bien différent.

Roi du Maroc durant trente-huit ans, de 1961 à sa mort en 1999, Hassan II régnait en tenant tous les pouvoirs d'une main de fer. Sa dureté envers les opposants ne l'empêcha pas d'être la cible de plusieurs tentatives d'assassinat dont l'une perpétrée par son terrible ministre de l'Intérieur et de la Défense, Mohammed Oufkir, qui fut son ami, mais qui le trahira en 1972, le paiera de sa vie, entraînant dans sa chute toute sa famille, épouse et enfants, qui subirent des années de bagne cruel.

Le Maroc représentait donc le symbole d'un régime stable au prix de répressions féroces, mais aussi d'un développement industriel et touristique remarquable, dont profitèrent largement les entreprises françaises. Très doué pour les manœuvres politiques et diplomatiques, Hassan II, habile et cultivé, était devenu l'allié des pays occidentaux, notamment en raison de sa politique hostile à l'islamisme. Au début des années 90, cherchant à libéraliser le royaume, il fera adopter une nouvelle Constitution et assouplira le régime à la toute fin de son règne.

J'avais demandé plusieurs fois à André Azoulay, son conseiller personnel que je connaissais bien, de proposer au roi une émission avec moi. Azoulay, un homme de dialogue et de culture notamment sur les sujets judéo-arabes, me fait savoir, au printemps 1993, que le projet est envisageable et m'en demande les modalités. Je lui réponds que je n'imagine pas conduire cette émission avec Hassan II, autrement qu'en confrontant le roi à toutes les images, positives et négatives, dont lui et son pays sont l'objet, et en l'interrogeant comme je le ferais pour tout politique français, avec insistance et recherche d'objectivité. Hassan II a l'intelligence d'accepter, las peut-être d'avoir été confronté à des interrogateurs trop révérencieux. André Azoulay m'assure que tous les sujets pourront être abordés, y compris bien entendu ceux qui fâchent, les droits de l'homme.

« On » me fait savoir, à la direction de TF1, qu'il faut que je veille aux entreprises françaises implantées au Maroc et que je ne dois pas les compromette par une certaine agressivité. Je ne reçois cependant aucune autre instruction du groupe Bouygues ou des dirigeants de la chaîne à part cet avertissement très général. Je sais toutefois que le chemin sera périlleux.

Pendant deux à trois semaines, je me plonge intensément dans l'histoire politique du Maroc, les rapports économiques, les ouvrages multiples à charge et à décharge. Je m'informe sur le bagne de Tazmamart où les détenus politiques sont incarcérés dans des geôles inhumaines où l'on peine à se mettre debout. Je rencontre des familles de disparus, passés par la prison de Kelaat M'Gouna, et dont les proches ignorent s'ils sont morts, vivants, torturés, éliminés. J'avale des bilans sur le développement du pays voulu par Hassan II, sur ses efforts de médiation dans le conflit israélo-palestinien, sur la situation de la population française d'origine marocaine.

Puis, avec ma collaboratrice, Marie-France Lavarini, je m'envole un jeudi pour Rabat car l'émission a lieu le lendemain. À l'hôtel, sous des prétextes futiles, je refuse la chambre qu'ils m'ont préparée et en choisis une autre équivalente, où ils n'auraient pas eu le temps d'installer des micros : la paranoïa qui m'avait épargnée à Moscou, voilà qu'elle me gagne de façon absurde à Rabat alors que je repense à Abraham Serfaty, célèbre opposant à Hassan II, qui a passé dix-sept ans en prison et dont j'avais rencontré à Paris l'épouse, Christine.

J'ai rendez-vous en fin de journée au palais royal pour un premier contact. Le roi est accueillant et charmeur, tout se présente au mieux pour le lendemain.

Le soir même, Marie et moi sommes invitées à dîner chez le Premier ministre, avec tout le gouvernement. Seules femmes dans cette tablée d'hommes, dont Driss Basri, ministre de l'Intérieur, une sorte de nouvel Oufkir.

Ce sera un dîner d'intimidation. La seule personne bienveillante – et atrocement gênée de la pression qui s'exerce tout au long du repas – est André Azoulay, qui se demande s'il a bien fait de suggérer cette émission au roi, tant l'hostilité des ministres paraît forte.

« Avez-vous l'intention d'interroger Sa Majesté sur Ta… Ta…, s'enquiert Basri.

— Tazmamart, monsieur le ministre », je m'empresse de compléter, avant d'ajouter : « Oui, tout à fait, et je suis sûre que Sa Majesté aura à cœur de répondre avec franchise. C'est le principe de l'émission. »

Le repas s'éternise. Driss Basri reprend la parole : « Chère madame, quelle est la différence entre Patrick Poivre d'Arvor et vous ? me demande-t-il soudain.

— Sans doute qu'il est un homme et que je suis une femme, non ?

— C'est un excellent journaliste, lui, avec lequel j'ai toujours plaisir à bavarder et à jouer au golf !

— Ah, c'est sûrement cela, je ne pratique pas ce sport », je lui réponds sur le même ton d'ironie, mais je suis mal à l'aise, car la situation est devenue très désagréable. André Azoulay est blanc d'humiliation et de colère. Marie m'informera plus tard qu'elle a vu Driss Basri lui faire passer un mot à l'adresse du souverain, disant quelque chose comme « préviens Sa Majesté », pour l'avertir sans doute qu'une dangereuse gauchiste s'apprêtait à le questionner.

Quand nous rentrons à l'hôtel, je suis partagée entre stupeur et inconfort, et crains que le lendemain, le roi ne se lève et s'en aille au milieu de l'interview, ce qui compromettrait la diffusion de l'émission prévue deux jours plus tard. Je suppose qu'André Azoulay passe une nuit au moins aussi agitée que moi !

Le lendemain, au palais royal, l'accueil est somptueux. La table en marqueterie a été exécutée spécialement et interprétée avec talent par les ébénistes du palais sur le modèle de celle de mon studio parisien. À la place où je suis censée m'asseoir, un délicat présent : le protocole, ou le roi lui-même, s'étant avisé de mon habitude de toujours tenir un stylo à la main pendant l'émission (sorte de bastingage auquel je m'accroche pendant les secousses de l'interview) a déposé un petit modèle ancien en argent joliment ouvragé.

Le programme commence, très calmement, sur le développement économique du pays, en pleine croissance. Le roi est de petite taille et je verrai bientôt ses pieds s'agiter dans le vide, comme un enfant agacé, quand la conversation se tendra.

Nous arrivons ainsi au chapitre du respect des droits de l'homme : le roi affirme qu'il est désormais irréversible tout en exprimant des réserves sur les sociétés de droit dont les citoyens ont tendance à abuser. Hassan II s'exprime dans un français élégant, bien que je lui trouve de temps à autre un relâchement de ton et de vocabulaire quand il fait savoir son mépris pour les critiques dont je me fais l'écho. « Amnesty International ? Cette vieille boîte complètement défraîchie (...) ayant servi de cheval de Troie à la solde de la Russie soviétique, et qui n'est plus respectable dès lors qu'elle ment. » Quant à Tazmamart, ce bagne cruel : « Tazmamart ? Cette vieille bâtisse n'avait plus d'objet, les gens ayant été relaxés (*sic*), elle a été rasée. » Et Kelaat M'Gouna, cette prison secrète, où beaucoup de prisonniers ont tout simplement disparu ? « Kelaat M'Gouna, madame, c'est un centre touristique, c'est la ville des roses ! », ce qui est en effet la description littérale que l'on trouve dans les guides du Maroc. Mais la forteresse existe, bien réelle, perchée sur un piton dans un environnement de pierres. Un jour, je suis passée devant cette prison et y ai ramassé quelques cailloux que j'ai conservés ensuite sur mon bureau en souvenir des hommes qui les avaient foulés et qui y étaient morts.

Quand je prononce le nom de la famille Oufkir, je vois les ministres qui écoutaient bien sagement leur souverain au fond de la salle se lever d'un bond, avant de se rasseoir, indignés. Je m'amuse alors à demander au roi s'il est bien normal que son ministre de l'Intérieur soit aussi ministre de l'Information ! « Comme si Charles Pasqua », traduis-je à l'intention des Français qui connaissent bien celui qui se nomme lui-même le premier flic de France, « supervisait chez nous les médias.

— Vous avez raison, je veillerai à corriger cela lors du prochain gouvernement ! » me répond habilement Hassan II. C'est malin, il ne risque rien sinon froisser ledit ministre qui, de sa chaise, me jette un regard noir. Je souris tout en me disant qu'il faudra que je m'abstienne durant quelque temps de revenir au Maroc si je veux éviter qu'une de mes roues ne se dévisse dans un virage de l'Atlas ! Basri restera en réalité en poste jusqu'à l'avènement de Mohammed VI, qui fera de son renvoi un signe d'ouverture démocratique.

Hassan II joua très finement. Cette émission fut pour lui un grand succès. Il s'était prêté à un jeu inhabituel au Maroc et s'en était fort bien sorti. Depuis, je suis devenue célèbre dans les souks, sans bien savoir si je devais l'admiration des Marocains à la fierté que la télévision française consacre une heure à leur souverain, au fait qu'une femme ait ainsi parlé avec le roi d'égale à égal, ou si mon impolitesse d'avoir abordé des sujets tabous dans le pays avait impressionné des citoyens un peu timides – on les comprend – devant le pouvoir royal.

Le plus beau compliment me vint de Jean Daniel, le fondateur et directeur charismatique du *Nouvel Observateur* : « Vous avez été plus courageuse que moi », me dit-il un jour, faisant référence à cette émission avec le roi du

Maroc. Compliment qui m'a touchée venant de celui qui fut mon modèle, et n'avait péché qu'une ou deux fois en étant un peu trop conciliant avec le souverain chérifien.

Faire des émissions avec les Américains n'est jamais simple pour la télévision française. À vrai dire, ils se moquent de l'Europe et encore plus de la France ! Et s'ils ont besoin de s'adresser à notre continent, ils parlent à la BBC.

J'avais fait partie d'un groupe de télévisions européennes autorisées à interviewer quinze minutes Bill Clinton, alors président des États-Unis, avant une rencontre avec Jacques Chirac sur les plages du Débarquement en juin 1994. La RAI, la BBC et TF1 avaient été choisies, chacune installée dans une pièce de la Maison Blanche, Clinton passant de l'une à l'autre pour un court entretien. Les services de presse américains étant aux aguets pour veiller à ce que le quart d'heure dure effectivement quinze minutes et non seize, alors que chaque journaliste de chacune des chaînes de télévision s'efforçait de retenir le président des États-Unis un peu plus longtemps que la concurrence.

J'ai vu, en Clinton, un homme d'allure cordiale, plutôt séduisant, vif, au fait des dossiers qu'il connaissait fort bien. J'ai notamment le souvenir de l'avoir interrogé sur la Chine, et entrevu une amorce de discours qui aurait mérité mieux qu'une rencontre chronométrée.

J'ai en revanche pris le temps de déambuler un peu dans les couloirs de la Maison Blanche, de pénétrer dans la petite salle de presse connue du monde entier, avec son mobilier sans style, vaguement XIXe anglais, sans grande beauté. Quand j'ai regardé quelque temps plus tard *The West Wing*, *À la Maison Blanche*, la série mythique d'Aaron Sorkin avec l'excellent Martin Sheen dans le rôle du président Bartlet, j'avoue m'être laissé aller à fanfaronner en faisant mine de reconnaître des lieux où j'avais été, quelques heures, me promener.

J'y suis retournée, à la Maison Blanche, cette fois dans la *East Wing* investie par la *First Lady*, Hillary. C'était en janvier 1997 lors de la sortie en France de la traduction de son livre traitant d'éducation, *Il faut tout un village pour élever un enfant*. Elle avait accepté de participer à mon émission pour en faire la promotion. J'étais ravie de revenir à la Maison Blanche interviewer cette femme que j'admirais pour son parcours, son ascendant, sa résilience. Nous n'en étions pas encore à l'affaire Monica Lewinsky mais au scandale sexuel qui l'avait précédée, impliquant Paula Jones, une fonctionnaire de l'Arkansas qui avait accusé Bill Clinton de harcèlement du temps où il était gouverneur de l'État. Pourtant, les deux affaires sont liées, puisque c'est à l'occasion de l'enquête sur Paula Jones que le procureur décida d'enquêter sur d'éventuelles autres conquêtes du président américain. Clinton avait alors nié avoir eu des relations sexuelles avec Monica Lewinsky. D'où le parjure et toute l'histoire. Mais nous n'en étions pas là et Paula Jones suffisait vraisemblablement à Hillary pour se sentir mal à l'aise devant les caméras.

Il était exclu que je lui pose des questions à ce sujet, qui ne faisait d'ailleurs que démarrer dans la presse. Il aurait été légitime d'interroger le président sur cette histoire, mais pas sa femme, qui n'avait pas de rôle politique et n'avait pas à rendre de comptes. Les secrets d'alcôve n'ont jamais été ma tasse de thé, pas plus à l'époque que plus tard, en 2011, quand je serai moi-même soumise à ce type de questionnement. Je n'accepte pas que l'on force la frontière de la vie privée pour ceux qui n'ont pas à se justifier.

Hillary donc. Je la trouvais belle, brillante et froide. Nous fîmes une jolie émission qui lui offrit l'occasion de s'expliquer sur le peu de sympathie qu'elle inspirait alors : elle avait voulu jouer un véritable rôle notamment dans le sujet si sensible de l'assurance santé, refusant celui de « potiche » cantonnée à « faire des cookies », comme elle l'avait dit elle-même. Semblant se moquer de Nancy Reagan ou Barbara Bush qui avaient fait de la figuration avant elle, et comme Laura Bush allait le faire après. Seule, ces dernières années, Michelle Obama a su échapper à la malédiction de la *First Lady*, et gagner le cœur des Américains en trouvant un juste équilibre entre représentation protocolaire et causes nationales à défendre comme l'obésité infantile.

Je la questionnai également sur un éventuel rôle en politique, tant il paraissait évident qu'elle serait amenée un jour ou l'autre à en exercer un. Cette avocate de formation m'avait répondu qu'en aucun cas ce n'était dans ses projets. J'avais posé alors une question de pure forme. Ce n'était pas du tout, à l'époque, un enjeu.

Comme la guerre, la révolution s'est aussi invitée à « 7 sur 7 ».

Incarnée par des personnalités comme Petre Roman, tout jeune chef du gouvernement roumain au lendemain des convulsions qui ont agité son pays et mis à bas le régime honni de Ceauşescu, qu'on croyait indéboulonnable. Cet ingénieur, docteur en mécanique des fluides et professeur à l'université de Bucarest, était de longue date un opposant à Ceauşescu. À peine était-il entré en fonction qu'il accepta, dans le palais encore fumant de la révolution roumaine, de recevoir « 7 sur 7 ». Il parlait un français impeccable. Beaucoup de Roumains pratiquent notre langue avec brio, mais Petre Roman avait, de surcroît, passé quatre ans à Toulouse à l'École nationale supérieure d'électronique.

Il représentait l'aile réformiste et pro-européenne des nouveaux responsables politiques, ce qui le poussera à quitter la tête du gouvernement et à prendre ses distances avec le nouveau régime. J'ajoute qu'avant de sombrer dans l'anonymat et l'oubli, Petre Roman avait du charme, un sourire enjôleur dont il usa et une allure de démocrate tout neuf et séduisant dans un pays marqué par la dictature.

Nous étions le 7 janvier 1990, et quelques semaines auparavant, le monde entier s'était ému face aux images du charnier découvert à Timişoara. Les corps furent présentés comme des victimes de Nicolae Ceauşescu. Ce n'est que dans le courant du mois qui suivit que l'on découvrit que ce charnier était un faux grossier : les cadavres avaient été déterrés d'un cimetière des pauvres de la ville et mis en scène pour pouvoir accuser l'ancien régime. Celui-ci était criminel et méritait l'opprobre, mais il n'était nul besoin de fabriquer cette mascarade qui ternit un peu l'image du nouveau pouvoir. Elle servit d'exemple à toutes les écoles de journalisme du monde pour enseigner ce qu'était une fausse information et surtout les risques que court la profession à divulguer sans vérifier. Une leçon hélas restée théorique, tant les *fake news* sont aujourd'hui monnaie courante !

Je suis retournée plus tard à Bucarest où j'ai visité l'ancien palais de Ceauşescu qui domine la ville et qui est aujourd'hui le siège du Parlement roumain. Un petit Versailles rococo, très chargé, de la feuille d'or sur toutes les corniches et les murs, des pièces immenses dans lesquelles, m'a-t-on dit, trônait un miroir à chaque bout afin que le dictateur et son épouse puissent se regarder où qu'ils se trouvent. Preuve, s'il en fallait, de la folie mégalomaniaque du dirigeant roumain et de sa femme, Elena. Leur maison privée était aussi le comble du mauvais goût ostentatoire : édredons et baldaquin de satin rose, robinets à bec de cygne en vermeil, marbre du sol au plafond. Les hôtes du gouvernement y séjournent désormais. J'y ai dormi une nuit, mais le lit doré d'Elena était un nid à cauchemars.

Un des événements majeurs de ces années 90 fut bien sûr la première guerre du Golfe, déclenchée par les États-Unis et une coalition internationale à laquelle participait la France en janvier 1991, après l'invasion du Koweït par Saddam Hussein l'été précédent.

Notre profession de journaliste allait s'en trouver à jamais modifiée. Ce furent des mois d'intense activité journalistique. Notamment en raison des polémiques sur les journalistes *embedded*, c'est-à-dire embarqués avec les troupes américaines, et ne donnant à voir que ce que permettait la censure des États-Unis. C'est également de ce moment-là que je date – en même temps que la guerre de Bosnie – les premiers directs de journalistes femmes devenues reporters de guerre au même titre que les hommes, et au cœur des champs de bataille en plein désert.

Saddam Hussein fit savoir qu'il souhaitait venir à « 7 sur 7 ». Je déclinai pour les mêmes raisons que celles qui m'avaient toujours dissuadée d'interroger Jean-Marie Le Pen. Le/la journaliste n'est pas un miroir qui reflète l'image qu'on lui tend. Il ou elle se doit de distinguer entre interview et désinformation. En presse écrite, une interview de Saddam devient de l'information à partir du moment où l'on peut mettre ses déclarations en perspective et rétablir la vérité. Lui tendre un micro pour qu'il déverse sa propagande en temps de guerre me semblait une erreur. Je mets l'imparfait pour adoucir le propos, mais je pourrais mettre le présent. Je le pense toujours. Alors, m'objectera-t-on, si l'on s'interdit d'interviewer les menteurs, où met-on le curseur ? Et que fallait-il faire avec Colin Powell qui, pendant la deuxième guerre du Golfe, n'hésita pas à affabuler au sujet des armes de destruction massive que les Irakiens ne possédaient pas ? La démocratie ne nous protège pas des mensonges. Mais la dictature nous empêche, par essence, de distinguer le vrai du faux.

L'objet ici n'est pas de faire une analyse de cette guerre en réponse à l'invasion d'un pays souverain, plus justifiée que la deuxième, au prétexte mensonger. Juste l'occasion d'agiter des souvenirs. Dont celui-ci qui a de quoi faire sourire… ou pleurer. À la fin de la guerre, trois paquets de chez Cartier, le bijoutier de la place Vendôme, ont été livrés à TF1, pour Michèle Cotta, Patrick Poivre d'Arvor et moi. Trois lourdes montres en or du célèbre joailler, cadeaux de l'ambassade du Koweït. Il existait donc des chancelleries où faire son travail de journaliste méritait récompense ! Bien entendu, il était exclu d'accepter ce type de remerciements : de la corruption à l'état pur, tellement disproportionnée qu'elle en devenait comique. Je me rappelle m'être précipitée dans le bureau de Michèle Cotta, alors directrice de l'information de TF1, avec ce coffret rouge qui me brûlait les doigts. Nous n'avons pas voulu offenser l'ambassadeur en retournant le cadeau, mais avons appelé Médecins du Monde pour leur en faire don.

Cette guerre du Golfe de 1991 devait faire une victime gouvernementale française. Au onzième jour de l'offensive contre l'Irak, je reçus l'amiral Lanxade, le chef d'état-major du président de la République. Il venait, sur ordre express de François Mitterrand, justifier l'action du gouvernement alors que cela aurait dû être le rôle de Jean-Pierre Chevènement, ministre de la Défense. Ce dernier eut raison d'interpréter comme un désaveu la prise de parole de celui qu'on surnommait le ministre de la Défense bis, quand c'eût été son rôle d'informer les Français sur le sujet. Chevènement démissionna donc, ce qui lui permit de surcroît de prendre ses distances au sujet d'une guerre qu'il désapprouvait et avec un poste auquel il n'était resté, malgré ses réserves, qu'à la demande du président.

J'aimerais clore ces souvenirs de « 7 sur 7 », par quelques mots sur un personnage inclassable et quelques intellectuels invités dont j'ai peu parlé.

Parmi ces inclassables, la palme revient à Bernard Tapie, qui vint souvent le dimanche, trop souvent même, si j'en crois les reproches qui m'ont été faits.

Tapie était ce qu'on appelle un « bon client », et je n'avais aucune raison de le tenir à l'écart. À mi-chemin entre le businessman et le comédien, il fut ministre, l'objet de nombreux scandales politico-judiciaires, et une personnalité hors du commun. Une grande gueule, volontiers populiste, mais intuitif, volubile, dont tout le monde connaissait l'itinéraire parfois hors des clous. Il fut longtemps, aussi, celui qui savait parler du FN, combattre son leader sur son propre terrain, et qui avait l'écoute des jeunes de banlieue. Au départ, et pour cela, il avait donc toute ma sympathie.

Je lui en ai voulu lorsque j'ai prêté une oreille attentive à ceux qui m'ont raconté qu'à Marseille, son opposition au FN était feinte et que les ententes dans la région n'étaient pas des plus exemplaires. Je n'ai jamais démêlé le vrai du faux, mais une brèche s'est glissée dans mon esprit, malgré ses démentis vigoureux et habiles.

Je ne suis jamais rentrée dans les histoires de foot, de triche ou pas, de coupe d'Europe, d'Olympique de Marseille, car je n'y connais rien. Je n'ai jamais cherché à comprendre plus en détail l'affaire du Crédit Lyonnais, du CDR, de la spoliation dont il s'est plaint ou de l'escroquerie dont l'a accusé la partie adverse.

Après quelques « 7 sur 7 » enlevés et joyeux où ce trublion de la politique adorait jeter des pavés dans la mare, une émission s'est en revanche mal passée. La presse et la justice avaient commencé à déballer son patrimoine, ses meubles, son yacht *Le Phocéa*, son hôtel particulier et je me rappelle l'avoir bousculé sur ces sujets sensibles. Il avait répliqué brutalement, refusé de me répondre et m'avait interpellée sur la petite montre Cartier que je portais au poignet. C'était malhonnête et assez voyou, car je n'avais de comptes à rendre à personne contrairement à lui, qui avait été un élu de la République et se trouvait inquiété par la justice. Mais l'homme avait réussi son coup en signalant le bijou que m'avait offert le père de mes enfants à la naissance de l'un d'entre eux. Il me mit mal à l'aise, comme si j'étais en faute moi aussi et surtout, il s'ingérait dans ma vie privée.

Je lui en ai voulu. Lui aussi, et je ne l'ai plus invité.

Son séjour en prison me le rendit plus attendrissant. Je me rappelle d'ailleurs que le procureur avait déclaré que s'il n'avait pas été ce personnage surmédiatisé, il n'aurait sans doute pas été incarcéré. Drôle de confidence pour un homme de justice !

Tapie s'est montré attentionné lors de la tempête médiatique qui me frappa en 2011. Sans doute étais-je alors exagérément sensible aux témoignages amicaux et discrets. Enfin, son cancer et l'épreuve qu'il endure, dans laquelle il se montre infiniment courageux, m'ont touchée, et je lui ai envoyé quelques messages de réconfort. C'est un homme insupportable et attachant, à la fois bandit et gentilhomme.

Je n'ai pas la prétention de croire que cette émission – dont j'ai aimé la diversité – me permettait de connaître mes invités par leur simple frottement avec la marche du monde. C'est la limite d'un exercice formaté qu'est une interview en direct d'une heure sur les sujets charriés par l'actualité. Elle était tout à fait adaptée au monde politique, aux chefs d'État ou de gouvernement auxquels on demande d'agir sur les événements qui affectent notre quotidien. Elle se révélait plus complexe lorsqu'elle s'adressait à des comédiens ou des artistes dont l'univers se prête mal aux commentaires politiques ou sociaux. C'est encore plus évident lorsqu'il s'est agi d'hommes ou femmes de réflexion, penseurs ou savants dont, en une heure, on ne pénétrait qu'à peine l'univers. Il aurait été plus intéressant de comprendre les recherches de Georges Charpak sur les particules qu'écouter son avis sur le traité européen de Maastricht. Je me rappelle ses yeux bleus qui pétillaient d'intelligence, davantage que son opinion sur l'Europe. Il était frustrant de n'accéder avec ces personnages qu'à la surface des choses. Et pourtant, ce sont les émissions qui ont souvent été, pour moi, les plus gratifiantes, car j'avais, dans leur préparation, effleuré leur univers ou leur œuvre.

Il faut dire aussi que très souvent, je dus batailler contre Patrick Le Lay, le PDG de TF1, qui considérait que les écrivains, les philosophes, les moralistes étaient des « jean-foutre ». C'est lui qui avait théorisé la vocation de TF1 à être une chaîne dont l'objectif était de laisser « un temps de cerveau disponible » pour les messages publicitaires des annonceurs. L'expression le poursuivit jusqu'à sa mort en mars 2020. Et s'appliquait bien mal à certains invités.

J'avais ainsi essuyé une sévère admonestation après un « 7 sur 7 » avec Umberto Eco venu pour parler de son livre *Le Pendule de Foucault.* Patrick Le Lay m'indiqua fermement qu'« on n'était pas là pour donner une heure d'antenne aux intellos » ! Affirmation plus que contestable, que j'ai bien entendu ignorée. Cependant, prévoir la venue d'un intellectuel, à la notoriété plus faible qu'un artiste ou un politique, fit quelquefois l'objet d'une discussion sur sa pertinence et sa légitimité.

Je me rappelle une convocation impérieuse dans son bureau trois jours avant la venue d'Alain Minc, où il me fut demandé de l'annuler (à l'époque, cet essayiste prolifique ne cachait pas sa préférence pour Édouard Balladur alors que Chirac avait le vent en poupe). Ce fut, je le précise, la seule et unique fois puisque, à cette injonction, je répondis à mon tour par le chantage. En affirmant, comme je l'aurais fait pour tout autre invité qu'on m'obligerait à décommander, que si un tel ordre m'était donné, je n'assurerais pas l'émission le dimanche suivant. La tension retomba, Minc vint comme prévu, et il n'eut connaissance qu'à mon départ de TF1 de ce bras de fer qui n'avait pas lieu d'être.

Je reviendrai sur mes relations avec la direction de TF1 et sur l'extrême liberté qui me fut laissée par ailleurs dans le choix de mes invités. Mais chacun sait que les tensions dans une entreprise finissent par lasser, et sans doute est-ce pour ne pas avoir à trop en subir que, de moi-même, je limitai dans les toutes dernières années une catégorie d'invités que l'on pourrait désigner comme des intellectuels. Les clercs y furent nettement moins nombreux et la variété de l'émission s'en ressentit.

Chez les personnalités de chercheurs ou lettrés qui acceptèrent mon invitation, j'eus toutefois le regret de n'approcher que de loin leur pensée subtile. Ceux qui étaient mes amis étaient plus faciles à cerner. Comme les Badinter, venus en couple (rare privilège qui fut le mien) parler de leur ouvrage commun sur Condorcet. De ceux dont je n'étais pas proche, l'immense majorité de ces personnages, que restait-il d'une émission qui ne faisait que frôler leur domaine de compétence mais qui n'allait pas, par définition, au fond des choses ? Quelques-unes eurent un peu plus de sens. Régis Debray et Jean d'Ormesson ont pu débattre du rôle de l'intellectuel, l'un de droite sans complexe, l'autre de gauche qui, lors d'une autre de ses venues à « 7 sur 7 », avait lâché son habituelle pirouette sur Fidel Castro : « Je l'attaque devant ses amis, je le défends devant ses ennemis. »

François Furet et Jean-Noël Jeanneney, tous deux historiens, étaient à leur place pour célébrer le bicentenaire de la Révolution française en 1989. Je me souviens de Bernard-Henri Lévy, venu un dimanche soir, en compagnie de Salman Rushdie reclus depuis tant d'années de *fatwa* déclenchée contre lui ; du sociologue Alain Touraine, qui débattit fort à propos de la réforme très controversée du code de la nationalité à la fin des années 80 ; du cardinal Lustiger criant son indignation lors de la profanation des sépultures juives du cimetière de Carpentras ; ou de Yehudi Menuhin s'exprimant sur la place de la musique dans le patrimoine génétique russe.

Mais du professeur Jean Bernard, alors président en 1988 du Comité consultatif national d'éthique, je n'ai retenu que sa réaction libérale sur le film de Scorcese, *La Dernière Tentation du Christ*, qui déchaînait la fureur des catholiques intégristes, et bien peu de choses sur ses travaux en hématologie. De même, Pierre Boulez dont je me rappelle les envolées sur la musique et la peinture, en l'occurrence celle de Paul Klee, mais qui ne pouvait guère à « 7 sur 7 » développer sa conception de l'esthétique musicale ou son écriture si particulière et fondatrice. Ce n'était pas le lieu. Ce furent quelques exemples d'émissions inabouties. Il y en eut d'autres dont je ne dresserai pas le catalogue.

Je me rappelle en revanche très bien l'une des premières apparitions d'Alain Finkielkraut à la télévision, jeune et paisible, à « 7 sur 7 ». Il se disait « de gauche, dans la mesure où elle incarne l'idée d'éclairer le peuple » et dénonçait « l'espace réducteur des médias », et « les arts populaires en train de mourir sous les coups de l'industrie culturelle ». Déjà. Mais surtout, je me souviens qu'il avait été cinglant avec Le Pen qui, à « L'heure de vérité », avait employé un mot hideux pour parler des malades du VIH. « Le Pen est l'homme des passions basses et des infamies et le mot de “sidaïque” qu'il a employé dégage un parfum d'extermination », avait dit le futur académicien. Ce fut juste et bien venu. Ces soirs-là, j'avais l'impression d'être vaguement utile.

Même si je ne suis pas dupe du survol obligé des choses, ce navire à piloter toutes les semaines m'a donné du plaisir. Fût-ce au détriment – j'y reviendrai – du reste de la vie. J'expliquerai toutefois pourquoi j'ai pu y renoncer du jour au lendemain sans en éprouver (consciemment du moins) de l'amertume.

9.

Un sinistre dimanche d'avril

Dans nos cauchemars les plus sombres, cela ne pouvait pas arriver. Non, pas en France, pas chez nous. Je me rappelle cette soirée d'apocalypse du 21 avril, au premier tour de l'élection présidentielle de 2002, rue Saint-Martin, au local de campagne de Lionel Jospin, l'« Atelier », comme on l'appelait.

La gauche était assez confiante, malgré les candidatures de Jean-Pierre Chevènement et de Christiane Taubira. À tort. Signes avant-coureurs de la fracture de la gauche plurielle qui, après cinq ans de gouvernance, s'était effritée. Durant toute la campagne, Lionel Jospin avait observé ces dissidences avec un calme apparent, se refusant à faire un geste qui lui aurait concilié l'une au moins de ces deux figures auxquelles il en voulut longtemps de s'être présentées, diminuant son matelas de voix. Il aurait fallu qu'il soit moins sûr de lui.

Ce 21 avril, les pontes du PS étaient enfermés dans une pièce au premier étage. Vers 18 heures, ils furent avertis du résultat catastrophique du premier tour où Jospin était devancé d'un cheveu par Jean-Marie Le Pen. Mais rien ne filtrait hors de ce huis clos. Quand l'encore Premier ministre arriva, tout sourire, vers 19 heures, j'étais avec quelques-uns de ses proches à l'extérieur de cette pièce. Il était simplement étonné que personne ne l'ait encore appelé pour lui donner sinon les chiffres définitifs, à tout le moins les estimations.

En entrant dans la salle-QG, mis au courant du désastre, il blêmit et décida tout de suite d'abandonner, sans espoir de mobiliser pour les élections législatives qui allaient venir. Rien ne le fit fléchir, même pas les cris désespérés des militants qui, en plus du séisme du jour, voyaient leur leader s'en aller. On lui tint rigueur de cette attitude. Je l'ai toujours respectée. Ce n'était pas de l'orgueil – ou pas seulement. Il lui semblait évident qu'il ne pouvait pas conduire à la dérive un peuple de gauche qui venait de se dérober.

Je n'ai qu'un souvenir confus du reste de la soirée, tant le choc était fort. Il se mit à pleuvoir dans les rues en deuil du IIIe arrondissement, alors que j'accompagnais DSK dans sa tournée des radios et télévisions. Je crois que Jospin en voulut un peu à ceux qui, le soir même, se rangèrent vite à l'idée qu'il fallait voter Chirac quoi qu'il leur en coûte, et l'annoncèrent publiquement. C'était la rançon de sa défaite, et 82 % des Français s'y résignèrent, donnant au président sortant un taux d'approbation de maréchal soviétique qui révélait la détestation que l'immense majorité des Français avait du Front national et de ce qu'il représentait. Et, en creux, ce que le nouveau président élu aurait pu faire de ce mandat, nanti d'un tel score…

Le 1er mai, une immense manifestation – la plus grande à laquelle j'aie jamais participé avant celle, monstre, qui suivit en 2015 les attentats contre *Charlie Hebdo* et l'Hyper Cacher – rassembla un million de personnes dans toute la France, dont plus de 500 000 à Paris qui restèrent pendant trois heures, immobiles, place de la République, avant d'entamer le parcours prévu jusqu'à Nation. Je me rappelle la chaleur caniculaire. Des gens s'évanouissaient, et des chaînes humaines se frayaient péniblement un chemin entre le milieu de la place et les cafés alentour pour faire passer quelques bouteilles d'eau à une foule considérable et assoiffée. Jeunes, vieux, parents, grands-parents, enfants, nous nous étions tous mobilisés pour crier notre colère, notre inquiétude face à l'impensable, cette présence de Le Pen au deuxième tour qui nous remplissait de honte. En écrivant ces lignes en 2020, l'ampleur de l'émotion de ce jour-là me frappe, alors qu'il n'y avait aucun risque qu'il manque une seule voix à Chirac pour barrer la route à Le Pen. Le refus massif du FN s'est réduit comme peau de chagrin au fil des années, et les manifestations en 2017, dans une situation comparable, ne rassemblèrent que quelques centaines de personnes.

Cela faisait vingt ans que Jean-Marie Le Pen avait déboulé en mode majeur sur la scène politique. Son parti végétait depuis la guerre d'Algérie. La candidature de Tixier-Vignancour, qui fit 5 % à l'élection présidentielle de 1965, avait été un chant du cygne qui rassemblait contre de Gaulle les nostalgiques de l'OAS. En 1981, Le Pen ne put même pas réunir les 500 parrainages pour pouvoir se présenter à la présidentielle.

Mais en 1982-83, à Dreux, devenu laboratoire de l'extrême droite, le FN, allié à la droite, remportait l'élection municipale. Premier des ébranlements de la société française où, à chaque élection, on prit l'habitude de voir lentement s'installer ce parti. Les élections législatives de 1986 en marquent l'apogée avec un vote à la proportionnelle, qui permit au FN d'envoyer trente-cinq députés à l'Assemblée nationale. Résultat d'un calcul cynique de François Mitterrand pour diviser la droite. Depuis, on ne cesse pourtant avec raison de déplorer que cette force politique qui s'est implantée en France comme dans toute l'Europe, ait un nombre d'élus à l'Assemblée de loin inférieur à sa représentativité dans le pays.

Législatives, présidentielles, européennes, municipales, chaque élection nous accoutumera un peu plus à cette présence de l'extrême droite, nostalgique alors de Vichy, bourrée d'anciens collabos et de leur thématique antisémite et hostile aux musulmans. La fameuse tactique du front républicain, c'est-à-dire l'alliance de tous les partis pour contrer l'extrême droite, s'est effilochée au cours des années. J'y demeure farouchement fidèle mais je constate avec tristesse que beaucoup, à gauche, la remettent en question pour 2022.

À la dernière élection présidentielle en 2017, Marine Le Pen doubla presque le score de son père en 2002. 18 % face à Chirac, 33 % face à Macron. Elle est créditée au premier tour aujourd'hui dans les sondages de 30 %, soit une place en tête de la prochaine élection présidentielle, et si cela effraie, plus personne ne semble s'en scandaliser.

Il est vrai que le Rassemblement national de la fille, nouvelle façade du Front du père, a évolué. Les nostalgiques de Vichy ou de l'OAS n'y ont plus un droit de cité public ; les racistes purs et durs ont été écartés (apparemment) des instances officielles ; les Gollnisch et autres Messiha gomment leurs aspérités les plus détestables ; Alain Soral, le révisionniste le plus affirmé de France (et multi-condamné), navigue sur une planète satellite, de même que Dieudonné ou la droite identitaire aux slogans racistes et antisémites.

Marine a rompu avec Jean-Marie, notamment sur la question antisémite, pour « dédiaboliser », comme on l'a dit, l'image sulfureuse du Front, même si l'on n'est pas très regardant sur ses amitiés affichées avec tous les leaders de l'extrême droite européenne. Si les lignes de force ont bougé, les valeurs restent les mêmes : dénonciation de l'étranger, rejet de l'Europe et des « élites cosmopolites », préférence nationale, refus de l'immigration, théorisation du supposé « Grand Remplacement » : les mêmes ingrédients sont là, l'habillage est différent. Les cadres ont rajeuni et maîtrisent leur parole sans accroc scandaleux, à l'image de l'habile Jordan Bardella. Si de temps à autre un élu local se laisse aller à des déclarations racistes, les instances dirigeantes l'écartent avec fracas, en invoquant un dérapage inacceptable. La provocation a disparu, le RN est devenu presque présentable. Au point que beaucoup ne se sentent plus rebutés par ses filiations anciennes et n'hésitent même plus à se dire que, peut-être, après les échecs de la droite, de la gauche et du centre, il serait temps de voir si les solutions du RN ne seraient pas meilleures que celles des autres partis traditionnels. Pente fatale.

Il est vrai que Marine a réussi à donner de son parti une image sociale. Dans les circonscriptions les plus déshéritées, les anciens bastions communistes sont passés directement au FN devenu le RN.

Le prochain séisme serait l'arrivée d'un ou d'une figure de l'extrême droite à la tête de la France. Ce qui semble encore improbable mais plus impossible.

Si Marine Le Pen échoue encore, le flambeau passera entre les mains des jeunes qu'elle a fait monter en première ligne, voire entre celles de sa nièce. La jeune Marion Maréchal, plus idéologique que sa tante, et qui s'attache, par sa rhétorique et son charme, à réunir autour d'elle les têtes pensantes d'une droite dure. Non pas des « idiots utiles » comme aurait dit Lénine, mais des personnes déterminées et parfaitement conscientes de ce qu'elles font. Quand Éric Zemmour ou Patrick Buisson se démènent dans les cercles intellectuels et les médias pour récupérer la théorie gramscienne sur la prise de pouvoir à partir des milieux culturels, la stratégie est bien huilée. Pauvre Gramsci, fondateur du PC italien, philosophe marxiste, porteur l'idée d'hégémonie culturelle dont le peuple a besoin pour triompher ! Pauvres médias qui se laissent utiliser par des personnages sulfureux mais habiles ; ou plutôt, pauvres téléspectateurs manipulés par des médias sans scrupules, partisans du *clash* quelle qu'en soit la nature[1].

La pensée d'une gauche réformatrice, d'un centre européen, d'une droite libérale s'étant peu à peu affadie, une « révolution nationale[2] » pourrait s'épanouir demain.

---

1. Je fais ici allusion à la place discutable donnée par une chaîne de télévision appartenant à Bolloré – C News – au polémiste Éric Zemmour, et globalement à tous les discours dits « anti-système ».

2. Idéologie officielle du régime de Vichy. Ici, clin d'œil non pas à une filiation directe, mais à un cousinage pas si lointain qu'on le croit.

Comme beaucoup de ceux de ma génération, cette hypothèse me révulse. Mais les plus jeunes auxquels on parle de Vichy, de la guerre d'Algérie, de l'histoire de ce Front qui veut désormais rassembler, ne sont nullement effrayés. Inutile de leur brosser un paysage de terreur, où nos droits seraient du jour au lendemain suspendus, dans une sorte de grand soir fascisant, Nuremberg des libertés fondamentales. C'est pourtant ainsi qu'un tel régime s'impose et grignote nos valeurs. Il suffit de voir l'évolution des régimes d'Europe de l'Est, ceux de la Hongrie, de la Pologne, de la Russie poutinienne. J'espère que nous sommes encore nombreux à vouloir nous battre de toutes nos forces contre cette éventualité.

Dès 1984, je me suis rangée dans une attitude d'hostilité absolue. Jean-Marie Le Pen faisait les beaux jours de « L'heure de vérité », la grande émission politique de la 2, le dimanche à la mi-journée. Je me suis immédiatement opposée à ceux qui invoquaient le respect du suffrage universel, et je fus bien seule. Mes confrères, avec lesquels j'ai souvent débattu, auraient été plus convaincants s'ils avaient convié Le Pen deux ou trois fois en dix ans, compte tenu de son véritable poids politique. Mais il le fut au moins chaque année entre 1984 et 1995 et chaque passage se soldait par un record d'audience et l'assurance d'une polémique majeure.

Le Pen, ça rassemblait du monde ; inviter un trublion est toujours bon pour le score d'une émission, et s'abriter derrière le respect démocratique me semble relever de la casuistique. J'en sais quelque chose pour avoir moi-même cédé à ce tropisme, en invitant quelques « grandes gueules » qui attiraient les foules. Casser les codes de la bienséance télévisée permet de gonfler l'audimat.

J'ai très vite déclaré que je n'inviterais jamais Jean-Marie Le Pen à « 7 sur 7 ». Cette attitude a été suffisamment critiquée et incomprise pour que je m'en explique.

J'ai déjà, dans cet ouvrage, analysé la nature d'une interview politique, à savoir un faux face-à-face entre un journaliste et un personnage de la vie publique. « Faux face-à-face », précisément, parce que les deux interlocuteurs ne se situent pas sur le même plan. On attend du politique qu'il exprime ses convictions, ses choix, sa vision du monde. On attend du journaliste qu'il soit objectif. Il ne le sera jamais totalement, car il se présente devant les lecteurs ou les téléspectateurs chargé d'un bagage culturel ou émotionnel. Néanmoins, on exige de lui qu'il soit le plus honnête possible en s'efforçant de ne pas faire intervenir ses opinions qui nuiraient à la loyauté requise par son métier.

Or, cette position n'est tenable que si le politique interviewé se situe dans le champ de la démocratie.

Sinon les dés sont pipés, parce que le temps de parole, la nature du questionnement, la place de chacun des protagonistes n'est pas équivalente.

Un journaliste peut – et doit – relancer plusieurs fois sa question sous une forme différente si la personne interrogée se dérobe. Interviewer ne consiste pas à enchaîner les questions sans les mettre en perspective. Mais après trois ou quatre tentatives, le journaliste doit céder le terrain et passer à autre chose. Sinon, il se positionne comme un débatteur, comme un adversaire du politique en question. Et il ne peut, de surcroît, se comporter différemment en fonction de ses invités, ce traitement inégal serait inacceptable. Pour autant cela devient une faute civique si l'on ne contredit pas celui qui manie le mensonge, la mauvaise foi, qui assène des considérations à la limite de la loi, qui se situe précisément hors de l'orbite démocratique. C'était le cas, dans ces années-là, de Jean-Marie Le Pen. On a bien vu les limites du genre avec Donald Trump pour lequel toute réalité était relative, et son usage des *fake news*, une manière d'asseoir sa propre vérité.

Je considérais – et je considère toujours s'agissant du vieux leader d'extrême droite – qu'un journaliste-citoyen ne peut pas se contenter de tendre son micro pour permettre à son interlocuteur de délivrer son message, quelle qu'en soit la nature. La falsification de l'histoire, les propos séditieux, ou tout simplement hors du périmètre communément partagé dans la société dans laquelle il vit, ne peuvent être tenus à égalité avec d'autres, parfaitement acceptables.

J'ai eu un débat sur ce thème, un jour, avec Jean-Pierre Elkabbach. « Vous n'auriez donc pas interrogé Hitler ou Staline ? » m'avait-il lancé. Non, bien sûr ! Des dictateurs sanguinaires, dissimulateurs, issus de coups d'État ou même de processus électoraux réguliers, mais ayant abandonné le terrain des libertés publiques les plus élémentaires, ne doivent pas être interrogés comme les autres. Au risque de se voir accorder une virginité fictive. Comment imaginer une interview de Hitler ou Staline sur les camps de concentration ou d'extermination dont ils auraient tous deux démenti l'existence ; sur leur idéologie meurtrière qu'ils auraient maquillée ; sur les droits de l'opposition qu'ils auraient juré garantir ? Et on passerait tranquillement à la question suivante ? Le journaliste, dans un tel cas, n'est plus un interrogateur, mais un faire-valoir.

Ce raisonnement me semblait évident pour ces cas extrêmes, et je l'ai donc étendu à d'autres : je n'aurais pas interviewé Pinochet, Pol Pot ou Kim Il-sung au risque de leur donner un brevet de crédibilité. Bien entendu, quand la frontière est plus floue, la décision mérite débat : j'ai raconté comment j'ai interrogé Hassan II qui n'était pas le meilleur garant des libertés publiques dans son pays. Chaque cas exige d'être examiné. Pour être totalement conséquente avec moi-même, je devrais aujourd'hui affirmer que je refuserais, de la même manière, de faire une interview de Poutine, Erdogan ou Xi Jinping. Or si l'occasion se présentait, peut-être accepterais-je, parce que le monde est moins binaire. Mais je reconnais là une incohérence.

Pour ces raisons, j'ai donc refusé d'interroger Saddam Hussein qui était demandeur, à la veille de la première guerre d'Irak. Je n'ai pas vu non plus quel avantage, sinon de notoriété, il y avait à aller au palais de Bokassa lui poser des questions sur son couronnement impérial à venir.

Je sais qu'on trouvera ma position dogmatique, et peu nuancée. Je sais aussi qu'elle est ultra-minoritaire dans la profession. Je ne connais aucun confrère qui refuserait un scoop. Je respecte ceux qui font un choix différent, je souhaiterais simplement qu'on respecte le mien.

Pour en revenir à Le Pen, j'ajoute à cela des considérations personnelles. Il s'en était pris violemment au père de mes enfants, lors d'un discours à la tonalité antisémite dans lequel il avait dénoncé, entre autres, quelques journalistes juifs parmi lesquels il se trouvait.

La presse du Front national, ou un organe de ses amis (*Minute*), m'avait insultée plusieurs fois. J'ai fait condamner à deux reprises François Brigneau, ancien collabo devenu journaliste, pour injure publique. Il avait en effet tenu des propos sibyllins et particulièrement déplaisants comme « Mamma Haine Sinclaire, marchande de soutiens-gorge à TF1, juive (moins assimilée) de tendance socialiste. Rares sont les émissions de l'épanouie boulangère azyme où le Front national, son président et ses amis, ne soient pas agressés ».

Je restais dans l'univers du commerce et même de l'alimentaire, puisque qualifiée de « pulpeuse charcutière casher » en 1986 par le journal *Présent*, je continuais d'être désignée comme « boulangère azyme », en 1989 dans *National Hebdo* !

Au-delà des polémiques, cette atmosphère antisémite m'empêchait d'interroger sans *a priori* le leader du parti qui, dans l'opinion publique française, surfait sur ces thèmes.

Enfin, ma position s'est aussi forgée à l'épreuve des faits et de l'expérience.

En 1988, dans le cadre de la pré-campagne présidentielle, je m'étais rangée aux raisons de Jean-Marie Colombani, mon partenaire dans « Questions à domicile », pour proposer une émission à Jean-Marie Le Pen, qui, une fois de plus, était candidat. Nous sommes donc allés dans son fief à La Trinité-sur-Mer. La maison était coquette, mais l'atmosphère, irrespirable.

Les trois filles étaient là et nous nous observions, les uns les autres, avec méfiance. L'émission fut une véritable épreuve. Il était naturel que nous interrogions un candidat sur l'ensemble des questions qui forment la matrice des discussions politiques avant une telle échéance. Or Le Pen n'avait rien à dire sur les problèmes économiques et sociaux, son seul terrain de jeux étant l'immigration.

J'ai décidé de lui poser une question sur la fameuse phrase qui l'a traîné pendant des années devant les tribunaux : « Les chambres à gaz sont un point de détail de la Seconde Guerre mondiale. » Il avait prononcé ces mots quelque temps auparavant au micro de RTL, mais les images n'en avaient jamais été diffusées à la télévision et, s'ils traduisaient le fond de sa pensée négationniste, ils n'avaient pas encore suscité l'indignation qu'ils provoquèrent au fil des années.

Nous avons donc décidé de passer l'extrait vidéo que RTL nous avait obligeamment fourni. Le Pen, furieux, tenta de brouiller la diffusion en parlant pour couvrir le son, mais trop tard, le magnéto était parti. Reprenant la parole, il voulut justifier ces mots injustifiables, qui le poursuivront pendant trente ans. Il me fit un procès, prétendant que nous l'avions censuré, alors qu'il avait tout loisir de s'exprimer en direct dans l'émission. Procès qu'il perdit, grâce à l'habileté de Georges Kiejman, qui fut mon avocat et celui de TF1.

Je conclus derechef qu'une émission était impossible avec cet individu et je décidai une fois pour toutes de ne plus jamais avoir affaire à lui sur un plateau de télévision.

En 1997, lors de la campagne législative, le CSA imposa à toutes les émissions de recevoir à parité les dirigeants des partis politiques. Je décidai de ne pas présenter l'émission et demandai à Gérard Carreyrou, alors directeur de l'information sur TF1, de bien vouloir me remplacer. Il s'acquitta avec professionnalisme de cette étrange mission, qui préservait la neutralité du diffuseur.

La direction de TF1 n'a jamais compris ma position, qui empêchait l'émission phare de la chaîne de recueillir un surcroît d'écoute. Mais elle l'a acceptée, comme un caprice ou comme une idée fixe. J'étais à la tête d'une émission qui réussissait bien, qui était populaire, demandée par les publicitaires et cette réputation me protégea longtemps.

Suite à ces passes d'armes avec Le Pen, je reçus une avalanche de lettres, plus insultantes les unes que les autres. Le Front national avait dû demander à ses militants qu'on noie mon bureau sous les lettres incendiaires, violentes, vulgaires, menaçantes. J'en reçus plus de cinq cents en deux semaines. Je n'ose imaginer ce qu'auraient, à l'époque, donné les réseaux sociaux déchaînés et télécommandés.

Enveloppe après enveloppe (je tenais à ouvrir moi-même le courrier), je découvris du papier toilette souillé, des crachats dans des mouchoirs en papier, des petits cercueils dessinés ou sous forme de maquettes en carton. J'eus la nausée plusieurs fois. Les plus inquiétantes me semblaient être des missives signées, avec un en-tête de médecin ou de notable vomissant des horreurs sur la « youpine » que j'étais.

Cet épisode, qui en disait long sur l'électorat de Jean-Marie Le Pen, me traumatisa longtemps. Aujourd'hui, sur Twitter, à chaque fois qu'un de mes commentaires touche à l'extrême droite, je vois se soulever le couvercle à ordures. Mais l'époque a changé : je n'apparais plus beaucoup dans la sphère télévisuelle, et la droite dure tente de se donner une image respectable.

Refuser de donner la parole à un provocateur, condamné pour racisme et antisémitisme, se défendait. Toutefois, le 21 avril au soir, je me suis dit que cette position n'avait servi à rien. En empêchant Jean-Marie Le Pen de dérouler ses aigreurs rances, je mettais ma conscience à l'abri, mais écarter sa parole ne menait nulle part et au contraire le victimisait aux yeux de certains. De fait, ma position étant si marginale, et Le Pen étant largement présent sur toutes les antennes, je n'ai eu aucune influence ni positive ni négative. Mais j'ai dû faire le constat amer qu'on ne combat pas les extrêmes en essayant de limiter leur expression.

Si j'avais continué à officier à la tête d'une émission, le problème se serait posé différemment. Marine Le Pen n'est pas son père. Je n'ai aucune illusion ni complaisance pour son projet politique. Mais elle a gommé, comme on l'a dit, beaucoup des aspects répugnants du personnage. Elle représente aujourd'hui au moins un Français sur trois et il n'y aurait aucun sens à contingenter sa parole, ou celle de ses lieutenants dont le passage dans les médias s'est complètement banalisé.

À l'occasion d'un livre précédent[1], sur la campagne présidentielle et ses rebondissements spectaculaires, je m'étais rendue, pour la première fois de ma vie, au siège du Front national à Nanterre. La cheffe m'avait reçue dans son bureau, sans chaleur, mais courtoisement. « Il s'est passé beaucoup de choses pour nous deux depuis cette visite », avait-elle dit avec une pointe d'humour en référence à notre ancienne rencontre à La Trinité-sur-Mer, et à la vie qui avait passé, pour elle et moi, depuis trente ans.

Étrange sensation de me retrouver dans l'immeuble du parti, de croiser des personnages auxquels j'attribuais des pensées maléfiques. Les dames de la réception ou du

1. *Chronique d'une France blessée*, *op. cit.*

magasin de souvenirs semblaient beaucoup plus à l'aise que moi, réclamant des photos que je n'ai pas voulu leur refuser.

Ce jour-là, le chapitre Le Pen appartenait donc au passé.

Il ne tient qu'à nous d'éviter qu'il ne s'invite à nouveau dans l'avenir.

10.

La tour infernale

Comme si j'avais volé dans la caisse. Me voilà sur le trottoir, quelques livres et photos dans les bras, ahurie par la violence de cette matinée. Je viens d'être virée de TF1, après dix-huit ans passés dans la maison.

Au terme de quelques semaines de tension, je suis convoquée le 5 juin 2001 au matin par Nonce Paolini, le DRH de l'entreprise[1]. L'homme porte bien son prénom, il est toujours affable, souriant, rose et un rien onctueux. Ce matin-là, le prélat est blême, non pas de fureur, mais de gêne : il va exécuter un ordre de son patron, dont il sait qu'il contrevient au droit du travail. L'entrevue dure trois minutes : il me demande de lui remettre mon badge, mon téléphone portable, et me dit d'une voix blanche que j'ai une heure pour remplir un carton, faire mes adieux à mes équipes et quitter la tour Bouygues, l'immeuble de TF1 à Boulogne.

1. Il en deviendra le président, de 2008 à 2016.

Cela devait finir ainsi, je ne l'avais pourtant pas anticipé.

En juin 1997, mon mari devenu ministre de l'Économie et des Finances du gouvernement Jospin, j'avais décidé d'arrêter « 7 sur 7 ». Cette décision, qui paraît normale aujourd'hui, n'allait pas forcément de soi. Et pourtant, elle me semblait évidente.

À l'époque, je suis à la tête de la principale émission politique de la télévision et mon mari se voit confier l'un des plus gros ministères d'un gouvernement de gauche. J'ai l'habitude de convier le dimanche soir, à « 7 sur 7 », des personnalités de tout bord, en toute indépendance, en leur posant mes questions librement. Elles-mêmes y viennent en confiance, n'ignorent pas mes opinions, mais reconnaissent que je fais mon métier avec fair-play et le maximum d'objectivité. Or je sais que, si je reste à la tête de ce programme, le regard des téléspectateurs changera : ils auront du mal à dissocier l'épouse d'un membre important du gouvernement, de la journaliste qui revendique son droit de suite et de relance. Philippe Séguin, qui fut mon invité le dimanche qui suivit cette décision rendue publique, s'en étonna : « Vous nous abandonnez ?

— Mais comment voulez-vous que je vous interroge sur la politique économique et sociale que mènera mon époux ? Vous en direz du mal et je regarderai le plafond sans vous répondre ? La semaine qui suit, Martine Aubry viendra en dire du bien et je prendrai le même air détaché ? » Il admit que ce n'était guère envisageable.

Dominique avait déjà été ministre en 1992, durant un an. Mais il était en charge du Commerce extérieur, un ministère très secondaire. Pourtant, déjà, un député RPR s'était étonné que je garde la maîtrise d'une émission qui convoquait amis et adversaires politiques de mon mari. L'embarras que j'avais ressenti à l'époque serait devenu ingérable cinq ans plus tard.

Je m'étais d'ailleurs trouvée en position inconfortable quand, avec Christine Ockrent (elle-même épouse de Bernard Kouchner, ministre de la Santé), nous avions été pressenties pour interviewer François Mitterrand. Drôle de République, avait ironisé Jean d'Ormesson dans *Le Figaro*, que ce régime où des journalistes interrogent le patron de leurs maris ! Il était un des rares à s'en être étonné, mais j'avais été meurtrie par la flèche, car il avait raison.

Cette fois, je savais donc que la déferlante aurait été féroce, et que chacun se serait demandé si mes questions n'avaient pas pour but de profiter au gouvernement qui employait mon époux.

Béatrice Schönberg, Audrey Pulvar, Anna Cabana ou Léa Salamé se sont retrouvées, pour des temps plus ou moins longs, dans une situation similaire. En

Allemagne, Doris Schröder, elle-même journaliste politique, adopta la même attitude quand Gerhard Schröder fut nommé chancelier.

La question qui se pose ici est celle d'un conflit d'intérêt. Rien à voir avec quelque soumission ou dépendance qui obligerait des femmes à s'effacer derrière leur conjoint. Si ma mère, mon père ou mon frère avaient occupé la même fonction, mon raisonnement aurait été le même. Une consœur déclara obligeamment que j'étais « rentrée à la cuisine » et qu'elle n'aurait en aucun cas agi ainsi. Libre à elle. Compte tenu de la méfiance qui s'attache à la profession de journaliste, qu'on accuse en permanence de connivence, il n'en aurait pas fallu davantage pour donner l'image désastreuse d'un monde médiatico-politique conjugalement imbriqué.

Des féministes diront que dans nos sociétés patriarcales, l'inverse est inconcevable, un homme quittant ses fonctions alors que sa femme occupe un poste ministériel. Peut-être, mais le cas de figure ne s'est jusqu'à ce jour encore jamais présenté. Si les compagnons de Simone Veil, de Rachida Dati ou d'Anne Hidalgo avaient eu pour profession d'être commentateurs de la vie politique, je suis sûre que la même décision se serait imposée à eux.

Et pourquoi, dans un couple, ajoutent encore celles qui sont choquées par cette loi non écrite, est-ce toujours à la femme de s'écarter et non à l'homme de décliner une nomination qui pose problème à son conjoint ? Si mon mari avait exercé la fonction de ministre depuis des années et que j'avais été récemment promue, la problématique aurait été différente. Mais j'occupais cette fenêtre télévisée depuis treize ans ; mon mari venait d'arriver à une haute responsabilité ; il était peut-être temps de laisser à d'autres un fauteuil qu'il est hors de question d'occuper à vie. Un jour ou l'autre, il faut savoir renoncer ou faire autre chose.

Et si enfin des commentateurs acides s'avisaient de chuchoter que l'audience de « 7 sur 7 » commençait à s'éroder, ils auraient raison. Mais qu'on se rassure, le taux d'écoute restait solide et comparativement favorable à TF1. L'usure est le lot de toute émission emblématique qui dure. Depuis treize ans, j'interrogeais des politiques tous les dimanches soir à 19 heures. Moi-même j'en étais quelque peu lasse ; j'aurais pu poursuivre l'émission un an ou deux, mais le besoin de renouvellement s'impose, à un programme comme à un individu. Je dirais, à l'inverse du général de Gaulle, qu'il faut savoir quitter les choses avant qu'elles ne nous quittent[1].

1. La véritable citation du Général se trouve dans les *Mémoires de guerre*, tome III, *Le Salut (1944-1946)*, Plon, 1959 : « Quant au pouvoir, je ne saurais, en tout cas, quitter les choses avant qu'elles ne me quittent. »

La décision fit date. On me critiqua, on me plaignit, et l'on n'a cessé de me demander depuis plus de vingt ans, si la télé me manquait et si je ne regrettais pas de l'avoir ainsi brutalement quittée. L'honnêteté m'oblige à reconnaître que cela m'a ébranlée, un peu plus que je ne l'ai dit mais beaucoup moins qu'on ne le croit.

Je me suis surtout retrouvée désœuvrée à la rentrée de 1998. Pendant de nombreux mois, j'ai senti mon cœur s'emballer en regardant ma montre le dimanche en fin de journée, croyant avec terreur, durant une fraction de seconde, avoir oublié de me rendre au studio. Réflexe pavlovien, cousin de celui qui, pendant treize ans, me donnait l'envie de fuir le plateau quand retentissait le générique. Décidément, j'étais incorrigible… ! Plus sérieusement, j'ai retrouvé la liberté des fins de semaine, la possibilité d'ignorer l'actualité, l'ivresse de me dire que je ne lirais pas la dernière déclaration politique d'un ministre en mal de petites phrases. Toutefois, à cinquante ans, et encore en bonne forme, j'ai compris le sentiment qui saisit parfois les retraités. Je constatais avec un sourire (ou était-ce de l'amertume ?) que le téléphone ne sonnait plus, que les éditeurs ne m'envoyaient plus leurs livres, que les « importants » ou ceux qui se croyaient tels ne me sollicitaient plus. Je n'étais plus un produit rentable.

Heureusement que je n'ai jamais été dupe de la notoriété, des hommages, des sourires, des compliments.

Pas dupe, peut-être, mais habituée néanmoins. Il était temps de me prouver que la télévision ne m'avait pas dévorée, que la lumière ne me manquait pas, que je me moquais de ne plus faire la une des magazines. Je n'ai pas regretté – consciemment du moins – ma décision : j'avais vu tellement de drogués de l'antenne ou de la politique qui s'effondraient quand celles-ci les quittaient, que j'étais vaccinée contre cette dépression *post-partum*. Bernard Pivot avait été l'une des rares vedettes du petit écran heureuses de découvrir la vie loin d'« Apostrophes » ou de « Bouillon de culture ». Je n'ai, pas plus que lui, eu besoin d'être consolée car je crois n'avoir jamais été intoxiquée.

Je voulais quand même retrouver rapidement une activité, ne serait-ce que pour justifier d'un salaire. Et ne pas ressembler à la génération de ma mère.

J'aurais pu y réfléchir quand mes enfants étaient petits, pour leur accorder plus d'attention, pendant un certain temps. Quand les Bouygues avaient racheté TF1, un mot de mon fils David m'avait désemparée : « Peut-être seras-tu virée ? », et, face à ma surprise, il avait ajouté cette phrase en forme de reproche : « Tu pourrais alors venir me chercher à 4 heures et demie, à la sortie de l'école, comme les autres mamans. » Les mères du XVIe sont sans doute plus nombreuses au foyer que dans des arrondissements populaires. Mais quel grief envers une mère trop occupée ! Trente ans plus tard, je serai franche : j'en fus peinée, c'est vrai, mais pas au point de cesser de travailler et, plutôt qu'envoyer ma mère ou la nounou, me hâter d'aller chercher mes enfants à 16 h 30…

TF1 ne me bousculait pas, la situation était confortable. J'étais cependant pressée de réagir. Mon mari lança une idée que je m'empressai de saisir et d'aller vendre, un peu vite peut-être, à Patrick Le Lay et Étienne Mougeotte : pourquoi ne pas développer, sous la marque de la chaîne, une activité digitale quasiment inexistante jusque-là ? L'idée était ingénieuse et à tout prendre, plus intelligente que de revenir vers une activité éditoriale compliquée à mettre en œuvre entre l'information que je m'interdisais et les programmes de cette chaîne qui ne m'intéressaient pas. Une façon aussi de me détacher de l'antenne ; tout était donc idéal… sauf que cela ne me convenait pas, comme on le verra. Je pense que j'ai choisi cette voie car aucune autre ne me paraissait satisfaisante, mais aussi pour prouver aux yeux de tous – et avouons-le, à ceux de mon époux – que j'étais capable de me réinventer et assez forte pour dépasser le statut, désolant, de « la-fille-qui-ne-peut-pas-se-passer-des-caméras ».

Pendant trois ans, j'ai fait de ma faiblesse une force, et développé à qui voulait l'entendre le discours de la femme capable de s'intéresser à ce qu'elle n'avait jamais fait. D'une certaine manière, c'était vrai et j'y ai réussi.

Au départ, Patrick Le Lay n'y voyait aucun intérêt : « Qu'est-ce que vous voulez faire avec "votre" Internet ? » me lançait-il, n'ayant jamais navigué sur le web. Nous étions en 1998, et le désintérêt de TF1 pour les nouvelles technologies était une faute. Il a finalement vite compris que les NTIC, comme on disait alors, les nouvelles technologies de l'information et de la communication, étaient un domaine à investir et que le cours de Bourse de TF1 en bénéficierait. Ce qui fut le cas dans cette période d'euphorie digitale.

J'étais devenue assez familière de ce monde numérique, mais il s'agissait cette fois d'inventer et de monter une entreprise. Ce fut e-TF1, dont l'ambition était de développer la marque sur des produits digitaux. Une jeune femme astucieuse et douée m'épaula. Je dois à Muriel Guidoni de m'avoir accompagnée tout au long de cette étrange aventure qui dura un peu plus de trois ans. La tâche était lourde mais bénéficiait de l'indulgence de la chaîne qui, n'ayant aucune compétence sur le sujet, m'a laissée développer l'affaire. Il est vrai aussi que nous baignions alors dans « la bulle Internet » qui, jusqu'en 2000 ou 2001, avant son explosion puis son évidente renaissance, dopait le cours de Bourse des entreprises qui s'y lançaient. Il fallait aller vite, embaucher, développer des outils techniques, générer de nouveaux métiers, concevoir une stratégie, la défendre devant l'actionnaire, les instances dirigeantes de la chaîne et surtout les banques.

Une nouvelle vie commençait pour moi, celle de chef d'entreprise. Étrangère à tout ce que je connaissais. J'ai pris, au début, du plaisir à faire émerger une structure et créer des emplois qui n'existaient pas. Le défi et la nouveauté me plaisaient, sortir de l'égocentrisme étroit du monde de l'image me faisait du bien. Mais avec le recul, je peux le confesser, je n'ai jamais été tout à fait à mon aise. À un monde limité en succédait un autre, fait de techniciens, d'informaticiens, de financiers. J'aimais créer des postes, mais j'avais les licenciements en horreur. Faire un tableau de service, gérer le personnel, défendre un budget, réclamer des moyens techniques, décider des salaires à recommander au DRH de TF1, Nonce Paolini, n'était pas tout à fait dans mes cordes. Pire : j'avais l'impression d'atteindre la limite de mes compétences, de ne pas maîtriser les enjeux autant que je l'avais imaginé d'abord, et surtout autant que j'essayais d'en donner l'impression. Quand j'étais adolescente, nous nous amusions, mon père et moi, à déclarer, selon ma formule, que nous n'étions « qu'un bluff », mais que nous seuls en étions conscients. Dans ces dernières années passées à TF1, j'étais épouvantée à l'idée que mon incompétence ne soit désormais visible aux yeux de tous.

Quand j'ai fondé le *Huffington Post*, plus de dix ans plus tard, je n'ai pas éprouvé ce sentiment. Je me suis enflammée pour l'entreprise, j'ai aimé la défendre, la porter, la faire grandir. Créer un journal se rapprochait de ce que je savais faire. Créer une entreprise était sans doute trop loin de moi.

Alors que j'étais présidente de cette e-société, Colas Overkott, un jeune homme expérimenté et imaginatif (et qui est resté dans le secteur), en était le DG. En quelques mois nous étions une centaine. C'est étrange, mais cette époque, plus proche pourtant que les « 7 sur 7 » des années 90, me paraît beaucoup plus lointaine. Comme s'il ne s'agissait pas vraiment de moi, mais d'une autre vie que la mienne qui se serait déroulée en parallèle. J'étais passée de soliste à chef d'orchestre ; j'étais fière du nouveau bébé que j'avais mis au monde, mais il m'était étranger et ne me rendait pas heureuse.

J'avais, depuis l'arrivée des « Bouygues boys », toujours été conviée à la réunion du « Comex », le comité exécutif de la chaîne, le mardi matin à 8 heures tapantes. Une trentaine de personnes autour de la table, les cadres importants de la chaîne ; vingt-six hommes, quatre femmes : les deux patronnes de la régie publicitaire, Claude Cohen et Corinne Bouygues, fille et sœur des propriétaires ; Pascale Breugnot, productrice de magazines de téléréalité avant la téléréalité, et moi, tel Fabrice à Waterloo qui se demande ce qu'il fait là. Je n'y venais pas toutes les semaines, mais le rituel commençait toujours par l'exposé que faisait Mougeotte sur les audiences. Tantôt il faisait valoir que les matches de foot étaient à privilégier car celui de la veille avait bénéficié d'un excellent taux d'écoute. Tantôt, quelques semaines plus tard, la diffusion d'un bon film franchouillard ayant dopé l'audience, il défendait, à l'inverse, que rien ne valait un vieux film français. Ainsi allait la navigation au sein d'une chaîne régie par les chiffres d'audience de la veille qui tombaient le matin à 9 heures. C'est désormais le cas de toutes, y compris celles du service public.

J'assistais aussi aux conseils d'administration de la chaîne, tout aussi exaltants. Ils valaient le détour, pour entendre les interventions des syndicats « maison », si peu revendicatifs qu'ils commençaient par remercier le patron des salaires accordés, avant de poser une question lénifiante.

J'accompagnais Patrick Le Lay dans des rendez-vous avec d'éventuels partenaires. Je me souviens d'une rencontre avec Serge Weinberg, l'actuel président de Sanofi, à l'époque bras droit de François Pinault : j'avais cru mourir de honte. Nous discutions d'un partenariat possible entre des sites de PPR (Pinault-Printemps-Redoute, aujourd'hui Kering) et ceux d'e-TF1. Le Lay lui présenta sa chaîne et brossa de ses auditeurs le tableau suivant : « L'audience de TF1 c'est les vieux, en province, au niveau d'éducation limitée. Bref, une télé pour les bouseux », ajouta-t-il en riant. Serge Weinberg, d'un flegme très britannique, ne leva pas un sourcil devant ce mépris du PDG pour le produit qu'il était censé vanter. Je rêvais quant à moi d'un trou de souris pour m'y réfugier.

Il est temps que je parle de ce Le Lay qui fit couler beaucoup d'encre.

Un visage en lame de couteau, des traits fins, des lèvres minces, un regard intelligent. Rapide comme l'éclair, sévère dans le ton, tout sauf un joyeux drille, il était un homme que l'on craint. Il avait fait sa carrière chez Bouygues, et Francis, le vieux fondateur du groupe, avait eu l'intuition qu'il saurait remporter la mise devant la Haute Autorité qui auditionnait les prétendants à la privatisation de la chaîne. Il avait raison. Il ne connaissait rien à la télé, mais apprit vite, comme tout ce qu'il faisait, et eut l'intelligence de laisser Étienne Mougeotte fabriquer une chaîne très grand public.

Un drôle de bonhomme, disparu en mars 2020, avec lequel j'eus de très bonnes relations apparentes et d'exécrables relations de fond. Nous ne nous aimions pas, mais nous donnions le change.

Tant que je demeurai à la tête de « 7 sur 7 », nos échanges étaient sporadiques. Il appréciait les taux d'audience de mon émission, venait le dimanche soir saluer mes invités (quand ils étaient politiques et puissants), mais ne s'occupait pas, la plupart du temps, du choix de mes hôtes. Quelquefois, sujet à des colères homériques et des éructations célèbres dans la tour de Boulogne, il me rencontrait sur sa trajectoire et j'en prenais alors pour mon grade. J'ai raconté combien il était réticent à chaque fois que j'invitais un homme de culture ou de pensée. Non qu'il ne soit pas cultivé lui-même, il l'était au contraire, mais il ne se faisait pas la même idée que moi de « 7 sur 7 » dont il appréciait le rôle d'ambassadeur et de relation publique auprès des pouvoirs. Mais vouloir y inviter des philosophes, mon Dieu, quelle idée !

Le Lay était capable d'une violence verbale stupéfiante. Un jour, à la mi-temps des années 90, j'avais lancé depuis longtemps une invitation à Pierre Mazeaud, président RPR de la Commission des lois, grand juriste et homme de qualité. C'était au terme d'une semaine où, manque de chance, Martin Bouygues, successeur de son père Francis à la tête du groupe, avait été retenu en garde à vue pendant 48 heures et mis en examen, pour des histoires, je crois, d'abus de bien social. J'avais prévu de ne pas interroger Mazeaud sur cette affaire judiciaire en cours sur laquelle il n'aurait sûrement pas souhaité intervenir. Mais je mettais un point d'honneur à ne pas occulter l'événement qui avait secoué le monde des affaires, de la presse, et bien entendu TF1. La journaliste qui avait en charge le résumé de la semaine se fit l'écho de cette audition, avec le maximum de sobriété. J'avais pris la précaution d'en avertir Étienne Mougeotte, ancien journaliste, en lui expliquant qu'il serait bien plus dommageable pour l'image de la chaîne d'avoir l'air d'ignorer le tumulte plutôt que de l'évoquer.

À l'issue de l'émission, je vois arriver Le Lay, blanc de colère, lèvres pincées, sifflant que je devrais avoir honte d'avoir ainsi sali l'entreprise, m'invectivant violemment devant mon invité et n'écoutant pas un mot de mes arguments déontologiques. Mazeaud, fort gêné, s'éclipsa assez vite. Après l'orage, vint la tempête : une fois rentrée chez moi, je reçus un appel téléphonique de Le Lay qui prolongeait l'algarade. Il hurlait si fort que je tenais le combiné à bout de bras, tentant de lui faire entendre raison. Sans succès, jusqu'à ce qu'il me raccroche furieusement au nez, me notifiant que l'affaire ne resterait pas sans suites. Le volcan s'éteignit cependant aussi vite qu'il avait explosé.

L'échange m'avait secouée. J'aurais dû me méfier avant de choisir une voie qui allait par la suite me mettre très fréquemment en contact avec lui.

Nous avons déjeuné une ou deux fois ensemble. Je n'ai jamais su si les propos excessifs qu'il tenait relevaient d'un test provocateur ou d'une authentique conviction. Un peu des deux, sans doute.

C'était un Breton bretonnant, aimant expliquer qu'Anne de Bretagne avait vendu la Bretagne à la France[1] et que la rancune des « vrais Bretons » demeurait tenace vis-à-vis des Français. Poursuivant, très sérieusement, que beaucoup d'amis de ses parents s'étaient engagés dans la LVF ou dans la Division Charlemagne – autrement dit les Waffen-SS – « parce que les ennemis de nos ennemis sont nos amis » ! En réalité, ses parents s'étaient fort bien conduits et avaient d'ailleurs contribué à sauver des juifs traqués, dont les parents de Michel Drucker. Mais Le Lay s'amusait, ravi de sentir ma tension. Il avait enfin conclu que « Ribbentrop[2] était un homme fort cultivé » ! Je ne cédai pas à l'esclandre en plein restaurant, mais il comprit qu'il devait s'arrêter et ne chercha pas à me cabrer davantage.

1. Par son mariage avec le roi de France Charles VIII en 1491, la duchesse Anne de Bretagne met fin à des dizaines d'années de conflit. La Bretagne acceptera son rattachement au royaume de France en 1532 par l'Édit de Nantes. Les historiens considèrent que dès le Moyen Âge, on peut parler de nationalisme breton. Ce n'est que sous la Révolution qu'il est mis fin à l'autonomie de la province.

2. Il fut le ministre des Affaires étrangères de Hitler de 1938 à la fin de la guerre. Jugé au tribunal de Nuremberg, il fut condamné à mort et exécuté en 1946.

Politiquement, j'ai toujours pensé qu'il ne votait pas pour Le Pen, trop vulgaire, mais n'en était pas si loin idéologiquement. Il était plus acceptable d'avouer qu'il avait un faible pour Philippe de Villiers. Souverainistes de tous les pays, unissez-vous. J'ai croisé Patrick Le Lay pour la dernière fois, tout guilleret, au soir du référendum sur la Constitution européenne de 2005 où le « non » l'avait emporté : une belle soirée pour lui, viscéralement anti-européen. Nous évitions donc scrupuleusement de parler politique.

Malgré quelques éclats, je fus donc bien traitée durant mes années « 7 sur 7 ». Dès le début, j'ai été conviée aux séminaires annuels du groupe, qui duraient deux jours et se tenaient à Deauville ou dans un château de la région parisienne. Ça changeait du quai du Point-du-Jour, où, à Boulogne, l'empire Bouygues avait bâti une tour massive, puissante, à son image.

L'une de ces réunions m'est restée en mémoire. L'avocat de TF1 s'appelait Louis Bousquet. Il était le frère de René Bousquet, secrétaire général de la police de Vichy. Ce dernier avait eu un rôle très actif auprès des Allemands dans la déportation de dizaines de milliers de juifs en particulier lors de la rafle du Vél' d'Hiv où, avec son adjoint, Jean Leguay, ils avaient notamment suggéré que les enfants soient déportés avec leurs parents. J'en ai abondamment parlé dans un précédent livre[1]. En juin 1993, René Bousquet fut assassiné par un illuminé, et son procès pour crimes contre l'humanité n'eut donc jamais lieu, alors que son inculpation avait été relancée par Serge Klarsfeld. Un rendez-vous manqué avec l'histoire, qui eût été, plus que celui de Papon, le procès des autorités de Vichy.

Quelques semaines plus tard, le séminaire de TF1 de l'année eut donc lieu en présence de Louis Bousquet, avocat du groupe. Il n'était pas responsable, bien sûr, des crimes de son frère, qu'il avait défendu en 1949. Il lui avait évité la prison, et René Bousquet était passé, comme beaucoup d'autres collabos, au travers de l'épuration. Toutefois, le défilé de tous les responsables du groupe pour présenter leurs condoléances à Louis Bousquet pour la mort de son frère me resta en travers de la gorge. Je fus l'une des rares à rester assise. Sur le quai de la gare, le lendemain matin, je croisai Louis Bousquet qui me dit assez finement avoir compris les raisons pour lesquelles je ne m'étais pas dérangée…

Mon expérience à e-TF1 se poursuivit calmement. Cette filiale était une affaire en devenir, pas encore stratégique, et je participais à la montée du cours de Bourse.

1. Voir *La Rafle des notables*, *op. cit.*

J'ai connu pourtant une dépression en mars-avril 2001, après trois ans d'activité nouvelle. Mon père et ma mère étaient à leur manière dépressifs, mais je refusais de croire que je pouvais à mon tour flancher. Le médecin qui la diagnostiqua m'en fit accepter les symptômes : j'avais peur de sortir du lit, les larmes me montaient fréquemment aux yeux et j'éprouvais de la panique à l'idée que quelqu'un franchisse la porte de mon bureau pour me demander une décision, une directive. Rien que les manifestations classiques de la dépression. Mais c'était la première fois que pareille chose m'arrivait.

Je m'arrêtai de travailler pendant trois à quatre semaines et le soulagement fut immédiat : je ne supportais plus ce métier pour lequel je n'étais pas faite, il fallait que je quitte le monde de l'entreprise et revienne à l'artisanat télévisuel que je maîtrisais mieux. Ce constat sonnait comme un aveu d'échec : je n'étais donc pas « capable » – je reprenais la thématique maternelle – de sortir de ma zone de confort, de me reconvertir. Je me décevais en découvrant mes limites. Mais je décidai d'assumer ce dont je ne voulais plus.

En mai, j'allai donc voir Étienne Mougeotte qui était le directeur d'antenne, pour lui faire part de mon souhait de reprendre une émission, en toute fin de soirée. Un magazine culturel (il est vrai que le mot sonnait étrangement à TF1) qui manquait à la chaîne, pour drainer un public « CSP+ », les catégories socio-professionnelles les plus favorisées comme on dit dans les enquêtes d'opinion. Il me donna un accord de principe pour explorer des pistes et j'allai dans la foulée rendre visite à quelques producteurs pour creuser des idées.

J'ai toujours bien aimé Étienne. J'avais travaillé avec lui à Europe 1. Doué, travailleur, cultivé, il avait été vice-président de l'UNEF, gréviste de l'ORTF en 1968. Homme de gauche, il s'était classiquement droitisé avec les années. Giscardien sous Giscard, il subit la disgrâce de la gauche arrivant au pouvoir. Funeste habitude très française des purges audiovisuelles qui accompagnent les alternances. Jean-Luc Lagardère, qui était un homme fidèle, le recasa dans le groupe Hachette. D'abord au *Journal du Dimanche*, puis *à Télé 7 Jours*. C'est là qu'il apprit les codes d'une télévision populaire. Le groupe Hachette dont il faisait partie était, comme le groupe Bouygues, candidat à la privatisation de TF1, et Francis Bouygues et Patrick Le Lay eurent le génie de s'attacher le talent de Mougeotte dès lors qu'ils remportèrent l'appel d'offres. Étienne reprit ce que j'appellerais la « culture *Télé 7* », assez éloignée du « mieux-disant culturel » promis à la Haute Autorité qui avait choisi le repreneur. Il les transposa à TF1, propulsant la chaîne, de très loin, à la première place non seulement en France, mais en Europe.

Il avait toutes les qualités et un défaut, celui de refuser le conflit, mais il le fallait sûrement pour supporter Patrick Le Lay, ses foucades et ses colères pathologiques pendant vingt ans. Il était cependant un homme courageux. Atteint d'un cancer de la gorge en 1987, il ne m'en parla qu'une fois et n'en fit plus jamais état, ne manqua pas un jour de travail, souffrit en silence les affres des chimiothérapies qui altérèrent à jamais ses cordes vocales. Je mets sur le compte de la fragilité consécutive à sa maladie, son refus de se battre contre le président-despote de TF1. Il quitta le groupe en 2007. Après *Le Figaro*, puis Radio Classique, il est aujourd'hui président du groupe Valmonde qui possède *Valeurs actuelles*, magazine de l'ultra-droite, auquel il a hélas apporté son talent pour le faire prospérer. La dérive politique est achevée, et je n'ai eu ni le loisir ni l'envie de lui demander ce qui l'avait motivée. Il est toujours demeuré amical, affectueux même, et je ne lui tiens pas rigueur de son « lâchage » face à Le Lay.

Nous sommes donc fin mai 2001. Je retourne voir Étienne Mougeotte afin de le mettre au courant de ce que j'imagine pour cet espace de culture que je souhaite produire et présenter. Cela suppose également que je passe la main à e-TF1.

Le lendemain, je suis appelée d'urgence dans le bureau de Patrick Le Lay, au 14e étage de la tour.

Étienne venait de lui faire part de mon désir d'évolution et de mes projets. L'entretien est apocalyptique. Je mets un moment pour comprendre, tant il crie et m'agonit d'injures. « Comment osez-vous prendre une décision sans m'en parler ? Vous vous foutez de ma gueule, je vous l'interdis ! » Je tente de lui expliquer que ce n'est pas un crime, qu'en effet je souhaite bouger, et que j'ai l'aval d'Étienne Mougeotte pour y réfléchir. Je vais d'ailleurs le chercher dans le bureau d'à côté pour lui demander de confirmer mes dires, et assurer à Le Lay qu'il ne s'agit pas d'un complot contre le PDG, mais d'une réflexion légitime sur mon avenir professionnel. Étienne reconnaît que nous en avons parlé, mais ajoute : « C'est vrai, Patrick a raison, cela peut nuire au cours de Bourse que tu abandonnes e-TF1, ce n'est pas une bonne idée. » Je me contente d'un « merci Étienne » étranglé, et, assommée par la fureur de la charge, je quitte la pièce, espérant que la colère de Le Lay retombe comme cela était déjà arrivé.

Je lui écris un long mail pour reprendre la chronologie et tenter d'expliquer clairement mon souhait. Il me répond que je n'ai qu'à démissionner. Je refuse, évidemment.

Quelques jours plus tard, je suis convoquée à nouveau. Il est seul. La scène est encore plus extravagante que la précédente. La bouche écumante, il éructe des griefs accumulés sans doute depuis des années. Mon mari

– qui n'est plus ministre et qui vient sans raison dans la discussion – est injurié au passage. Suivent ensuite des arguments indéfendables dont celui-ci que je n'ai pas pu oublier : « Vous êtes comme Paul Amar, des marchands de tapis ! Vous êtes tous les mêmes ! » En convoquant dans ces termes mon confrère du service public avec lequel il n'a jamais travaillé, Le Lay s'égare dans un délire antisémite selon lequel, décidément, les juifs ne cherchent qu'à soutirer de l'argent. Une rage pathologique. Au bord des larmes, je sors du bureau, tremblante de colère, mais surtout de peur tant la scène était démesurée, tant son visage grimaçait de ce qui, sur le coup, ressemblait à de la haine. Je n'avais jamais vécu cela. Trois étages plus bas, on ferme les portes pour ne plus entendre le fracas. Je peine à m'en remettre, pleure comme une enfant terrifiée, et rentre chez moi. Ça sent la fin.

Deux ou trois jours plus tard, nous sommes début juin, Nonce Paolini achève le travail et me congédie, sans préavis, sans aucun dédommagement. Ce licenciement est illégal. Il le sait, du reste, mais obéit aux ordres. Dans l'heure, je décide de saisir les prud'hommes. J'essaie de joindre Martin Bouygues pour lui donner l'exacte version des faits et lui dire au revoir. Il ne m'a jamais rappelée. Triste fin de dix-huit années passées dans une maison devenue pour moi un asile de fous. De fait, deux ans plus tard, les juges sanctionneront

TF1 avec une sévérité inédite envers un grand groupe et m'accorderont de très confortables indemnités, qui me permettront de rénover la maison en ruine achetée l'année précédente à Marrakech.

Le lait, en arabe, se dit *el 'khlib*. J'ai un instant envisagé de donner au riad marocain le nom de « Dar el 'khlib », littéralement, « Maison le lait » (Le Lay). Ce mauvais jeu de mots franco-arabe, vite abandonné, me fit rire durant quelques jours.

11.

Le tout petit monde du petit écran

Quelle drôle d'idée de faire de la télévision ! Je n'y avais jamais songé avant que Jean-François Kahn, qui n'y avait fait que de brèves apparitions en tant qu'invité, ne demande à une jeune journaliste aussi novice que lui de l'accompagner dans une aventure saugrenue. Nous étions en 1976.

Nous avons commencé par quelques émissions sur FR3, le France 3 d'aujourd'hui, à 20 h 30 le dimanche soir. Il n'y avait que trois chaînes alors et le film de TF1 était une institution. Autant dire qu'il n'y avait pas grand monde pour regarder d'autres programmes. Et nous voilà lancés en direct pour parler de la liberté, de Victor Hugo et animer un débat sans précédent – que l'INA ne conserva pas ! – entre Mitterrand (quelques années avant sa victoire) et Raymond Aron, toujours aussi incisif.

Nous étions plus étrangers à l'outil télé qu'un jeune enfant aujourd'hui. À quelques minutes de notre première prise d'antenne, je me mis ainsi à cirer – au sens propre – les mocassins pleins de poussière de Jean-François, persuadée que ses pieds seraient visibles à la télé !

Jean-François Kahn ne voulait faire que quelques numéros de ce programme, et s'en alla rapidement. Maurice Cazeneuve, le directeur amène et chaleureux de cette chaîne, désira s'assurer que j'avais quelque talent pour continuer seule. On lui doit la promotion de deux femmes inconnues à l'époque : Christine Ockrent et moi.

Je présentai donc « L'homme en question » dont j'ai parlé plus haut. À rebours de Maurice Cazeneuve, le président de la chaîne, Claude Contamine, fidèle serviteur de la majorité giscardienne, me licencia au bout de deux ans, car j'avais eu l'audace de vouloir parler de télé à la télé (mon renvoi fut ainsi motivé), en invitant Marcel Jullian, président d'Antenne 2, qui venait de se faire congédier par le pouvoir.

Je fus vite rattrapée par Jean Lanzi, alors patron des après-midi d'Antenne 2 où je passai deux douces années, le jeudi, à l'abri des regards ministériels, ce qui me garantissait une relative autonomie.

Il faut savoir que l'ORTF, découpé par Giscard en 1974 en trois chaînes, avait fini par gagner quelques bouffées de liberté. Nous avions été, pendant des années, la risée des autres pays démocratiques où, depuis longtemps, la télévision n'était plus inféodée au pouvoir. Seize ans de gaullisme et de pompidolisme avaient forgé, jusqu'au septennat de Giscard, une télévision cadenassée où les écarts ne pouvaient prendre place qu'aux marges.

Une époque où l'on mettait encore des personnalités politiques à la tête de l'audiovisuel. Maurice Ulrich, gaulliste militant, et futur directeur de cabinet de Chirac de 1986 à 1988, dirigeait alors Antenne 2. Beaucoup plus élégant que Contamine, il ne me mit pas de bâtons dans les roues, et je pus à loisir inviter qui je souhaitais sur mon canapé du jeudi. « L'invité du jeudi » dura trois saisons. C'est durant cette période que j'accouchai de David, mon fils aîné, et écrivis mon premier livre, une petite chronique croisée de l'année 1981, où la gauche arrivait au pouvoir et où mon fils fêtait ses deux ans. Heureuses années où j'appris le métier et le direct.

En 1982, je filai sur TF1 où André Harris, le grand documentariste, avait été nommé par la gauche à la tête des programmes. Il me proposa de prendre la place de l'icône la plus populaire de la télévision, Danièle Gilbert, native de Chamalières, le patelin du président, et qui, depuis le début du septennat de VGE, s'était vu confier l'émission d'avant le déjeuner, « Midi Première ».

Je n'ai jamais aimé cette production. Elle n'était ni dans mes goûts, ni dans mon tempérament, mais Danièle Gilbert la menait avec simplicité et chaleur.

André Harris me confia cette case avec pour ambition de la renouveler. J'acceptai avec plaisir, croyant l'entreprise plus facile qu'elle ne l'était. J'appris beaucoup grâce cette émission quotidienne, mais ce fut un échec d'audience cuisant.

Je passe sur le fait qu'au début du premier septennat de François Mitterrand, les critiques étaient vives contre la télévision « socialiste » et il fut facile de me dépeindre comme une sympathisante promue par le nouveau pouvoir. La campagne de *France-Soir* fut très vive, qui dénonçait l'« intellectualisme idéologique » de la télévision mitterrandienne dont Michel Polac et moi étions les fleurons. Polac dura plus que moi et la liberté de ton de son émission reste un exemple aujourd'hui encore. Je fus éjectée au bout de six mois avec un sentiment d'injustice car à lire les commentaires de la droite, on pouvait croire que j'étais en charge d'un cours quotidien sur Kant ou Hegel à l'heure du déjeuner, alors que se succédaient, dans mon émission, un invité du monde du cinéma, une chanson, un défilé de mode, une recette de cuisine, un numéro de cirque.

Cet échec cinglant était une bonne leçon pour les dirigeants qui sont là pour essuyer les dégâts. Mais surtout un camouflet pour moi, même si je n'étais pas responsable de ce choix. L'expérience me fut salutaire et je n'oubliai plus la leçon : à la télévision, ne jamais prétendre faire ce qui ne vous correspond pas. Ses fans n'avaient pas oublié Danièle Gilbert. Je fus remplacée par Patrick Sabatier, plus conforme aux goûts d'un public que j'avais braqué. Je me retrouvais éjectée pour la deuxième fois à l'été 1982.

Le purgatoire dura deux ans. Je me rappelle avoir demandé audience à Michel May qui, avant de présider TF1 durant quelques mois, fut président de chambre à la Cour des comptes et donc tout désigné pour diriger une télévision ! La gauche reproduisait fâcheusement les travers de la droite.

L'anecdote vaut le détour : je soulignai auprès de lui le manque de femmes à la télévision. Il me répondit qu'il y avait déjà Ockrent (sur la 2) et que cela suffisait bien ! Je lui parlai programmes. Il me rétorqua qu'il n'avait pas le temps de regarder la télévision et qu'il se contentait du son du journal de 20 heures dans sa voiture en rentrant chez lui… Michel May ne resta qu'une saison à la présidence de TF1 et laissa la place à Hervé Bourges, un très bon professionnel.

Quant à moi, je repartis pointer aux Assedic. Je sollicitais télés et radios sans succès. Cela ne contribuait pas à me donner confiance en moi. Je n'avais pas trente-cinq ans, mais je me persuadais que j'étais trop mauvaise ou trop vieille pour être embauchée quelque part ; que je n'étais pas faite pour ce métier, que mon heure était passée.

Nous eûmes alors un deuxième enfant, Élie, né en 1983. Je me suis toujours reproché de lui avoir fait porter sans le vouloir ma frustration d'être sans emploi et redevenue mère au foyer.

J'ai l'impression de raconter, en 2021, le Moyen Âge télévisuel… De fait, la télévision telle que je l'ai connue est devenue obsolète. Elle est aujourd'hui un écran sur lequel on visionne des programmes, des films, des séries, des jeux. Elle permet de projeter ses photos, de naviguer sur le web et d'avoir accès aux images du monde entier. Sa fonction fédératrice demeure pour quelques grands événements : coupe du monde de football, JO et grandes épreuves sportives, mariages princiers, attentats, grands débats politiques ou soirées électorales. La famille regroupée devant la télé de la salle de séjour n'existe plus, sinon en ces quelques rares occasions. Le « poste », comme on disait hier, s'est personnalisé, multiplié, l'ordinateur ou le smartphone l'ont remplacé auprès des jeunes. Je reste toujours stupéfaite de constater les audiences élevées des journaux télévisés, alors que l'information se diffuse en permanence, que personne n'attend plus le JT de 20 heures pour connaître l'actualité.

Curieusement, le monde s'est élargi et l'angle des journaux télévisés s'est rétréci. Si l'on veut connaître ce qui se passe au Pérou ou à Pékin, il faut regarder le journal d'Arte, France 24 ou les émissions de reportages. Autrefois, les nouvelles d'ailleurs avaient leur place sur les grandes chaînes françaises. J'ai vécu ce basculement il y a plus de vingt ans, quand les correspondants qui connaissaient les pays où ils étaient en poste ont été remplacés par des envoyés spéciaux qu'on expédie quand une catastrophe se produit. Il n'y a pratiquement plus, dans les chaînes françaises, de journalistes basés en Asie, dans le monde arabe ou en Amérique latine, qui comprennent ces régions pour y avoir séjourné des années et savent décortiquer les événements « de l'intérieur ».

Aujourd'hui, on enchaîne les duplex « prétextes » qui n'apportent aucune valeur ajoutée. Un remaniement est évoqué et on demande à un reporter de commenter les rumeurs, comme s'il sortait du bureau du président alors qu'il est posté au carrefour de l'avenue Marigny et du Faubourg-Saint-Honoré, à cent mètres de l'Élysée qu'il n'a pas le droit d'approcher. Une attaque de djihadistes au Sahel, et nous retrouvons ce même reporter devant les grilles du Quai d'Orsay, le ministère des Affaires étrangères, n'ayant rien à dire de plus que le communiqué transmis quelques instants plus tôt par les autorités à l'AFP.

Je me suis insurgée longtemps contre ce rétrécissement de la planète. L'information est désormais réduite à la place du village. Les faits divers, les événements météorologiques, les départs en vacances, les sujets dits « du terroir » ont définitivement gagné sur les soubresauts du monde.

Le journal de 13 heures de TF1 a peu à peu converti l'ensemble du spectre audiovisuel. La fabrique des sabots en Charente, la Garonne qui déborde, le clocher qu'on restaure, l'accident du poids lourd sur la nationale x, sont des sujets intéressants, mais que nous disent-ils du monde dans lequel nous vivons ?

On dira que je suis l'incarnation d'une élite éloignée des goûts populaires. Mais je ne crois pas qu'on respecte mieux le peuple quand on lui tend le miroir de son quotidien, plutôt qu'en ouvrant la fenêtre pour partager avec lui ce qui arrive au reste de l'humanité.

Il y a trente ou quarante ans, la vie du monde entrait dans notre salon, et la politique était encore un événement. Elle était déjà spectacle, mais donnait un sens à l'action, dessinait une vision, entraînait sur un chemin.

Aujourd'hui, les chaînes d'information arrosent en continu les téléspectateurs ; elles enchaînent les commentaires, les plateaux de débat répétitifs, pendant lesquels repassent interminablement les mêmes vingt secondes censées illustrer ce dont il est question. La fin des idéologies qui ont façonné ma génération a aussi modifié la nature des enthousiasmes et indignations qui faisaient vibrer la fibre civique. Quant aux journalistes vedettes, ils ne sont plus les demi-dieux qui régnaient sur trois puis six chaînes, avant la TNT, les plates-formes de contenus, les *replay*. Autrement dit, la télévision outil a remplacé la télévision spectacle.

Celle d'autrefois avait-elle plus de vertus ? Sans pour autant entonner la chanson des anciens qui considèrent que tout était mieux « avant », on peut s'accorder à reconnaître que beaucoup des contenus de début de soirée se sont appauvris. Toutefois, en banalisant l'exercice de la présentation d'un journal ou d'une émission, la télévision a du même coup terni le prestige des individus qui le pratiquent. Évolution heureuse cette fois, même si les vanités explosent toujours ici ou là.

Que dire des animateurs eux-mêmes ?

J'ai fait de la télévision par hasard, par un enchaînement de circonstances. Peut-être est-ce pour cela que je me suis méfiée. Que j'ai toujours voulu me protéger du piège mortel de ne pas savoir décrocher.

Se savoir regardé par des millions de personnes est enivrant. Le vertige du miroir, la hantise qu'il se brise, la peur de la relève. J'ai connu des hommes ou des femmes de télévision qui craignaient les vacances, de peur qu'on les oublie ou qu'on les remplace. Partir est un drame. La retraite, une terreur. Le temps qui passe, pour une femme surtout, est vécu comme un désastre.

La notoriété est un poison subtil, qui flatte le narcissisme mais bousille les caractères.

Et pourtant, elle est presque mécanique : une présence à une heure de forte écoute, ajoutée à la durée de vie d'une émission, d'un journal, suffit à la bâtir. Indépendamment de sa qualité. Et les têtes qui se tournent, les chuchotements au passage d'une vedette de la télé ne disent rien de son talent, mais tout de sa célébrité.

Quant aux enfants, c'est une épreuve de voir leurs parents en permanence exposés alors qu'eux-mêmes aspirent à l'anonymat. Je me rappelle la gêne des deux miens, quand je me rendais dans la salle des professeurs du collège et que je voyais les nez de leurs petits camarades écrasés contre les carreaux pour me dévisager. À mon fils Élie, qui se plaignait que des copains le chambrent tous les lundis, en lui disant « J'ai encore vu ta mère à la télé hier soir ! », j'avais suggéré, à son grand soulagement, de leur répondre : « Eh bien moi, je la vois tous les soirs ! »

J'avais aussi trouvé le moyen de tourner en dérision la façon dont les passants me reconnaissaient et le faisaient savoir à qui les accompagnait. J'avais inventé un jeu, celui des « ah ouais… ». J'avais fait remarquer aux enfants le comportement invariable des individus croisés dans la rue, au restaurant, sur la plage, dans les aéroports. L'un pousse du coude sa compagne ou son compagnon : « Hé, t'as vu qui y a ?

— Non, répond indifférent, celui ou celle qui l'accompagne.

— C'est Anne Sinclair ! » Le ou la quidam jette alors un œil, se retourne, se penche, se lève à demi de son siège, baisse son journal, chausse ses lunettes et répond immanquablement « ah ouais ». Du coup, les enfants s'en sont longtemps amusés et ont comptabilisé les « ah ouais » qu'ils entendaient sur notre passage.

Car la notoriété, c'est cela : paraître suffit à se faire connaître. Présenter la météo, un jeu, le loto, une émission quelle qu'elle soit ou le journal télévisé relève du même processus. J'avais développé une autre théorie, celle du « baril d'Ariel », en constatant que les gens consommaient non ce qu'ils souhaitaient, mais ce qu'ils voyaient, comme les barils de lessive en tête de gondole dans les supermarchés. Si l'on remplaçait, disais-je, cette lessive par une concurrente ou par des boîtes de sardines en solde au même endroit, ils achèteraient sans questionner le nouvel article que le magasin mettait en valeur.

Cette démonstration visait à démontrer que nous sommes remplaçables et interchangeables. Au mieux, nous correspondons à un moment du spectacle à domicile qu'offre la télévision, vite regardé, vite digéré, vite oublié. Ces personnages du petit écran sont certes familiers, mais ils relèvent de la consommation passive puisqu'ils ne sont pas choisis mais subis, et que le seul pouvoir aux mains des téléspectateurs est tout entier dans la télécommande. Si une autre offre se présente à eux, ils l'accepteront avec le même flegme. Raisonnement que je tenais et tiens encore, non par fausse modestie, mais comme antidote à l'explosion de vanité et de narcissisme inhérente à l'exposition médiatique, dont je ne cesse de voir les ravages chez certains confrères.

Je dois avouer que le temps qui passe me fait revoir ce schéma un peu trop simple. Le regret qui s'installe parfois au sujet d'un programme disparu m'a en partie fait réviser cette théorie, facteur d'humilité. Et quand j'entends les compliments ou témoignages chaleureux en souvenir de mes émissions, je suis toujours surprise, quoique ravie qu'après tant d'années, l'empreinte ait demeuré.

Suis-je totalement sincère ? Je vérifie parfois avec soulagement que les « ah ouais » sont toujours là. L'important est de pouvoir s'en passer sans souffrir, et de les prendre pour ce qu'ils sont : un mélange de curiosité, d'estime, et, pour certains, de secrète envie du téléspectateur qui se rêverait vedette à la place de la vedette.

Le journal télévisé, le JT comme on dit, est-il la fenêtre la plus prestigieuse ? Les journalistes, devenus stars de l'information, ont été pour la plupart présentateurs du journal télévisé.

J'ai toujours fait le pari qu'on pouvait se faire une place dans ce monde de l'image sans passer par cette case mythique, à laquelle tous rêvent, comme d'une consécration cathodique. On me l'a proposé plusieurs fois, j'ai toujours refusé. Quand mes enfants étaient petits, la volonté de les voir le soir, de les coucher n'était évidemment pas compatible avec l'exercice. Quand ils ont grandi, j'ai changé d'excuse : j'ai estimé qu'il était moins intéressant d'être la première locomotive d'un train qui de toute façon déroulera ses wagons, que de bâtir mon propre programme.

Beaucoup considèrent que présenter un journal est le graal du journalisme télévisuel. Je ne suis pas de ceux-là. Certes, il faut incarner cette « grande messe du 20 heures », comme on l'a appelée. Et je ne nie pas l'importance de l'apparence physique, des inflexions de voix, de ton, ainsi que le choix et l'ordre des sujets qui sont décidés collectivement en conférence de rédaction. Un journal se déroule comme un métronome calibré, excepté en cas d'imprévus qui bousculent tout et où l'on mesure l'agilité du présentateur à jongler avec les directs : le témoignage d'un envoyé spécial en direct d'une guerre, une révolution, un attentat, une manifestation qui dégénère, l'incendie de Notre-Dame, etc.

Patrick Poivre d'Arvor avait de cette mécanique une connaissance parfaite. Capable de prendre l'antenne dans n'importe quelles conditions. Un virtuose que j'ai envié pour son aisance et son absence de trac.

Pour le reste, il connaît mes désaccords. Notamment, quand, à rebours du reste de la rédaction je n'ai pas signé une déclaration de solidarité en sa faveur. C'était après la fausse interview de Fidel Castro, où il avait intégré des questions qu'il n'avait pas posées aux réponses que Castro avait accordées à tous les journalistes lors d'une conférence de presse. Il avait fait une faute et il aurait dû la reconnaître. Il n'a pas apprécié que je vienne le lui dire, mais je lui devais cette franchise.

Claire Chazal est une amie. Peut-être l'une des rares qu'il me reste de ces années-là. La douceur de Claire rythmait nos fins de semaine.

J'ai écrit que la bourgeoisie tranquille dont elle semblait être la représentante était un gage de permanence dans un monde chahuté. Je le pense toujours.

Je lui avais conseillé de partir d'elle-même, selon mon vieux principe de garder l'initiative et de ne surtout pas prendre la célébrité pour éternelle. Elle ne suivit pas ce conseil. Ses adieux, au bout de vingt-quatre années de présence sur la Une, alors qu'elle était congédiée avec brutalité par une chaîne qui s'en est fait une spécialité, eurent de la classe. Un mot un peu désuet, comme sa droiture, moins saluée que son charisme.

Alors qu'elle aurait pu être une héroïne du feuilleton *Amour, Gloire et Beauté*, je regrette que sa fragilité et son fatalisme aient entravé sa force. On a découvert dans son autobiographie bien des doutes qui la minent. J'ai confessé ici même mon inconfiance en moi et je ne prétends pas être un exemple. Pourtant, certains jours, j'ai eu envie d'allumer, sur le visage de Claire, la lumière qu'elle semblait avoir éteinte.

Une autre femme aura marqué la télévision des années 80 et 90, Christine Ockrent. Intelligente, très ; cultivée, très ; compétente, très ; séduisante, très. Elle a traversé les années où elle présentait le JT de 20 heures sur la 2 en marchant sur l'eau, sacrée reine pendant longtemps.

J'avais pour elle des élans d'amitié et d'admiration, mais elle n'a pas répondu à cette sympathie sincère, qui a fini par s'éteindre, faute d'écho. Christine est une femme remarquable, desservie par une certaine dureté, qui masque sans doute une retenue face à une profession qui s'abandonne trop volontiers. Nous avons même eu des moments difficiles lorsqu'elle est arrivée, conquérante, comme numéro 3 de TF1, au début du règne des hommes de chez Bouygues. Elle s'était mis en tête de faire un magazine politique, rival de « 7 sur 7 ». J'avais trouvé le procédé déloyal, et, bien sûr, selon mon habitude, je le lui avais dit, ce qui n'a pas rendu nos rapports plus affectueux. Aujourd'hui, tout cela est loin ; l'âge et les succès passés nous rapprochent plutôt, deux témoins d'une télévision disparue.

Bernard Pivot est l'un des rares exemples d'une étoile du petit écran qui aura su garder la tête froide malgré le succès, l'admiration qu'il suscitait et le savoir-faire qu'on lui reconnaissait. Ses émissions ont laissé de grands souvenirs de culture, de débat, de vie, de gourmandise télévisuelle. Parce qu'il avait la simplicité, l'aisance, l'amour des livres et de leurs auteurs sans rien de fabriqué. Il avait envie de faire parler ceux qu'il admirait ou qui l'intéressaient et il le faisait avec légèreté ou gravité, charme et truculence, ce qui donnait une saveur particulière à nos vendredis soir. Après trente ans, il a su partir avec dignité, et sa notoriété ne lui a jamais tourné la tête. Il est pour moi l'un des seuls dans sa catégorie. J'ai la faiblesse de me prévaloir de cet esprit, sinon d'humilité, du moins d'une certaine distance vis-à-vis des hommages.

Si depuis vingt ans, j'ai varié mes activités professionnelles, c'est la casquette de femme de télévision qui reste dans les mémoires. Ce monde-là, finalement, l'ai-je aimé ? L'ai-je détesté ? De cette vie dont l'essentiel s'est déroulé à TF1, je n'ai gardé qu'une poignée très réduite de contacts et d'amitiés. Seuls mes collaborateurs proches ou quelques journalistes, ici et là, conservent mon affection et mon estime. Ils se comptent sur les doigts d'une main. Étrange, quand on y pense, que ceux qui m'entourent aujourd'hui n'en soient pas issus. Je ne me sens pas appartenir à ce milieu auquel je dois cependant beaucoup.

Je m'y rendais comme on va à son travail. J'aimais produire, réfléchir, sentir le frémissement du direct, goûter la passion de faire, mais je ne l'ai jamais ressenti comme un élément structurant de ma vie. Et donc, *a fortiori*, je n'ai jamais cultivé la camaraderie professionnelle. Mes principaux amis sont ailleurs. Comme si je n'avais pas voulu prolonger les heures de bureau ; comme si ce monde n'était finalement pas le mien. Paradoxe. Ou, pour emprunter à Proust la formule de Swann parlant d'Odette : j'ai passé mes principales années professionnelles dans un univers « qui n'était pas mon genre » !

12.

Carte d'identités

Se définir est dans l'air du temps. Je n'y cède que pour les besoins du récit. Je n'aime ni les communautés, ni les chapelles, qui excluent par essence ceux qui n'en font pas partie.

Si je devais pourtant consentir à cette mode, je dirais que je suis femme, mère, française, juive, de gauche, journaliste. Et plutôt dans cet ordre.

Et puisque j'ai promis la sincérité, j'avoue que dans nombre de ces identités, je me trouve inaboutie et incomplète.

Le féminisme n'a pas été mon combat premier. Peut-être parce que je n'ai jamais senti l'oppression m'étouffer. J'ai eu de la chance, ou peut-être l'ai-je saisie, mais le sexisme m'a épargnée et être femme n'a pas été pour moi un handicap. J'ai fait partie d'une minorité respectée, honorée, je n'ai pas eu à me battre pour émerger et, du coup, la solidarité avec les femmes parce qu'elles sont femmes ne s'est pas imposée tout de suite. Je regardais ailleurs, vers les injustices sociales que je trouvais plus graves et plus fondatrices d'engagement. Je me suis préoccupée d'avancer, pensant que mon mouvement entraînerait celui des autres. Je reconnais volontiers avoir été une femme alibi, qui cachait la forêt des discriminations frappant celles de mon sexe. J'étais la « bonne femme », comme certains sont les « bons juifs » des autres.

C'est plus tard que la conscience m'est venue, mais elle ne fut pas intuitive. Des amies, tout aussi privilégiées, car reconnues et célébrées, ont été des pionnières. Je pense notamment à Élisabeth Badinter qui m'a sensibilisée à la cause. En digne héritière de Beauvoir, elle en a prolongé les travaux, avec *L'Amour en plus* ou *XY de l'identité masculine*, qui ont contribué à me réveiller. Je découvrais qu'être mère n'était pas une évidence – ce qui, peut-être, me rassurait – et qu'au-delà de la différence biologique irréfutable, si les hommes et les femmes n'étaient pas interchangeables, ils étaient moins différents qu'on ne nous l'avait inculqué.

En trente ou quarante ans, les sujets relatifs à l'égalité entre les femmes et les hommes ont beaucoup évolué. La parité à laquelle je fus toujours favorable au nom d'une juste représentation des sexes m'a semblé une évidence, une obligation.

Longtemps, le combat féministe s'est focalisé sur la procréation. Il se prolonge aujourd'hui. Ne pas faire d'enfant sans le vouloir, qui fut le combat des années 70 avec la pilule puis l'avortement, s'est retourné avec son corollaire : procréer quand on le veut, quel que soit son statut dans la société, femme célibataire ou couple de femmes. La PMA s'est imposée comme la dernière en date de ces batailles, et c'est juste. Qu'adviendra-t-il de la GPA à laquelle, au contraire, je ne suis pas favorable ?

Le féminisme évolue de nos jours, à la croisée de bien d'autres droits dont l'antiracisme. Fameuse intersectionnalité. Être femme, être solidaire de celles qui sont agressées, de celles qui portent une partie de la mémoire de la colonisation, de celles qui se sentent discriminées : voilà aujourd'hui une façon multiple et nouvelle de se définir.

Le sujet – depuis #MeToo – s'est en effet déplacé. L'indignation à l'égard des violences faites aux femmes a pris de l'ampleur et c'est heureusement la fin du silence. Je reconnais que nous les avons sous-estimées et surtout tues. La libération de la parole des victimes d'agressions sexuelles est plus qu'opportune et le combat contre ces violences est devenu un axe majeur des revendications d'aujourd'hui.

Toutefois, si je souscris à la révolte légitime contre ces actes inacceptables, soutenue aussi par de jeunes hommes, je refuse de me laisser entraîner dans une guerre des sexes où l'homme serait considéré par essence comme un prédateur. Un monde où la méfiance s'infiltre dans les rapports entre les sexes n'est pas le mien.

Je suis de la génération de celles qui reconnaissent que les femmes sont souvent harcelées, violentées, dominées et qui ne l'acceptent plus. Mais je demeure, là, comme ailleurs, une vieille modérée, ce qui veut dire largement dépassée par les jeunes plus radicales d'aujourd'hui. J'entends les revendications d'une nouvelle génération. Je les respecte à défaut de toujours les comprendre. Nous sommes sensibles à certains combats plus qu'à d'autres et je fais partie de celles qui ont la chance de n'avoir jamais subi de violences. Cependant, sans l'élan ni l'expérience que donne le vécu, cela ne m'empêche pas de me projeter et d'être totalement solidaire.

La maternité m'a procuré un bonheur immense. Mes deux fils sont un trésor précieux, mais un domaine réservé. Je les ai toujours protégés, n'ai jamais consenti à la moindre image d'eux, des couloirs de la maternité quand ils sont nés, à l'âge adulte où ils sont devenus, à leur tour, parents. J'inclus dans ce non-dit volontaire leurs compagnes, rares, et leurs enfants, chéris. Cela relève d'une pudeur inviolable. L'omission dans ce récit est donc voulue, cachée comme une pépite secrète.

Mais si je garde pour moi ce qui fait leur richesse à chacun, je peux parler de ma relation avec eux.

J'ai l'impression de ne pas avoir été une mère idéale. Je n'ai pas le sentiment d'avoir donné à mes enfants tout ce qu'ils auraient pu attendre.

J'ai été pressée et impatiente. J'ai confié à d'autres – jeune fille au pair ou grand-mère – le soin de pallier mes absences ou empêchements. Les mères d'aujourd'hui ne sont pas moins actives, et sont beaucoup plus présentes que je ne l'ai été.

Les fins de semaine, propices aux jeux et au temps passé avec les enfants, étaient pour moi synonymes de bousculade et de course contre la montre. J'allais chercher mes fils à la sortie des classes le samedi matin. J'emmenais ma mère, pour ne pas la laisser seule. Nous filions dans la maison de campagne que j'avais achetée avec leur père quand mon fils cadet était tout bébé. Je laissais Ivan prendre les rênes des repas, je m'enfermais jusqu'au dimanche midi pour travailler et rentrais à toute allure pour être au studio à 16 heures. Mon mari et ma mère se chargeaient de ramener les garçons, et de les faire dîner.

J'ai en effet beaucoup délégué à ma mère le soin de s'occuper de mes enfants. Je n'aurais pas dû. Elle avait une vraie préférence pour David, mon aîné, et mon second, Élie, plus distrait ou indiscipliné, l'agaçait facilement. Je m'inventais de bonnes raisons pour la laisser déployer son autorité de grand-mère, tout en sachant que j'aurais dû y mettre le holà. Encore une faiblesse vis-à-vis d'elle, mais parce que, cette fois, j'y trouvais un avantage.

Les jours où j'essaie d'être plus positive et de ne pas me complaire dans une inutile flagellation, je me demande si je n'ai pas inconsciemment voulu prendre le contrepied de la façon dont elle m'avait élevée. Étouffée par une mère trop présente, peut-être ai-je réagi en mettant plus de distance entre mes enfants et moi ; en ne gouvernant pas leurs plaisirs ou leurs tracas pour éviter de les soumettre à une mère toute-puissante ; en faisant le pari qu'ils grandiraient mieux si je les laissais respirer…

Être mère serait-ce alors voué à l'échec quoi qu'on fasse, qu'on réplique le modèle ou qu'on s'en distingue ? Avec le risque d'opérer des corrections de trajectoire comme des coups de gouvernail intempestifs donnés à un bateau ? Ou pouvons-nous nous déculpabiliser en nous disant que nous faisons du mieux possible avec les tâtonnements d'une entreprise humaine parmi les plus difficiles ?

Quoi qu'il en soit, mes fils sont des hommes de grande qualité. Sensibles et droits, ils débordent de prévenance et de souci pour moi. Ils me comblent d'une attention que je n'ai pas forcément méritée. J'ai beaucoup de chance qu'ils ne me tiennent pas rigueur de cette maternité imparfaite. Du moins, apparemment. Je sais qu'Élie a souffert de mes absences et en fut fragilisé. David n'a sans doute pas été rassuré comme il aurait dû l'être, même si son caractère, anxieux mais plus extraverti que celui de son frère, donne l'illusion de s'en être accommodé.

Je passe mon temps aujourd'hui à tenter de corriger mes erreurs d'hier. J'ai porté ma mauvaise conscience comme un fardeau plus que comme une incitation à agir. Si je me surprends parfois à critiquer leur façon de vivre, je me retiens en pensant aux récriminations et aux remarques de ma mère. Je mets, à l'inverse, un point d'honneur à me réjouir de leurs bonheurs, et les conjure de profiter de la vie, une attitude maternelle qui m'a tant manqué.

Française, je le suis jusqu'au bout des ongles, avec le judaïsme comme complément identitaire. Les deux caractéristiques sont pour moi inséparables. Je suis une Française juive.

Par mes racines, ma culture, mon éducation, je suis profondément attachée à ce qui fait la France, sa pensée, son histoire, sa littérature, son mode de vie, sa langue, ses paysages, son ciel. J'aurais tant de mal à vivre ailleurs !

En 1989, je fus désignée comme « Marianne » par un collectif de maires qui, chaque année, sacrait une femme et l'érigeait en symbole de la République. Après Brigitte

Bardot et Catherine Deneuve, représenter la France, pour la petite juive que je suis, fut une immense fierté.

Je suis tout aussi attachée à mon identité européenne. Je tiens à l'Europe, vecteur de paix ; c'est un des traits de ma génération née après la guerre. J'appartiens aussi à l'Europe comme les jeunes d'aujourd'hui, en allant de Copenhague à Prague en me sentant chez moi.

Je suis une fausse Américaine, née aux États-Unis par hasard, n'y ayant vécu que deux fois, de zéro à trois ans et autour de la soixantaine. Je parle la langue avec aisance mais sans être bilingue. J'ai renoncé il y a trente ans à ma double nationalité, ce que je regrette. Mon mari était député du Val-d'Oise dans une circonscription où je n'étais guère présente. Inutile donc d'ajouter une appartenance étrangère. Il est vrai que cette décision, stupide au demeurant, stupéfia les autorités de l'ambassade, qui ne la comprirent pas et y virent un affront.

En revanche, si j'avais conservé cette nationalité quand j'y ai vécu il y a quelques années, sans doute aurais-je pu m'intégrer plus facilement. Des enfants et petits-enfants y résident toujours, ont cette double culture, et la multiplicité des passeports est comme celle des langues, le gage d'une richesse plus grande. Enfin, New York (malgré une période douloureuse) me rappelle mon enfance, et ces hivers passés chez mes grands-parents : la luge dans la neige de Central Park, les bouches du chauffage urbain qui fument en pleine rue depuis le XIXe siècle, la chèvre de Picasso au MoMa, Washington Square et la patinoire du Rockefeller Center à Noël. Des madeleines à la saveur intacte.

Être juive, je l'ai dit, c'est constitutif de ce que je suis. Je n'ai pas eu d'éducation religieuse, sinon une vague initiation à ce qu'on appelait « l'Histoire Sainte ». La *bat mitzva* des filles, sœur de la *bar mitzva* des garçons que j'ai voulu que les miens accomplissent, n'était pas à la mode dans ma jeunesse. J'accompagnais ma grand-mère et ma mère à la synagogue les soirs de Kippour ; nous ne pratiquions pas, et je serais devenue une « israélite » comme beaucoup dans la génération précédente, s'il n'y avait eu la guerre des Six Jours, et la révélation de la Shoah, qui firent de moi une juive consciente de l'être.

Fille unique à la mort de mon père, je décidai de prendre la place du garçon qui, traditionnellement, se rend tous les jours, et ce, pendant une année, à la synagogue pour dire le *Kaddisch*, une prière que l'on récite notamment dans le deuil. J'y allais tous les soirs, à l'autre bout de Paris pour un office qui durait quinze minutes. J'ai aimé ce rite qui « oblige » à penser au disparu chaque jour à la même heure. Les images s'appauvrissent vite et s'attarder quotidiennement à les renouveler est une discipline bienvenue.

Mais je ne parle pas l'hébreu, je le lis péniblement et ne connais que des généralités sur la religion juive.

J'ai dit autrefois que je ne saurais vivre avec un homme qui ne serait pas juif, ce qui avait déclenché d'infinies polémiques. Je ne le redirais pas aujourd'hui. Les trois hommes avec lesquels j'ai vécu ne paraissent, à première vue, juifs que de loin (même si pour les antisémites ils le sont sans aucun doute). Ivan a renoué avec le judaïsme, qu'il n'avait jamais côtoyé, en se mariant avec moi ; Dominique s'en est senti proche quand il fut député de Sarcelles ; Pierre a tout de l'homme juif, la famille, le goût de l'étude, du texte, le culte de la mémoire, mais il ignore ce qui fait le minimum de tradition commune dans les vieilles familles juives françaises.

Alors, proximité ou éloignement ? Je me sens profondément juive par appartenance à une histoire, une culture, un peuple et son malheur.

La Shoah me hante jusque dans mes rêves. Plus j'avance en âge, plus je la trouve lourde à porter. Comme un moment de plus en plus incompréhensible, incommunicable. Ma famille a, pour l'essentiel, été épargnée, à part mon grand-père paternel dont j'ai raconté la rafle en 1941[1]. Mais je n'arrive pas à m'extraire des lectures obsédantes, d'images et de faits que je n'ai pas vécus, et j'ai parfois le sentiment qu'ils font partie de ma vie.

1. *La Rafle des notables*, *op. cit.*

Israël pour autant n'est pas au centre de mon identité. Essentiel à la survie du peuple juif, cet État que j'ai tant admiré, où j'ai tant d'amis, me devient de plus en plus étranger par ses dirigeants, ses choix collectifs, et sa mentalité tellement éloignée de l'Israël de ma jeunesse.

Je ne développerai pas les autres caractéristiques que je mentionnais dans la définition de mon « identité », de gauche et journaliste, tant j'en ai abondamment parlé dans cet ouvrage. Mais au chapitre du « qui je suis », je citerai rapidement quelques traits de caractère que je me reconnais.

J'ai pour l'amitié un culte fanatique, et suis prête à défendre mes amis jusqu'à la mauvaise foi. Mais ne pas en dresser la liste est aussi ma façon, comme pour mes enfants, de ne pas les exposer.

La franchise m'a joué des tours, mais je la cultive, quelquefois de façon simpliste, alors que les sociétés complexes apprennent à moduler les sentiments primaires.

L'envie ne fait pas partie de ma panoplie, à l'inverse de la jalousie qui est une morsure contre laquelle on ne peut rien.

Avoir des ennemis ne m'atteint pas, tant je peux à mon tour être capable d'ostracisme et de violence verbale.

Je suis sensible à l'extrême, mélancolique souvent, angoissée fréquemment. Je ne m'estime pas assez pour être sûre de moi et mon ego mesuré me rend, je crois, plutôt plaisante à fréquenter car je ne me prends pas pour ce que je ne suis pas ; mais il est un handicap dans l'action et fatigue mes proches lassés d'avoir à me rassurer.

Je suis peu audacieuse. Pas assez pour me lancer dans des aventures nouvelles, car je pense toujours ne pas en avoir les capacités.

Je suis paresseuse mais je le cache ; gourmande et tout le monde le sait.

Enfin, j'aime la vie et j'aurai du mal à la quitter car elle a été douce pour moi et généreuse en bienfaits.

Je serai un peu plus diserte sur l'argent. Je n'en ai pas le goût, ou plutôt pas celui de son accumulation. Sans doute – je devance ici les remarques acides mais justes – parce que je n'en ai jamais manqué. On me croit milliardaire, ce n'est pas le cas. Je suis plus fortunée que la plupart mais moins riche que certains l'imaginent. Je n'aime pas l'avarice et apprécie la prodigalité. Encore une fois, facile à dire quand l'argent ne fait pas défaut !

On m'a toujours pointée du doigt comme une parfaite représentante de la gauche caviar. Gauche caviar, gauche paillettes, gauche champagne : se dit d'un individu se réclamant de la gauche alors que sa situation matérielle est enviable. Comme si notre compte en banque devait conditionner nos opinions. C'est un problème très français et qui est absent des démocraties comparables, surtout celles de culture protestante, où l'argent n'est pas considéré comme un péché.

Si l'on exclut la boutade qui voudrait qu'on ait d'autant plus de mérites à combattre les inégalités qu'on est plus favorisé, reconnaissons l'injustice de ce reproche.

J'admets quelque difficulté à faire comprendre qu'on puisse militer pour les partis de gauche quand on détient du capital ou des revenus importants. Je devrais donc être de droite car mon grand-père a fait fortune et qu'après mes parents, j'en bénéficie encore aujourd'hui ? Je devrais défendre le Medef, le libéralisme et la baisse des impôts parce qu'il fut l'ami de Picasso et eut l'intelligence d'acheter quelques toiles ? J'aurais dû, pour avoir le droit de parler, donner ce que je possède à Emmaüs ?

Je suis une bourgeoise, je vis comme telle, n'ai pas les soucis de fin de mois de trop de Français et je peux partir en vacances dans des lieux privilégiés. C'est un luxe immense, j'en conviens, un luxe dont les réseaux sociaux, à droite comme à l'extrême gauche, n'hésitent pas à s'emparer pour me le faire payer.

Toutefois, je comprends la colère de ceux qui constatent une trop fréquente consanguinité entre ceux qui exercent le pouvoir et ceux qui possèdent du capital. J'ai moi-même entretenu la confusion en étant mariée avec un homme qui ambitionnait de gouverner à gauche, alors que notre mode de vie n'était pas celui de l'électorat socialiste. Je reconnais que j'aurais dû être plus sensible à ce hiatus insolent et alerter davantage mon compagnon d'alors. Les dirigeants doivent être en effet un tant soit peu cohérents et vigilants sur leur comportement vis-à-vis de l'argent. La mondialisation, notamment financière, a enrichi non seulement des chefs d'entreprise mais aussi quelques propriétaires de portefeuilles qui n'excluent pas, à un moment ou un autre, de faire une carrière en politique. D'anciens chefs de gouvernement de gauche en Europe ont d'ailleurs été rémunérés pour leur carnet d'adresses, ce qui jette un doute sur leur sincérité.

Personnellement, j'ai toujours voté consciemment pour un alourdissement de la fiscalité sur le capital et milité pour qu'on augmente les droits de succession. L'héritage – au-delà du minimum que chacun souhaite laisser à ses enfants – est souvent la matrice des injustices reproductibles. Et j'ai considéré la suppression de l'ISF en 2017 comme un signal injuste et forcément mal compris.

Cela fait-il de moi une hypocrite, une vraie libérale à la posture faussement de gauche ? Où serait mon intérêt à voter contre mes intérêts ?

Redevenue citoyenne lambda, que faut-il abjurer ? Peut-être, au fond, n'y a-t-il pas de salut pour ceux qui sont assis entre le cœur et le portefeuille. Ou ma position est d'autant plus confortable intellectuellement que la société socialiste semble utopique.

J'ai rarement vécu seule, ce qui, pour beaucoup, est une richesse ou un refuge.

J'ai connu Ivan, je l'ai dit, à Europe 1. J'ai de la chance qu'il soit le père de mes enfants, car il est un homme d'une rare générosité. Fougueux, véhément, il l'a toujours été, mais il est bon et en a du mérite, car la vie en ses débuts ne l'a pas gâté. Fils d'une modiste de Budapest qui le conçut avec un inconnu viennois, il fut baptisé catholique en 1937 par une mère prévoyante et a fui avec elle une *Mitteleuropa* rongée par le nazisme. Après le décès de sa mère à l'hôpital en 1940, Ivan fut confié à sa voisine de lit qui l'adopta. Mais il a gardé de ses origines hongroises le réflexe de l'exil : partir quand il le veut, son barda sous le bras. Marié très tôt et père très jeune d'un premier fils, il croisa mon chemin en 1974. Nous avons vécu ensemble pendant quinze ans. Des années heureuses, joyeuses, où nous avons eu deux beaux garçons, et où nos carrières se développèrent avec succès.

Qu'est-ce qui fait qu'un jour l'amour s'éteint ? Que le désir s'épuise ? Nous ne nous sommes jamais disputés – ce qui ajouta à l'incompréhension des enfants au moment du divorce – mais éloignés imperceptiblement. J'avais épousé un homme plus âgé que moi, qui avait déjà vécu, et qui me protégeait. J'eus le sentiment, sans doute avec la maternité, que je le rattrapais et devenais à mon tour la mère qu'il n'avait pas eue.

Il me faut préciser que Jean-Pierre Elkabbach, devenu patron d'Europe 1, voulut sa tête, l'obtint mais que Jean-Luc Lagardère souhaita le recaser dans le groupe Hachette, à la tête du *Provençal*, le grand journal de Marseille. Quel couple résiste à pareil éloignement toute la semaine, quand, de surcroît, lors des retrouvailles du week-end, l'autre partenaire connaît sa période de travail la plus intense ? Il revenait le vendredi soir, je travaillais d'arrache-pied pour « 7 sur 7 », et quand je rentrais à la maison après mon émission du dimanche, il s'apprêtait à repartir le lundi matin…

J'ai eu de la chance de rencontrer un homme de cette qualité. Il fut toujours aimant, toujours généreux, ne s'offusqua jamais de ma notoriété dont il était très fier. Il était tolérant et supporta ma mère bien plus qu'il ne l'eût dû. Il est aujourd'hui comme mon frère, s'est remarié il y a trente ans avec Catherine Turmo, que je considère comme ma belle-sœur, femme à son image, douce et altruiste, qui fut pour mes enfants une seconde mère, protectrice et tendre.

Je suis aujourd'hui grand-mère de quatre petits-enfants qui font ma joie : Jasmine, Anna, Isaac et Paloma, que je chéris en espérant qu'ils deviennent à leur tour, comme leurs parents, des gens « bien ».

C'est si doux d'être grand-mère. On a les avantages des câlins, des cadeaux, des jeux et on laisse aux parents l'école, les nuits difficiles, les tracas de la vie quotidienne, la grippe et la gastro.

Je suis câline. J'ai de la chance, ils le sont aussi. Je ne suis pas assez jeune, c'est mon seul regret. Quand Paloma, la petite dernière, aura quinze ans, j'en aurai près de quatre-vingt-cinq. Ce sera un peu tard pour la complicité.

Je me sens toutefois sereine, détendue plus que je ne l'ai jamais été, apaisée, heureuse, malgré l'âge qui vient et me fait redouter le pire, la déchéance plus encore que la mort.

Mais il est temps d'arrêter de fuir, pour aborder le chapitre que j'évite depuis le début.

13.

Le chapitre impossible

Il fallait bien en arriver là.

Je me suis longtemps accrochée à la fiction que je pourrais écrire mes souvenirs, quelques fragments de vie, et éviter ce passage. Parce que je ne goûte guère les déballages impudiques ; parce que je me suis jusqu'ici toujours tue sur le séisme qui a dévasté ma vie ; parce que ce chapitre est celui sur lequel les curieux vont se ruer. La tentation fut forte de ne rien écrire sur le sujet, de laisser une page blanche et de renvoyer les inquisiteurs à leurs propres tempêtes. Tant il est vrai que nous en traversons tous qui, heureusement, restent de l'ordre du personnel, de l'intime. Ce ne fut pas mon cas.

J'ai vu ma vie déchiquetée, dépecée, exposée, interprétée. J'ai vu les regards qui fouillent, qui se détournent ; j'ai entendu les voix qui chuchotent, les rumeurs qu'on colporte ; j'ai assisté aux élucubrations les plus glauques, aux curiosités les plus malsaines, au ravissement des commères et des compères. Périodiquement, le sujet resurgit, à l'occasion d'un article de presse ou d'un documentaire qui veut commémorer le souvenir d'une aventure hors norme. Il aurait donc été incompréhensible, dans un ouvrage où je balaie les moments forts de ma vie, que je passe sous silence ce qui fut un ébranlement majeur pour moi comme pour la société française qui ne cesse d'y revenir. Cependant, je ne nourrirai pas moi-même la voracité des piranhas qui, dix ans après, ne sont toujours pas rassasiés. Je ne dirai rien du fond de la marmite où s'est mijoté ce brouet poisseux, parce que cela concerne un autre que moi et qu'il ne m'appartient pas de faire des révélations. Je ne décrirai que mon ressenti personnel et le tsunami qui a déferlé sur moi.

Mai 2011. Je suis mariée depuis vingt ans. Une vie plutôt heureuse, avec, tapies dans l'ombre, des forces en suspens, que je pressentais mais n'identifiais pas. Après la grande tourmente, une amie proche m'a dit que je n'avais jamais, durant toutes ces années, paru tout à fait sereine, mais que j'étais au contraire toujours sur le qui-vive, comme si je guettais, redoutais, flairais un jour une catastrophe.

En vingt ans, Dominique Strauss-Kahn autrefois professeur d'économie largement inconnu, est devenu l'un des hommes les plus en vue de la vie politique nationale et internationale. Séduisant, brillant, amoureux, il m'a arrachée à mon rocher tranquille et j'ai aimé cette force qui m'emportait. Il avait quatre enfants, j'en avais deux. Nous avons mêlé leurs vies et les nôtres. Une chaleur familiale plus forte que celle que j'avais connue m'a enveloppée et je l'ai savourée, moi, fille unique avec peu de famille.

Des beaux-parents aimants, un beau-frère et une belle-sœur bienveillants, des beaux-enfants auxquels j'ai donné beaucoup et qui me l'ont rendu au-delà de mon attente.

Nous proclamions avoir six enfants, même si cela n'était pas tout à fait vrai. Dominique a vécu avec les miens, mais ne les voit plus ; je me suis attachée aux siens et m'en sens toujours aussi proche. Mes deux fils ont été généreux, comme c'est dans leur nature. Ils n'appréciaient pas vraiment que je prétende ne faire aucune différence, mais n'en ont jamais rien dit. C'était d'ailleurs inexact, tant les liens qui partent du ventre entre une mère et ses fils sont noués pour toujours, quoi qu'il en soit de la vie qui forge des liens qu'on pense aussi forts. Toutefois, ils aimaient aussi cette tribu, eux-mêmes ont usé des mots frère et sœurs pour désigner les enfants de Dominique. Enfants que j'aimais et aime toujours.

La fratrie n'était pas feinte, pleine de fous rires, de moments heureux, de vacances inoubliables à travers le monde. À huit dans la Cité interdite, dans les jardins de l'Alhambra, dans les autocars vers Bénarès, dans les ruines de Louksor, dans les musées vénitiens, dans les trattorias romaines, dans les motels du Colorado : j'ai un monceau de photos qui me rappellent ces moments tendres, complices, uniques. Je peux à nouveau les regarder avec plaisir. Il m'a fallu du temps.

J'ai été très éprise de cet homme que je trouvais exceptionnel et auquel je voulais plaire. Je crois qu'il m'aimait, que je lui correspondais. J'étais sa troisième femme et il disait que j'étais « un petit bout de [lui] ».

J'admirais son intelligence, j'étais sensible à son charme – et à ce que j'appelais ironiquement son « sourire à 4,95 », un peu trop commercial. J'ai été amoureuse, longtemps. Ceux qui ont vu là de l'ambition n'ont rien compris. Je l'ai connu professeur d'économie, j'aurais aimé qu'il le reste toute la vie. Je voulais qu'il soit heureux, entouré de sa famille. Et partir avec lui au bout du monde.

Mais je ne l'épatais pas, quoi que je fisse. Il a toujours été avare de compliments, pour ses enfants comme pour moi. Il disait que puisqu'il savait que nous pouvions donner le meilleur, il n'éprouvait pas le besoin de s'ébahir.

Je me suis toujours sentie frustrée lorsque, rentrant vers 20 h 30 le dimanche soir après mes émissions, il ne m'en disait rien, sinon un automatique et général « c'était très bien ». J'étais convaincue qu'il ne les regardait pas, mais se contentait de les écouter. Il se tenait dans le bureau attenant au salon où se trouvait la télévision, lui tournant le dos, jouant aux échecs sur son ordinateur, et ayant simplement monté le son de la télé qui hurlait encore à mon retour.

Il considéra comme naturel et indolore mon arrêt de la télévision après sa nomination comme ministre – même si j'ai dit que le sacrifice était moins lourd qu'on ne le pense, et en tout cas, inévitable. Il déplora mon peu d'appétence pour l'expérience digitale qu'il m'avait conseillé d'entreprendre à TF1.

Son amour du Maroc, de sa couleur, de ses odeurs venait de l'enfance qu'il passa à Agadir jusqu'à sa dixième année, celle du tremblement de terre de 1960. Il me communiqua sa passion et j'eus envie, pour lui plaire, de bâtir une maison à Marrakech, qui, bien que récente, devint vite le lieu d'ancrage de tous les enfants. J'y mis tout mon cœur, et il y prit sa part. J'ai cru que rien ne nous séparerait jamais et que nous vieillirions ensemble.

Les années passant, j'ai cependant eu l'impression que je devenais un meuble familier dans sa maison.

Dominique n'a jamais eu besoin de quiconque et s'est toujours suffi à lui-même. Il avait peu d'amis, et adopta les miens, par facilité. Si bien que c'est à moi qu'il revenait d'entretenir les amitiés.

Tout lui était facile, accessible. L'implication lui était étrangère, l'exaltation aussi. Il ne connaissait pas l'indignation, la violence des sentiments ou la colère : pour lui, la raison devait l'emporter, et ne jamais céder à la passion qui brouille la vue. Pour lui, la politique ne se jugeait pas à ses dimensions morales. Bien sûr il condamnait les comportements malhonnêtes, par déontologie instinctive, mais surtout parce qu'ils sont improductifs, « inefficaces ». Efficace/inefficace, le grand critère. Évidemment, cela modère les emportements. Ceux-ci m'étaient réservés, comme les reproches, dont je me chargeais, à faire à des tiers qui avaient mal agi vis-à-vis de lui. Pour Dominique, que ces griefs soient justes, il en était convaincu, mais aller dire à quelqu'un qu'on n'est pas dupe de son comportement, c'était inutile. Inefficace, justement.

De même, son jugement sur les gens reposait-il sur leur intelligence, au nom de laquelle il pardonnait beaucoup. J'étais la rabat-joie qui lui disait que tel ou tel ne me paraissait pas estimable, et il me répondait : « Peut-être as-tu raison, on ne sait pas, en tout cas, il est intelligent ! » Il fut en effet découvreur d'intellects subtils ou brillants. Je ne l'entendais que rarement vanter les qualités de cœur, mais il distribuait sa confiance, généreusement, même à qui pouvait se jouer de lui.

Au tournant des années 2000, nous avons enduré les secousses du scandale de la MNEF, d'ELF, de la cassette Méry, que je ne vais pas relater ici. Aucune condamnation mais des turbulences politiques à chaque fois nées de son immense désinvolture. De la même manière qu'il égarait quotidiennement ses clefs ou ses papiers, il traitait avec légèreté les travaux professionnels, ni assez méfiant, ni assez soucieux de ses entourages, et particulièrement désordonné et négligent. Ces épisodes très déstabilisants (il dut quand même démissionner du ministère des Finances au terme d'un psychodrame politique de grande ampleur) ont été éprouvants à vivre par leur tension et par la médiatisation dont ils furent l'objet. Mais il ne regretta pas d'avoir à quitter le pouvoir, ni n'éprouva de meurtrissure d'avoir dû partir sous l'outrage. Rebondir, en attendant que la justice abandonne. Ce qu'elle fit. À Paris, comme plus tard, à New York ou à Lille. Comme un funambule sur un fil tendu jusqu'à une rupture évitée de justesse.

Les honneurs ne l'étourdissaient pas, même si être ministre l'a rendu fier. Du reste, il est l'un des rares hommes politiques qui, battus aux élections ou contraints à la démission, ne prenait pas l'échec comme un désaveu personnel. Il ne doutait pas de lui-même, il savait ce qu'il valait, et les revers l'atteignaient moins que d'autres.

Ces épreuves, les premières, nous ont soudés davantage, du moins je le croyais.

Peut-être qu'à ce moment-là, comme plus tard, il comptait sur moi. Mais sa carapace était faite de roc, rien ne l'entamait, rien ou presque ne l'a déstabilisé, tout juste le tremblement de terre dont je vais parler. C'est un magnifique indifférent au monde et aux gens, ce qui a permis sa résilience, hors du commun.

Le temps passant, il était revenu en haut de l'affiche. La catastrophe que fut pour la gauche l'élection présidentielle de 2002 et l'élimination de Jospin libéraient les ambitions de ses cadets. Après sa primaire ratée de 2006 et l'élection de Sarkozy en 2007, Dominique était redevenu un des hommes qui comptaient à gauche, mais se voyait mal se contenter d'un rôle parlementaire d'opposition durant cinq ans.

C'est alors qu'intervint, en 2007, la proposition de Jean-Claude Juncker : le pousser à la direction générale du FMI, poste idéal pour un économiste, prestigieux sans être aussi central qu'il le devint dès 2008, après la crise dite des *subprimes*. Il accepta avec enthousiasme, soutenu par tous les chefs d'État et de gouvernement européens. Y compris par Nicolas Sarkozy. En aucun cas ce dernier ne fut déterminant, comme il aime à le faire croire, mais son rôle eût été à l'inverse décisif, s'il avait été hostile. C'était, pour le président d'alors, une belle opération : un Français dans une grande instance internationale, et l'éloignement pour 2012 d'un rival possible dont on commençait à parler.

Pour moi, partir pour Washington fut un déchirement. Loin de mes enfants, de mes amis, de toute vie professionnelle. Pour une ville qui ne m'attirait pas, à la réputation peu vivante. Mais Dominique, qui connaissait le pouvoir qu'il avait sur moi et ma capacité à culpabiliser, fit une pression tout en subtilité. Il était prêt à renoncer, disait-il, si vraiment je ne voulais pas aller à Washington, et se contenterait de végéter dans un rôle politique mineur, déplorant mais acceptant ce gâchis. Évidemment, je cédai. Je n'avais pas envie d'affronter une de ses bouderies qui pouvaient durer plusieurs jours, dont il ne savait pas sortir à moins que je fasse des efforts répétés pour y mettre fin moi-même, souvent en capitulant. À côté de la proposition du poste prestigieux qui lui était faite, que valaient, après tout, mes caprices d'enfant gâtée ? N'étais-je pas capable de m'expatrier pour quelques années avec un peu plus d'enthousiasme et de goût pour la nouveauté, plutôt que de voir mon mari se morfondre et déprimer ?

Oui, oui, il me connaissait bien…

Ce n'est qu'après toutes ces tourmentes que j'ai enfin pris mon autonomie, il était temps. Que j'ai compris qu'on pouvait aimer, être aimée et affronter des différences. Que la dialectique, le compromis pouvaient être fructueux entre deux égaux dont les avis divergent, et qu'aucun différend n'impose la soumission à la personne aimée.

Avec le recul, j'ai réalisé quelle forme de dépendance me liait à Dominique. Une sorte de répétition du rôle qu'avait joué ma mère, ou plutôt la substitution de l'une par l'autre. Comme face à elle, j'avais, aux côtés de mon mari, une autonomie absolue, une autorité reconnue, jusqu'au moment où nos rapports étaient en cause. J'étais forte, libre, indépendante aux yeux de tous. J'interrogeais les chefs d'État du monde entier, je pilotais le budget familial, je prenais les décisions seule. Mais avec lui, je reproduisais un modèle bien connu dont je n'étais, à vrai dire, pas émancipée : l'impossibilité de déplaire, la hantise du désaccord et du courroux de l'autre. On appelle cela l'emprise. Elle peut être d'ordre sexuel, intellectuel, elle était pour moi d'ordre affectif.

Dominique avait un avantage, il l'avait compris avant moi. Oui, il me connaissait très bien, mieux que je ne le connaissais, mieux que je ne me comprenais moi-même.

Fin 2007, nous avons déménagé. J'achetai une maison à Georgetown, quartier résidentiel coquet de Washington. Elle était encore en travaux, qui se prolongèrent durant six mois. Parfois, lasse du vacarme des corps de métier, je me réfugiais avec mon ordinateur au Starbucks voisin. Dominique partait le matin avant les ouvriers, revenait le soir après leur départ, n'entendit jamais un coup de marteau et s'investit avec allégresse dans ce poste au FMI, il est vrai passionnant. Pour lui.

C'était un jouisseur intellectuel, pas un combattant. Cette fonction a sans doute été le moment le plus heureux de sa vie publique. Un instrument qui tourne avec des engrenages bien huilés, la fréquentation de belles intelligences et d'économistes hors pair, le monde à conquérir, redresser l'image du méchant FMI en Amérique latine, agir, vraiment agir sur les finances publiques d'un État en développement pour le sortir de son marasme, quitte à lui imposer une cure d'austérité. Ce rôle lui a plu et lui allait comme un gant. Il faisait partie des grands de la planète, avait le sentiment que son avis comptait ; ce fut sans doute enivrant, et il s'est cru, je pense, invulnérable. Jusqu'à ignorer toute prudence.

Je n'avais pas de visa me permettant de travailler, mais je créai un blog, commençai d'écrire un livre sur ma famille maternelle, et vécus avec passion l'élection de Barack Obama en 2008. La vie, de fait, était très calme, un peu monotone, peu d'amis, aucune vie mondaine, mais plus de soirées à deux que nous n'en avions à Paris. Je faisais bonne figure et ne me plaignais pas.

L'orage éclata en 2008, quelques mois à peine après notre arrivée. Vécu par moi comme un premier séisme. L'histoire est connue, je ne m'y attarderai pas, elle est périodiquement racontée. Ce fut le scandale d'une liaison du directeur général du FMI avec une salariée du Fonds monétaire, qui mettait en péril son mandat s'il était prouvé qu'il avait utilisé sa fonction pour faire pression sur elle. L'enquête révéla que ce n'était pas le cas. À la suite de cet épisode, on aurait pu dire, comme le faisaient les Guignols à la fin de tous leurs sketches : « Vous pouvez maintenant éteindre la télévision et reprendre une activité normale. »

Pas tout à fait. En vérité, quelque chose se fissura : à peine arrivés, alors que j'avais mis de côté ma vie professionnelle, que j'avais surmonté mon peu d'appétence à partir pour Washington, que j'avais entrepris ces lourds travaux, que je menais une vie monacale rythmée par le supermarché et les tringles à rideaux, je sentis un gouffre sous mes pas. Entre l'ouragan familial et la bourrasque médiatique, je traversai un hiver difficile.

Les titres du *Wall Street Journal* ou du *Washington Post* n'étaient pas flatteurs. Les unes des journaux français m'ont fait mal. Je me rappelle celle de *Libé* en gros caractères, qui me souleva le cœur, « DSK dans de beaux draps ». J'avais encore l'épiderme sensible. Trois ans plus tard, j'en ai souri : bien inoffensive, cette une, en comparaison de ce qui allait suivre.

Et puis, n'est-ce pas, c'était un « accident », « ça ne se reproduirait pas », d'ailleurs c'était « la première fois » (*sic*). « Jamais, en dix-huit ans de vie commune, [il] ne s'était autorisé le moindre écart », etc.

Je suis très naïve : je l'ai cru. Ou j'ai voulu le croire. On ne met pas fin à une histoire de près de vingt ans pour un adultère sans lendemain. Je n'allais quand même pas faire passer ma jalousie de petite-bourgeoise avant le drame d'un homme qui pouvait être démis de ses fonctions en pleine tourmente financière mondiale !

Je tiens ici à répondre à tous les sceptiques qui, à ces lignes, sourient en coin, à tous les contempteurs qui ricanent : je ne savais rien. Ou plutôt, puisque nous connaissons tous la vie autonome de l'inconscient, je n'ai pas voulu voir, j'ai baigné dans le déni. Je reprochais quelquefois à mon mari sa façon de dévisager les femmes, ou ses apartés dans les dîners avec une voisine séduisante, en négligeant la vieille dame de l'autre côté, mais je n'y prenais pas garde. Je le savais charmeur, je connaissais certaines de ses aventures passées, mais contrairement à ce qui s'est dit et écrit, partout, tout le temps, personne ne m'a jamais « avertie » de quoi que ce soit. Lui-même ne m'avait pas « prévenue » d'un quelconque tempérament de dragueur comme on l'a prétendu, et je pensais qu'avec moi, il avait trouvé son port d'attache. Il me l'assurait en tout cas.

Dans un entretien que j'ai donné, une phrase, paraît-il, l'aurait chagriné : « Je me demande si vingt ans de ma vie n'ont pas été vingt ans de mensonges. » Eh bien oui, la question est légitime… Très vite après notre mariage en 1991, j'aurais pu m'apercevoir que, même s'il m'aimait, la fidélité la plus élémentaire lui était étrangère, et que son addiction aux femmes prenait le pas sur le reste. Quand les langues se délièrent dans les années 2012-2013, après notre séparation puis notre divorce, alors que les scandales s'enchaînaient entre aventures scabreuses et liste interminable de conquêtes, beaucoup sont venus me parler de son comportement de « collectionneur », qui fut problématique, y compris dans ses années ministérielles françaises. Brusquement, on s'est mis à raconter devant moi des histoires de mœurs stupéfiantes, de soirées débridées dans des lieux de rencontre dédiés ou des clubs échangistes. Me sont parvenues des lettres anonymes, qu'habituellement je méprise et ignore, sauf que s'y trouvaient des détails précis et justes, inconnus de tous sauf de moi. Et apparemment de quelques autres.

Ai-je fait l'autruche, en ignorant ses aventures d'une heure, d'un soir, d'un mois ? Sûrement. Il y a des couples qui vivent ainsi, chacun allant de son côté, sans que cela entame leurs liens. Je n'étais pas faite ainsi. Et il me jurait que lui non plus.

D'ailleurs, quand j'avais des soupçons, Dominique n'avouait jamais, il savait les apaiser, voire les tourner en ridicule, m'en faire honte. Quand il éteignait son téléphone hâtivement, quand la page affichée par l'ordinateur changeait prestement, quand il rentrait bien tard d'un conseil municipal, il avait toujours une bonne raison. Dominique est un politique convaincant et il savait plaider auprès de moi comme auprès de ses électeurs. Avec des accents de vérité et d'indignation.

Oui, une oie blanche. Quiconque me servirait des exemples équivalents, je ne le croirais pas. Je comprends donc ceux qui hochent la tête finement sans pouvoir imaginer que j'aie pu passer ces années à ne rien voir, ou si déni il y avait, comment j'ai fait pour me boucher ainsi les yeux. J'ai toujours trouvé indigne de fouiller poches, portables ou ordinateurs ; je suis confiante, crédule, candide sans doute, mais comme on ne me croit pas complètement sotte, personne ne peut imaginer que je ne savais pas lire ces signaux. D'ailleurs, aujourd'hui, cela me paraît, à moi-même, improbable. Et pourtant…

Quant à ce que tout le monde, paraît-il, chuchotait, cela ne me revenait pas aux oreilles. Personne ne m'a rien dit. Jamais. Une journaliste, qui s'est curieusement identifiée à cette histoire (elle l'a reconnu ensuite et s'en est excusée auprès de moi), s'est avisée d'affirmer – et ce fut repris partout tant cela sonnait vraisemblable – que je quittais la table quand on me parlait de la vie agitée que mènerait mon mari, mais je connais à peine cette consœur qui s'est dit mon amie, n'ai jamais partagé de repas avec elle, et il se trouve que personne ne fut assez indélicat pour se permettre ce type de révélations. Il y eut pire : je fus en colère contre un article de presse qui suggérait des comportements harceleurs ou contre un livre anonyme qui prétendait « savoir » mais colportait tant d'inexactitudes que le reste me paraissait une tentative méprisable pour déstabiliser un homme qui pouvait prétendre à un avenir politique de premier plan.

Quelques semaines après son aventure avec la collaboratrice hongroise du FMI, le gros temps se calma. Le jeu politique, malgré – ou à cause de – l'éloignement de DSK de la France, le désignait comme un espoir de la gauche pour la présidentielle à venir. Peu à peu, il devint même favori.

Il laissait dire, laissait faire, selon sa phrase fétiche : « Les choses se font quand elles sont déjà faites. » Autrement dit, laissons faire le temps, il tranchera dans le sens qu'il faudra. Dominique ne rêvait pas de la présidentielle, il aimait séduire, entraîner par l'argument qui porte, plus que par celui qui tue. La cuisine politique le rebutait, prendre la tête d'un parti l'assommait, se donner du mal pour que sa route ne soit pas le fruit du hasard lui semblait un effort ennuyeux à soutenir.

Par ailleurs, tant de choses l'intéressaient : les échecs, la physique fondamentale, les équations de maths, la science-fiction, les voyages lointains. Et aussi les femmes, toutes les femmes. Mais cela, je ne l'ai su qu'après. À l'époque, j'ai aimé cette disponibilité pour mille autres sujets de curiosité que son avenir politique. Ce que j'ai longtemps pris pour un mendésisme moderne – ne pas désirer le pouvoir à tout prix – était en fait une nonchalance, un détachement par rapport aux débats d'idées sur lesquels il aimait en revanche argumenter des heures, pour le seul plaisir de l'exercice talmudique. Du jeu pur.

Il répugnait donc à faire campagne, il la redoutait sale, pilotée par Sarkozy et Guéant, et aurait rêvé d'un consensus national qui vienne le chercher comme sauveur à Washington. Peu à peu, il s'est laissé prendre au jeu, mais ne donnait pas de signal clair ni à ses amis ni à l'opinion. Conformément à son grand principe : toujours se garder une porte ouverte ; un peu comme dans les westerns, où le héros ne s'installe jamais dos à la porte du *saloon*. Il faut pouvoir s'échapper de la pièce, par n'importe quel moyen. Retarder le moment du choix ultime, celui qui ne permet pas de virer sur l'aile. Tactiquement, il eut raison, son silence sur le sujet faisait plus pour lui qu'une ambition déclarée.

Quant à moi, je tiens là aussi à démentir une deuxième légende. Contrairement à tout ce qui s'est écrit et qui a pris un statut d'évidence parce que répété à satiété, je n'ai jamais souhaité le voir accéder à l'Élysée. Au contraire, je le craignais. Je n'ai jamais rêvé du sort de « première dame » comme on dit vilainement, en singeant les États-Unis où le couple présidentiel a un statut particulier. J'en sais les pièges et les contraintes. La politique et ses marécages avaient peu de secrets pour moi, je ne suis sensible ni aux honneurs ni aux paillettes, et la perspective d'une vie sous l'œil de la presse ou du public me terrifiait. Je n'avais donc aucune envie de voir mon mari se lancer dans un combat contre Sarkozy dont il risquait cette fois de sortir vainqueur.

Je lui avais dit ma réticence. Toutefois, je me déclarais prête à l'accompagner si cela devait être son choix. La leçon de la candidature au FMI avait été fructueuse : pas question que je me mette en travers de ce qui serait son plus grand projet.

Les préparatifs s'intensifièrent. Une réunion à la maison, en avril, posa les jalons d'un calendrier d'annonce de candidature. Juin 2011 sans doute, après un Conseil européen auquel le président du FMI ne pouvait se dérober.

Je suis à Paris le 14 mai et j'attends mon mari qui doit repasser par la France le lendemain pour aller voir Merkel à Berlin. À 2 heures du matin, le téléphone sonne au cœur de la nuit, toujours signe de catastrophe. Camille, la plus jeune fille de Dominique qui poursuit ses études à New York, m'informe, la voix tremblante, de l'arrestation de son père au moment d'embarquer pour Paris.

La nuit et le jour suivant (le dimanche) restent brumeux. Je me rappelle que mes mains tremblaient trop fort pour boutonner un chemisier. Amis et enfants m'exfiltrent de peur que la presse ne débarque. Accueillie chez mes amis intimes, Daniela et Jean Frydman, rejointe par quelques proches et enfants, je me débats pour comprendre une histoire encore indéchiffrable de viol sur une employée d'hôtel dont Dominique est accusé. Je pense encore, à ce moment, le connaître mieux que personne. Je ne peux pas, dès lors, envisager une seconde que l'accusation puisse être fondée. La seule explication qui me semble plausible est celle d'un rapport sexuel consenti. Les mots ont du mal à se frayer un chemin jusqu'à mon cerveau. L'événement est encore impossible à appréhender, à concevoir, à analyser…

Fin 2020, j'ai regardé, avec douleur, le documentaire réalisé par Netflix. On y parle de brutalités envers des femmes. Le témoignage de certaines d'entre elles, comme Tristane Banon, et des commentaires qui ont accompagné la sortie de ce film ont insisté sur la contrainte qu'il leur aurait imposée. De violence, il n'en a jamais usé avec moi ou devant moi et je ne l'aurais jamais supporté. Et cela ajoute encore à mon désarroi et à ma confusion face au souvenir de l'homme que j'ai connu.

Au matin, on m'éloigne des postes de télévision où est diffusé, en boucle, le fameux *perp' walk*, la marche du suspect. C'est la routinière parade de l'accusé, livré en pâture aux caméras par la police américaine. Imperméable noir, mains menottées : la France puis le monde ébahis ont découvert cette image que je suis la seule à n'avoir ni pu ni voulu regarder pendant un mois.

Petit à petit, les informations arrivent. L'avocat américain, Bill Taylor, qui a défendu Dominique avec succès dans l'affaire de sa liaison au FMI, m'appelle, suivi d'un deuxième, spécialisé en droit pénal, dont il s'assure les services. Ce sera Ben Brafman, un pénaliste talentueux et cordial qui fut l'avocat d'accusés aussi médiatiques que Puff Daddy, Jay-Z ou Michael Jackson. Il sera aussi, un temps, celui d'Harvey Weinstein, sept ans plus tard…

Une femme de chambre de l'hôtel Sofitel à New York a porté plainte pour viol à la suite d'une *sexual encounter* – littéralement « rencontre d'ordre sexuel ». Ces mots, je vais les entendre des dizaines de fois, jumelés avec celui d'*incident*, qui m'a tout l'air d'un euphémisme.

Une accusation de viol ? Dans un hôtel new-yorkais ? Un cauchemar…

Alors que Dominique partait tranquillement déjeuner avec sa fille Camille, puis prendre tout aussi calmement un taxi pour Kennedy Airport, il s'aperçoit qu'il a oublié son téléphone et se donne un mal fou pour que les services du Sofitel le lui apportent de toute urgence au terminal X, embarquement porte Y. Renseignements précieux : ce sont les policiers new-yorkais, alertés par la direction de l'hôtel après la plainte de Nafissatou Diallo, la femme de chambre en question, qui arriveront juste à temps pour le faire débarquer de l'avion qui s'apprête à décoller pour Paris. Et l'arrêtent.

J'inaugure ce jour-là un toc que j'ai conservé plusieurs mois : enfoncer les ongles de la main droite dans la paume de la main gauche, pour me réveiller, car non, c'est impossible, je rêve et c'est un très mauvais rêve…

Le lundi matin, je pars pour New York avec notre ami et avocat Jean Veil et ma chère Anne Hommel. Elle s'est beaucoup investie dans la communication de Dominique depuis des années, mais là, c'est l'amie qui ne me lâchera pas.

À l'atterrissage, j'apprends que Dominique a été incarcéré dans la prison la plus sordide des États-Unis, Rikers Island, où l'on enferme les grands criminels et où il faut protéger les détenus contre les meurtres ou les violences des autres prisonniers. Il risque trente ans de prison… Je suis assommée. Je réalise difficilement que ce n'est pas un film, qu'il s'agit de mon mari depuis vingt ans, qu'il est accusé de viol, autrement dit, d'un crime odieux. Devant pareille accusation qui me semble inconcevable, je ne peux que me tenir à ses côtés. J'ai le cœur en lambeaux et la tête dans un étau.

Nous sommes le 16 mai, et pendant quelques mois va se dérouler une pièce sans unité de temps, en une diversité de lieux, et chargée d'une foultitude d'émotions mélangées.

Le tribunal de New York en sera l'une des étapes. Le revoir périodiquement dans des séries de fiction ou, pire, dans les images d'archives, me tord l'estomac. Il y eut plusieurs séquences dans cet endroit redoutable. Vieillot comme tous les bâtiments officiels en Amérique. Dans une petite rue barrée pour l'occasion, sauf pour le corbillard noir qui nous abrite, ma belle-fille Camille qui me tient fermement par le bras, un officier de sécurité et moi.

La juge confiera qu'elle n'avait jamais vu pareille bousculade. Une marée humaine de journalistes a envahi les abords du tribunal, caméra à l'épaule, les perches des preneurs de son en rang serré comme les lances des chevaliers dans *La Bataille de San Romano* de Paolo Uccello, fameux peintre du Quattrocento. Elles vont sûrement nous transpercer, nous empaler Camille et moi, qui marchons, serrées l'une contre l'autre, vers l'entrée du tribunal. Je perds une chaussure : « Dis donc coco, t'as vu, elle a perdu sa chaussure, c'est une belle image, ça, pour le 20 heures ! » Les reporters français ne respectent aucune des consignes données à la presse, se bousculent, nous bousculent.

Nous venons assister à la séance du tribunal où le prisonnier est amené, sans menottes, sans les fers aux pieds qu'il a en prison, sans la tenue orange de Guantanamo. Je me trompe sûrement, nous ne sommes pas dans une cour de justice, nous sommes à Sciences Po, Dominique est en costume gris, col ouvert, il va sûrement faire une conférence sur le système monétaire. En fait, il s'assied face au tribunal et doit répondre, comme dans les films, à la question *guilty or not guilty*, plaidez-vous coupable ou non coupable de viol ou d'agression sexuelle contre la personne de Nafissatou

Diallo ? Mes ongles s'enfoncent dans ma paume de main... J'apprendrai plus tard qu'une cocasse coupure de pub avait empêché les Français d'entendre sa réponse historique, forcément historique, dirait Duras : *not guilty*.

Les journalistes tweetent comme des fous dans la salle. Nous ressortons après cette séance très brève qui fixe les conditions qui encadreront l'instruction pendant un mois et demi : un bracelet électronique, la présence, à notre charge, de trois gardes jour et nuit à l'intérieur du logement qu'il me reste à trouver. Le détenu va, lui, rejoindre sa cellule, et j'affronte à nouveau la meute qui me lance l'unique question qu'on me posera pendant des semaines de manière obsessionnelle, mais inévitable : « Croyez-vous votre mari innocent ? »

Sur les conseils de Ben Brafman, j'avais, la veille, acheté des alliances car les Américains, traditionalistes, aiment voir aux mains des époux cet anneau de mariage que nous n'avions jamais porté. Et me voilà, avec Anne, en train de chercher deux alliances à bas prix dans la 46e Rue de New York, celle des bijoutiers. Je suis épuisée, trempée sous une pluie diluvienne, et l'aimable vieux monsieur qui me les vend s'étonne de me voir si pressée, si indifférente à tous les modèles qu'il me présente et choisissant le moins cher. Alors qu'il emballe les deux anneaux, il me souhaite beaucoup de bonheur, ce qui me fait éclater en sanglots sous son regard médusé. L'émotion prénuptiale, pense-t-il sans doute.

Notre lieu d'habitation sera le deuxième décor de cette histoire. Je cours la ville et les agences, toujours suivie par la cohorte des journalistes qui me traquent, qui hurlent, qui se marchent dessus. Les locataires ou propriétaires du premier immeuble que je choisis, voyant la foule en faire le siège en quelques minutes, me font savoir qu'il n'est pas question que j'y loge, et *a fortiori*, que mon mari m'y rejoigne. Je les comprends. C'est donc, en attendant, dans un studio de Wall Street, qui appartient à la société de gardiennage des prisonniers à domicile que je vais apprendre à connaître, que nous serons abrités quelques heures quand Dominique sortira de prison au bout de cinq jours, bracelet à la cheville.

Mais il faut faire vite. Je ne dispose que d'une demi-journée pour trouver une maison ou un appartement, pas question de faire la difficile. Ni sur l'endroit, ni sur le prix ! Le prix de la location, astronomique, que l'on me reprochera, c'est celui qu'en deux heures j'arrive à régler d'avance à une famille en train de déménager d'une maison indépendante du quartier de Tribeca, *downtown*, qui sera notre geôle de luxe pendant près de trois mois. Franklin Street, la rue de Benjamin Franklin, l'un des Pères fondateurs vénérés de l'Amérique…

Trois étages, des fenêtres partout, des gardes devant chaque sortie, y compris vers une minuscule terrasse entourée d'immeubles à paroi lisse. Il faudrait être Spiderman pour s'échapper. Je m'apercevrai vite que sur cette cour donnent des appartements, loués à prix d'or par les reporters qui espèrent nous photographier des fenêtres alentour. Deux parasols nous sauveront provisoirement des objectifs, quand nous voudrons respirer, le soir, une bouffée de l'air brûlant de cet été 2011.

Dominique est relâché contre une caution faramineuse, toujours bracelet au pied et nous emménageons à Franklin Street. La maison est meublée, mais il manque de la vaisselle. Ma première expédition, chez l'équivalent de l'Ikea local, me donne la mesure de ce qui se passera quand je voudrai mettre le nez dehors.

Le trottoir d'en face est couvert de journalistes. Ils sont deux cents au début ; les rédactions allégeront le dispositif peu à peu. Personne ne peut nous rendre visite sans être la cible des photographes devant la porte, à l'ahurissement du facteur et des livreurs. Mais peu de monde vient voir les proscrits, sinon nos enfants, bien sûr. Deux d'entre eux font leurs études à New York. Les autres viendront de Paris et se relaieront, avec quelques amis chers pour nous entourer et distraire notre huis clos, ce qui vaut mieux.

Mission vaisselle donc : je saute dans un taxi avec Camille, essaie de tromper ceux qui me suivent, mais je ne suis pas encore très douée à ce jeu. Dans le magasin, le vendeur ne comprend pas pourquoi je me baisse toutes les deux minutes sous le comptoir. En fait, dès que j'aperçois un objectif de photographe. J'achète à toute vitesse couteaux, fourchettes, plats en pyrex et quelques casseroles. J'en oublie les verres. Tant pis, ce sera pour une autre fois.

Chaque tentative pour forcer le blocus sera identique.

Avec Anne partie, puis revenue – elle me tiendra la main avec affection et inquiétude pendant des mois – nous tentons une autre percée dans un grand magasin. Un importun nous suit. Les journalistes à vélo rattrapent vite les taxis new-yorkais au pas dans les embouteillages du bas de la ville. Nous nous engouffrons dans le magasin avec quelques mètres d'avance sur le quidam. Nous montons quatre à quatre les marches d'un escalier mécanique, et arrivées sur le palier, nous précipitons dans l'escalator parallèle, que nous prenons à contresens comme des gosses qui tentent de s'échapper après un larcin ; nous nous cachons derrière un pilier et ressortons pendant que le journaliste nous cherche. Épuisant. Angoissant. Jusqu'à quand vais-je fuir les objectifs, les questions ? Combien de temps encore vais-je devoir baisser les yeux de peur qu'on me reconnaisse ? Même à New York, je commence à être repérée : le feuilleton passionne aussi les Américains, qui s'en lasseront toutefois plus vite que mes compatriotes. Et pourtant, sortir du bunker surveillé est le seul espace de tranquillité pour craquer, laisser couler les larmes, libérer la gorge nouée. Je me rappelle ce matin où, avec ma douce amie Daniela venue nous rendre visite durant quelques jours, je me suis évadée au Metropolitan Museum, pensant m'y perdre facilement. Mais impossible d'échapper aux paparazzi et nous nous sommes retrouvées assises par terre, au pied des monumentales statues grecques, laissant, de guerre lasse, les photographes nous mitrailler depuis les coursives des autres étages.

Les tabloïds new-yorkais se régalent : *The Perv'* (le pervers), titre le *New York Post*, élégant comme toujours, qui n'hésitera pas, quand l'étoile de l'accusatrice aura pâli, à la qualifier de *hooker*, de prostituée. 150 000 unes de journaux dans le monde couvriront cette affaire d'avant #MeToo. Avec tous les ingrédients qui lui donnaient une explosive dimension sociale : l'homme blanc, riche et puissant face à la femme noire, pauvre et immigrée.

Mais qu'est-ce que je fais dans cette histoire-là ? Qu'ai-je fait pour mériter ce cataclysme ? Beaucoup de témoins de bombardements ont raconté cette impression de courir sous les obus, de cratère en cratère, avec le sentiment de traverser des cercles de feu, et de se dire après coup : mais comment ai-je fait ? Je suis dans cet état, à la fois dévastée et anesthésiée, et je cours, je cours. Je pense à mes parents et me félicite qu'ils ne voient pas cela. Pas plus que mes beaux-parents, qui auraient eu le cœur brisé.

Dans l'impossibilité d'aller faire le marché, je commande en ligne l'épicerie, la viande, les légumes. Les restaurants aussi apportent les plats à domicile. Et les malheureux livreurs de pizzas ou de *dim sum* se trouvent pris sous le feu des photographes, et sont interviewés pour savoir ce que nous avons commandé. Les jours suivants, les journalistes feront les poubelles pour trouver les tickets de caisse de nos achats, ou lire le courrier qui nous arrive par dizaines de lettres tous les matins : gentillesses, compassion, vacheries, tout y passe. Je deviendrai vite experte en « sac à courrier » : je le déchiquette en petits morceaux, et charge chaque visiteur qui repart de chez nous de les jeter dans les poubelles d'autres quartiers de la ville. Usant. Oppressant.

Dans l'intervalle, nous sommes retournés au tribunal, pour entendre l'acte d'accusation. J'y arrive aux côtés de Dominique. De chaque côté de l'escalier, les syndicats des femmes de chambre d'hôtel ont posté des militantes, en tenue de femme de chambre, bien sûr. Elles sont une trentaine. Je les crois deux cents, tant elles scandent fort *Shame on you*, honte à vous. Elles font mine de nous cracher dessus. Ou peut-être crachent-elles, je ne regarde pas. Jamais un escalier, qui doit faire une vingtaine de marches, ne m'aura semblé aussi long, monté comme au ralenti. Les images s'invitent. Quelle drôle d'idée de penser à Marie-Antoinette, dans sa charrette, place de la Révolution, avant d'être accueillie par le bourreau ! Je suis consciente que l'évocation n'est pas très décente. Je ne risque pas ma tête, je n'ai pas comploté contre la Nation, je sortirai indemne physiquement. Je reconnais l'incongruité de ce rapprochement, mais on a les pensées parasites qu'on peut. Et celle-là s'est imposée si fort qu'il me suffit, dix ans après, de fermer les yeux pour retrouver les marches, les cris de ces femmes en colère, la solitude des conspués.

Je suis en manque de soleil, de lumière du jour. Je tente parfois, en fin de journée dans cet été bouillant, espérant que les journalistes sont allés se restaurer nous sachant enfermés pour la soirée, de lever tout doucement un store baissé de la chambre à coucher. Ils sont assis sur le trottoir, les appareils photo entre les jambes, vaguement assoupis. Ils sont déjà moins nombreux. Soudain, l'un d'eux me voit, se déplie comme un boa, lève son lourd téléobjectif et vise, les autres l'imitent. Il ne faudrait quand même pas qu'il ait tout seul la photo de l'épouse recluse à demi dissimulée derrière la courtine ! J'ai déjà refermé le rideau. La même sarabande se répète à chaque fois que j'essaie de lever un coin du voile.

Des gestes m'émeuvent aux larmes. Il faut dire que j'ai les pleurs en permanence au bord des yeux. Comme ces lettres de soutien d'inconnus généreux venus de toute la France. Comme celui de cette femme, italienne, compagne d'un ami parisien. Je la connais à peine. Elle passe par New York et, le monde entier sachant notre adresse, brave les caméras et dépose un mot réconfortant dans notre boîte aux lettres.

D'autres me font rire et ce n'est pas arrivé souvent. C'est la seule histoire drôle de ce confinement – on n'employait pas encore le terme ! Au début de notre enfermement, les chaînes françaises de télévision sont en édition spéciale permanente – vous savez celle où l'on dit au reporter dépêché sur place (pour la crue imprévue de la Loire, l'accident au passage à niveau, la tornade aux Philippines ou un scandale phénoménal) : « Surtout, vous n'hésitez pas à nous rappeler s'il se passe quelque chose avant la fin du journal. »

Un jour que je suis au téléphone avec un ami comédien qui attend dans sa loge de théâtre l'heure du lever de rideau, on sonne à l'interphone équipé d'une caméra. Je vais à la porte et des *loubavitch* en redingote noire, *schtreimel* de fourrure sur la tête, les *payess* qui dépassent sur les côtés, demandent à parler à Dominique qu'ils ont rencontré, disent-ils, à Sarcelles dont il fut le député. Mon ami voyait, en direct, sur l'écran de télévision de sa loge à Paris, les visiteurs devant la porte fermée de notre maison, filmée de l'autre côté de la rue, comme une image fixe qui, subitement, venait de s'animer avec la scène qu'à 6 000 kilomètres, il me décrivait ! Tableau révélateur d'un système en folie. Je bredouille quelque chose du genre « *the gentleman you are looking for is out* », le monsieur que vous cherchez est sorti, alors que le monde entier sait qu'il est assigné à résidence avec un bracelet électronique à la cheville…

Pendant ce temps-là, à Paris, cette histoire, carburant de débats crapoteux, alimente les plateaux de télévision des journées durant. Des dîners les plus intimes aux restaurants bondés il est, à chaque table, question de ce scandale qui passionne, à juste raison.

Tout le monde pense aussi à l'éventualité d'un complot fomenté par les sbires de Sarkozy. Beaucoup de choses paraissent obscures et le restent encore aujourd'hui, mais le coup monté me semble improbable. Même si des policiers français du renseignement ont confirmé depuis que DSK était sous surveillance depuis longtemps – ce que les caméras du Sofitel avaient déjà montré. Visiblement « ils » cherchaient, intriguaient, espéraient qu'il trébuche, pour le guetter ainsi pendant des mois à Paris comme à Washington ou New York. Et la bêtise et le comportement insensé du principal intéressé leur en fourniront l'occasion.

En revanche il y eut, entre les autorités françaises et les autorités judiciaires de la ville de New York, des contacts qui n'ont pas arrangé les choses. À l'inverse de ce qu'avait naïvement espéré le père de mes enfants, Ivan Levaï, allé candidement (et généreusement, comme son caractère l'y incline) demander de l'aide à Sarkozy. Pour ce dernier toutefois, le scandale arrivait trop tôt. Il avait en main un dossier plus explosif encore, montré déjà à plusieurs personnes, prévu pour faire surface quand la candidature de DSK deviendrait publique. Ou mieux encore, s'il remportait la primaire socialiste, ce dossier permettrait de le mettre à terre sans laisser à son camp le temps de trouver un autre candidat crédible. Là non plus, pas de complot, juste l'effarante pratique et le sentiment d'impunité d'un homme lors d'excursions lilloises, comme on le verra plus tard.

Eux, les puissants au pouvoir, savaient. Pas moi.

Début juin, ma première petite-fille est née, et je brûle d'envie de la voir. Je pars pour Paris trois jours. Même course folle qu'à New York : la liste des passagers d'Air France est connue des « bons » réseaux d'agences de presse et d'images, et celles-ci savaient que j'arrivais à Paris. Des amis ingénieux me font alors sortir du parking de mon immeuble, sur le plancher arrière de leur voiture, dissimulée sous une couverture, à la barbe des cameramen qui faisaient le pied de grue devant la maison. Ce scénario à la Lautner se répète plusieurs fois. D'autres guettent près du domicile de mes enfants. Entrée par la porte du Monoprix voisin et sortie de l'autre côté, récupérée par mon fils, j'arrive jusqu'à leur appartement pour un peu de tranquillité, mes larmes disant l'émotion de voir le bébé, de nous embrasser après ces semaines si violentes. En me raccompagnant jusqu'à mon taxi, nous fûmes aperçus par les malheureux, sommés par leur rédaction de faire le dur métier de paparazzi pour des lecteurs avides d'images-chocs. Je sens David, mon fils, prêt à frapper. Enfin, ils auront eu leur photo. J'ai presque envie de dire qu'ils l'ont méritée.

Début juillet, le vent de l'instruction tourne. Le procureur Cyrus Vance a jugé que les dires de la plaignante étaient trop contradictoires pour lui permettre de porter son accusation devant un jury populaire.

Le bracelet électronique est coupé. Nous pouvons sortir tous les deux de la maison, mais il reste à la disposition de l'enquête. Le soir même avec nos amis Frydman, nous allons dans un restaurant italien pour permettre à Dominique de voir la ville, le monde extérieur, ce qui lui était interdit depuis six semaines. Mais les journalistes, sentant venir l'épilogue, nous poursuivent en voiture, et s'installent en masse à la porte des cuisines par lesquelles ils ont bien compris qu'on allait s'échapper.

Au menu, toutes sortes de pâtes, bien sûr. J'avertis les convives que je déconseille les pâtes aux truffes, qui ne manqueront pas de faire gloser. Je m'abstiens d'en commander, mais tout le monde ne me suit pas. Comme je l'avais prévu, la presse viendra interviewer le patron pour savoir quel plat, quel vin nous avons pris et le montant de l'addition. Notre menu s'étale dans les journaux du lendemain, permettant à un éditorialiste – avec lequel, depuis, j'ai fait la paix – de commenter qu'après la gauche caviar, nous incarnions désormais la gauche truffe. Facile, prévu, sans surprise…

Revoir les commentaires de l'époque est édifiant : il y a les procureurs, nombreux ; les politiques, consternants ; des féministes inconditionnellement solidaires de la femme qui accuse ; des machistes inconditionnellement solidaires de l'homme qui se défend. La société tout entière est saisie de vertige. Il y a dix ans, on dirait dix siècles.

Il était devenu courageux de nous fréquenter. Je pense à mon ami cher et disparu depuis, le grand juriste

Guy Carcassonne, venu nous soutenir et qui a tenu à m'accompagner à la dernière séance du tribunal qui laissa tomber les charges contre Dominique. Je l'avais prévenu que se montrer à mes côtés l'exposerait à une photo. Je l'entends me répondre qu'il serait fier de figurer à côté de moi. Élégance…

Il ne m'appartient pas de commenter le dénouement judiciaire, en ce mois de juillet 2011, pas plus que le règlement civil qui eut lieu l'année suivante. Ni les méandres de l'enquête qui n'impliquent que les deux acteurs de l'« affaire du Sofitel » comme on l'a appelée. J'essaie de me cantonner aux secousses, convulsions, répercussions que cette histoire a provoquées en moi.

Mais ce n'était pas fini. Cela aussi, je l'ignorais.

Nous sommes rentrés début septembre. La bienveillante Anne est venue nous attendre à Roissy, espérant nous ménager une arrivée calme. Vœu pieux. Une foule considérable envahit l'aéroport Charles-de-Gaulle. Tout au long de l'autoroute vers Paris, un photographe à moto nous suit de si près, son objectif collé à la fenêtre, que je redoute à chaque minute l'accident. Devant chez nous, la foule est dense et la porte de l'immeuble difficilement atteignable. Et le restera longtemps.

Je ne m'épancherai pas sur le défilé des Femen, seins nus devant mes fenêtres (certaines s'en sont expliquées auprès de moi plus tard) ; sur les pamphlets au vitriol de militantes m'accusant de complicité, voire de collaboration ; sur les allusions salaces ; sur les insinuations sordides de ceux qui juraient connaître de source sûre ma présence active dans des parties fines et autres ébats licencieux où m'aurait entraînée mon mari. Ben voyons !

J'ajoute que j'ai été suivie tous les jours, pendant des semaines, par des motos de presse. Je m'apercevais que, pour leur échapper, je roulais de plus en plus vite dans Paris, et que je franchissais les feux de signalisation de façon dangereuse. Un jour, pressentant l'accident, je décide d'aller leur parler. Je m'arrête au milieu d'une avenue du VIIe arrondissement et me dirige vers eux. Ils mettent immédiatement pied à terre et se saisissent de leur matériel. « Je vais voir mes enfants. Vous voulez que je vous emmène en bas de chez eux, ou vous comprenez que j'ai droit à une vie personnelle ? » Conscients de cette insupportable traque, ils déposent leurs casques et leurs appareils sur le siège de leur moto et se consultent : « Allez, on la laisse partir pour cette fois ? », tel un gentil flic qui, témoin d'une infraction, fait preuve d'une extrême indulgence et ne donne pas de PV.

Je me rappelle la douceur de cette fin de journée, ma promenade solitaire au jardin du Luxembourg, puis ma visite sans cortège à mes enfants et à ma nouvelle petite-fille. La liberté, une après-midi.

Tout allait rebondir à l'automne avec l'affaire du Carlton de Lille. Ce n'était plus une séquence à huis clos entre deux protagonistes qui seuls connaissent la vérité, mais la révélation d'arrangements nauséabonds : soirées scabreuses ; prostituées cornaquées par un mac au surnom poisseux ; textes de SMS crasseux échangés entre mon mari et des correspondants inconnus de moi, publiés en pleine page dans *Le Monde.* La crevasse devenait abîme.

Je ne vais pas prolonger le récit. Les épisodes américains, à l'échelle de leur déflagration, méritaient d'être racontés. Les nouvelles affaires judiciaires en France s'enfonçaient dans la gadoue, la souillure. Elles achevèrent de mettre en pièces ce qui demeurait de notre couple. Les déballages s'accumulaient, des lettres anonymes (ou pas) arrivaient dans mon courrier. Des journalistes d'un grand quotidien faisaient paraître un ouvrage à charge, et se répandaient en interviews pour dire que j'étais responsable. Bientôt, des déclarations ordurières tirées d'un livre fétide allaient s'étaler à la une d'un hebdomadaire que j'avais toujours admiré. La nausée.

Faut-il préciser, au risque d'ajouter à mon image de femme bornée et aveugle, mais toujours aussi sincère que celle de New York, ma stupeur totale devant ces nouveaux épisodes ? J'espère qu'on l'aura compris. Les médisants le demeureront. Mais les bienveillants aussi.

On m'a reproché, non sans raison, d'être restée. J'aurais pu (dû), cette fois, partir. Trois fois, je l'ai tenté, sans y parvenir. Je n'en avais plus la force. Ni le courage, jusqu'au moment où j'ai senti que j'allais sombrer.

Notre histoire se terminait dans un cloaque. Clap de fin. La décomposition était achevée.

Ce chapitre a été douloureux à écrire. Difficile de parler d'affaires si connues et en même temps si obscures, sans franchir la règle que je me suis fixée de ne pas entrer dans les détails qui auraient fait la joie des gourmands d'histoires glauques. Sans faire état de nos échanges, ou des réactions de mon mari de l'époque, depuis le début de cette histoire new-yorkaise, qui ne regardent que lui et moi.

J'ai donc raconté les épisodes qui me concernent seule, en taisant les plus privés ou les plus sordides. Je n'y reviendrai pas, je préfère les enfouir dans l'oubli.

14.

Renaissance

J'ai toujours eu en tête cette phrase de Raymond Barre, quand on évoquait devant lui les différentes renaissances du jeu politique. « Avant de penser à la recomposition, il faut achever la décomposition. »

Dans ma vie personnelle, le dernier stade de la décomposition était atteint. Le puzzle était en morceaux, il n'était pas sûr que j'arriverais à en construire un autre.

L'année qui a suivi libéra les commentaires. Les langues se sont déliées ; les indiscrétions se sont enchaînées. Nous étions déjà séparés et le divorce n'était plus qu'une formalité juridique qui se fit rapidement.

Une énigme me taraudait : comment avais-je pu ne pas « voir » ? Quelle femme est-on quand on vit vingt ans avec un homme et qu'on en découvre un autre ? Nous n'avons jamais eu d'explications de fond. Je suis partie, le laissant à ses mystères, m'en allant avec mes questions.

Je dois avoir une certaine force vitale, sinon égale à celle de mon ex-mari. Il est certes difficile d'être aussi cadenassé, aussi blindé que lui. Capable d'entamer des existences successives, sans s'interroger sur celles dont il vient de refermer la porte.

Je vis beaucoup plus tard une interview qu'il donna à CNN sur son rapport aux femmes. « Avez-vous un problème avec elles ? » demande le journaliste sur un ton bonhomme et un peu rigolard. « Aucunement. J'étais un homme avec des responsabilités qui ne pouvait pas se permettre de se conduire comme un quidam ordinaire… » Sidérante réponse. Tout était donc tellement banal ? Seules ses positions sociale et politique auraient dû l'empêcher de se conduire ainsi ? Bien étrange cécité qui décidément le retient de se retourner sur son propre parcours, de faire le bilan d'une vie, ou d'en tirer à tout le moins des leçons.

Je suis le contraire. Dévorée de doutes, de culpabilités en tout genre jusqu'à l'immobilisme parfois ou la panique paralysante. Mais au fond de moi, demeure une lueur qui me fait aimer la vie. J'ai le goût du bonheur, du soleil, du rire, de la musique. Sous des dehors apparemment pessimistes, je suis positive, curieuse des gens et des choses, capable d'élans salvateurs.

Les années 2011-2012 auraient pu m'engloutir. Or, si je regarde les dix années écoulées, elles ont été incroyablement pleines. J'ai travaillé, j'ai écrit, j'ai aimé.

Depuis 2007, j'avais mis mon métier entre parenthèses. La vie à Washington n'était guère propice à son exercice. J'ai eu la chance qu'à mon retour, le groupe *Le Monde*, via Matthieu Pigasse et Louis Dreyfus, propose à la fondatrice du *Huffington Post*, Arianna Huffington, qui cherchait à lancer sa version française en partenariat avec le quotidien du soir, de m'en confier la direction. Encore une aventure digitale, mais celle-ci me correspondait : il s'agissait de créer un journal en ligne, d'en être la directrice éditoriale, de monter une équipe, de faire exister un nouveau titre de presse sur Internet, inconnu en France, d'importation américaine, au nom imprononçable. Un univers pour moi à la fois connu et singulier. Une aventure excitante qui me replongea dans une action professionnelle bienvenue.

Arianna Huffington, fondatrice du site, est une personnalité étonnante. Née grecque, jadis mariée à un riche homme d'affaires texan, élu à la Chambre des représentants comme républicain après une campagne où il dépensa des millions de dollars, elle en a divorcé, quelques mois avant qu'il ne fasse son *coming-out*, s'est émancipée, est devenue aussi démocrate qu'elle était farouchement républicaine, et a fondé en 2005 un titre de presse au succès fulgurant, qui fit une campagne active pour Barack Obama. Elle a revendu ses parts en 2016 après avoir créé une quantité de filiales étrangères avec des partenaires de presse écrite en Europe ou en Asie.

Elle était douée d'un instinct très sûr, à la fois parfaite *business woman* et personnage un peu décalé. Chaleureuse, enthousiaste, maternelle avec ses équipes, nous offrant à tous des pyjamas à Noël, prônant à la fois les vertus de la méditation, des bienfaits du sommeil mais se répandant en SMS nocturnes, elle fut très amicale avec moi, ravie du succès de la filiale française et d'autant plus affectueuse que nous étions nées un même jour, le 15 juillet !

Avec Paul Ackermann qui fut l'autre cheville ouvrière du *Huff Post* – et qui l'est resté plus longtemps que moi – nous avons commencé à huit, dans un univers inconnu de moi, celui des *pure players*, avec des jeunes gens qui avaient moins de la moitié de mon âge.

L'actuelle directrice du *Huff Post* France, Lauren Provost, n'a pas trente ans et nous l'avons recrutée alors qu'elle n'était même pas encore diplômée du Centre de formation des journalistes. La confiance et l'affection de cette jeune équipe ont été très gratifiantes et j'ai pris un plaisir intense dans cette entreprise, que j'ai conduite durant plusieurs années. Nous avons appris en marchant, ils m'ont suivie dans mes exigences journalistiques que partageait Paul, le rédacteur en chef. Quand je leur ai laissé les rênes, nous étions trente-cinq, le journal, désormais bénéficiaire, était devenu une marque qui fait aujourd'hui partie du paysage digital de l'information. Je les ai aidés à s'implanter médiatiquement dans un environnement très concurrentiel, mais c'est à eux qu'on doit le bouillonnement vivant de cette rédaction. J'en reste proche, à la fois fondatrice, marraine et grand-mère, fière de ce chemin avec eux.

Une autre aventure, télévisée cette fois, m'a plu et je la poursuis, même s'il faudra que j'arrête de me produire à la télévision avant mes soixante-quinze ans ! « Fauteuils d'orchestre » a représenté une vraie nouveauté dans mon parcours professionnel, sinon dans ma formation personnelle. J'ai aimé la musique classique et l'opéra dès l'enfance. Je l'ai raconté ici. J'ai eu la surprise qu'en 2015, on vienne me chercher pour présenter une émission audacieusement diffusée en *prime time* sur France Télévisions, entre deux et quatre fois par an. Une façon de ne pas encombrer le petit écran tout en me donnant la joie de partager mon hobby favori.

Je ne suis pas musicienne, je me contente d'être mélomane, grand public. J'aime pouvoir expliquer ma passion, et décrypter les mystères d'une musique qu'on croit toujours réservée aux vieux bourgeois. Je me réjouis de la détermination dont le service public fait montre quand il n'est pas esclave de l'audience mais cohérent avec ses missions. Ce chapitre m'offre la diversité que je cherchais dans ma vie professionnelle. Quel bonheur d'avoir de jeunes voix d'opéra et de jeunes concertistes sur mon plateau, capables de fédérer autour d'un million de téléspectateurs !

Durant deux années, j'ai aussi repris du service à Europe 1, avec une émission d'entretiens tous les samedis matin. Comme un clin d'œil, un retour aux sources de cette maison qui m'avait tant fait rêver, même si elle n'a plus grand-chose à voir avec la mythique radio des années 60 ou 70.

J'ai également éprouvé du bonheur à tenir une chronique hebdomadaire dans le *Journal du Dimanche*. Si ce n'est la contrainte, à partir du mardi ou du mercredi, d'avoir à trouver d'urgence une idée pour nourrir cette rubrique.

Deux ans à Europe, deux ans au *JDD*, deux petits tours et je suis partie. Preuve quand même d'une certaine inconstance ou peut-être de la peur du vide qui me fait tenter de varier les expériences. Sans doute n'ai-je plus le goût du travail autant chevillé au corps, ni celui de faire plusieurs choses en même temps. Car c'est l'écriture qui m'a accaparée tout entière.

J'avais déjà écrit des livres politiques, mais je vais me lancer dans un genre différent. Je suis alors hésitante, peu sûre de moi, car je vais m'en aller explorer le continent inconnu de l'histoire familiale qui n'avait jamais été mon centre d'intérêt privilégié.

Rentrée d'Amérique, j'ai publié *21 rue La Boétie*, un livre d'hommage à mon grand-père Paul Rosenberg, marchand de tableaux entre les deux guerres. Une aventure de l'art moderne entre 1910 et 1945, l'histoire d'une famille de la bourgeoisie juive, sa fuite aux États-Unis à l'aube de l'Occupation, le pillage de sa galerie et, ironie de l'histoire, l'installation de l'Institut d'études des questions juives en lieu et place de celle-ci. Je me suis engagée dans ce travail avec allégresse, ce qui m'a permis de m'immerger dans l'histoire de l'art moderne et de rendre hommage à ce grand-père trop modeste pour avoir su mettre en valeur sa singularité.

J'avais des documents, de nombreuses sources dont beaucoup de lettres ou de photos inédites. J'ai dédié cette publication à ma mère qui aurait été heureuse que j'accomplisse cette recherche, elle qui se plaignait tant de mon désintérêt pour la famille. Or, précisément, ce récit n'était devenu possible, et son écriture libre, qu'après sa disparition.

J'ai été très touchée de la réception de ce livre, que j'ai vécu comme un double signe de bienvenue : symboliquement, le public français accueillait avec bienveillance la figure de ce grand-père contraint à l'exil outre-Atlantique en 1940, mais aussi sa petite-fille revenue couturée d'un pénible séjour américain. Il s'est prolongé par de nombreuses éditions internationales et a donné naissance à un documentaire talentueux de Virginie Linhardt.

Il devait encore y avoir des suites. Élie Barnavi, Benoît Remiche et leur société belge, Tempora, spécialisée dans les expositions d'histoire et de civilisation, m'ont proposé de faire de « 21 rue La Boétie » le sujet de l'une d'entre elles. J'étais dubitative, mais leur persévérance m'a convaincue et nous avons imaginé une très belle exposition qui prit place d'abord à Liège, au musée majestueux de la Boverie qui venait de rouvrir. Le musée Maillol à Paris décida dans la foulée de la transposer dans ses murs de la rue de Grenelle. Ces deux expositions ont recueilli un grand succès auprès de dizaines de milliers de visiteurs, en rassemblant des œuvres passées un jour par la galerie familiale et aujourd'hui disséminées dans de grands musées à travers le monde ou dans des collections privées. Elles ont permis de donner aussi une large place à la pédagogie, puisque ces œuvres que les nazis, dans leur propagande, appelaient « art dégénéré », ont été accrochées aux côtés du « grand art germanique » et académique qu'Hitler appréciait. Quelle émotion de retrouver ces toiles majeures de Léger, Braque, Matisse, de Staël ou Picasso aux cimaises des musées, et d'assister à la reconstitution de la galerie Rosenberg de la rue La Boétie que je n'ai jamais connue !

J'ai pu faire poser une plaque à l'extérieur de l'immeuble habité autrefois par mon grand-père, rappelant ce qu'avait été cette galerie et le sort funeste qu'elle avait connu sous l'Occupation.

Une autre plaque commémorative a été installée à Libourne, à côté de Bordeaux, grâce au maire de la ville. Cette plaque est désormais sur la façade de la banque de Libourne, où Paul Rosenberg, en juin 1940, avait pensé abriter 161 de ses toiles, finalement pillées un an plus tard.

Un livre, des traductions, un film, deux expositions, et des commémorations en souvenir d'un homme dont l'art fut toute la vie avant d'être pillé, ont fourni de beaux échos à ce qui, au départ, se voulait un travail de mémoire familiale.

Chronique d'une France blessée renouait avec les livres politiques que j'avais écrits dans le passé. Elle relatait la très longue campagne présidentielle de 2016-2017, avec ses surprises, ses rebondissements, son issue qui, au départ, paraissait peu prévisible, et le chamboulement politique qui s'ensuivit et dans lequel nous baignons toujours.

La Rafle des notables était de nouveau une exploration de l'histoire de ma famille, du côté paternel cette fois. Né d'une incuriosité personnelle sur le sort de mon grand-père enfermé au camp de Compiègne pendant quelques mois entre 1941 et 1942, ce livre fut une expérience d'écriture aussi douloureuse que satisfaisante.

Douloureuse, car elle relatait les débuts de la « solution finale » : cette rafle a donné lieu, avant le Vél' d'Hiv, au premier convoi de déportés juifs pour Auschwitz. Satisfaisante, car au-delà d'une chronique familiale sur laquelle je n'avais presque pas de documents, j'ai pu contribuer à faire connaître un épisode oublié de notre histoire nationale. *La Rafle des notables* avait été conçu pour laisser une trace du destin familial à mes enfants et petits-enfants. Mais au fur et à mesure de mon travail, l'enquête familiale s'est faite odyssée collective, rendant hommage à ces hommes disparus dans la poussière de l'histoire. L'ouvrage m'a valu un abondant courrier, émanant de familles ayant subi le même sort, et va se prolonger par un documentaire prévu pour décembre 2021, 80e anniversaire de ce chapitre de l'histoire. Il est infiniment troublant que d'un objet inerte comme un livre, qui relate la détention puis la mort atroce de centaines de personnes il y a quatre-vingts ans, jaillissent soudain tant de témoignages, de recherches parallèles, de destins similaires aimantés par la lecture de ce petit recueil mémoriel.

Ces livres m'ont donné de grandes joies d'écriture ; mais ma reconstruction fut avant tout personnelle.

Il fallait déjà recoller ce qui pouvait l'être. J'ai craint d'avoir du mal à retrouver, avec mes beaux-enfants, une relation aussi proche et tendre qu'elle le fut pendant vingt ans. Comment leur dire que continuer à les voir me faisait penser à cette vie d'hier dont je voulais tourner la page ? Comment leur dire le poids des non-dits ? Comment leur signifier à eux qui aiment leur père que les entendre en parler m'était pénible ? Comment leur taire que je découvrais plus d'itinéraires tortueux qu'ils n'en connaissaient eux-mêmes – ce que je fis néanmoins ? J'ai pris sur moi car je les aime. Ils ont pris sur eux, car je les renvoyais aussi à la période familiale heureuse qu'ils avaient vécue. Et sans doute, je l'espère, m'aiment-ils aussi.

Le divorce clarifia la séparation. Mon ex-mari refit sa vie assez vite, et c'est tant mieux. J'avais craint qu'il ne se marginalise, entre une vie publique ravagée et une vie personnelle piétinée. J'ai même eu peur, pour lui, de secousses en chaîne. Comment, là aussi, ai-je pu ignorer que, malgré ces ébranlements qui avaient ravagé sa carrière, sa vie personnelle et son image, cet homme saurait fermer la porte et en ouvrir aisément et prestement d'autres ?

Mais l'essentiel de ma renaissance fut sentimental. Pierre Nora m'a sauvé la vie. Nous nous connaissions depuis toujours, nous nous étions perdus de vue depuis plus de vingt ans, chacun construisant sa deuxième vie. La mienne s'était désagrégée en vol, Pierre venait de traverser son lot d'épreuves avec la mort de sa compagne de trente-cinq ans. Ce fut un miracle que chez deux grands blessés de soixante-quatre et quatre-vingts ans se trouve assez de force et de désir pour tisser, avec une allégresse juvénile, une existence nouvelle. Nous aurions pu nous contenter de panser nos plaies, nous consoler, nous réchauffer, « faire une fin » comme on dit, et c'eût été déjà réconfortant. Or, ce qui nous est arrivé est aux antipodes d'une résignation tranquille. Il a fallu une sacrée dose d'appétit, de passion, de jeunesse des corps et des esprits pour se plonger avec délices dans le dernier chapitre de la vie. Il faut croire que nous sommes doués pour le bonheur, et qu'il était dit que nous y goûterions ensemble.

Notre vie en commun a démarré par une drôle de scène : une cheville cassée à vélo lors du premier week-end que nous passions ensemble à la Cour des Hayes, dans cette maison qui n'est pas la mienne mais que j'ai épousée à la seconde où j'y ai mis le pied. Nous avions fait de cette promenade un symbole attendu et heureux, mais dans la dernière montée, le guidon a tourné, et l'amoureuse s'est retrouvée sur le talus, la cheville méchamment brisée. Pompiers, hôpital de Dreux, chirurgien de garde qui m'a parfaitement opérée, annonce de l'accident sur les radios par des indiscrétions médicales ou policières. Un démarrage d'idylle en fanfare qui aurait pu refroidir des élans amoureux, mais leur donna au contraire une accélération décisive !

Je devais rester deux jours dans sa maison de famille, j'y ai vécu six semaines, claudiquant avec bonheur dans la forêt de Rambouillet en slalomant pour échapper aux paparazzi… que nous n'avons d'ailleurs pas totalement évités. Mais qui, après quelques tentatives, ont fini par nous laisser tranquilles : « À peuple heureux, pas d'histoire, et à couple heureux pas de littérature », dit le dicton. L'adage doit valoir aussi pour la presse *people* qu'enfin nous n'intéressons plus !

J'ai dit la chaleur que m'avaient apportée les Strauss-Kahn, à moi, fille unique dépourvue d'une grande famille. Les Nora ont agrandi à leur tour ma famille de cœur en m'adoptant très vite, comme s'il y avait urgence là aussi, mais avec un naturel infini. La Cour des Hayes, les marches dans la forêt de Rambouillet, les maisons voisines de parents-amis devenus chers à mon cœur, ont bâti ma tribu tardive.

Cela fait huit ans, bientôt neuf. Je me sens toujours telle une jeune fiancée, même si je sais que le temps est compté. Quant à Pierre, je ne sais s'il a ou non retrouvé le feu de sa jeunesse, mais il m'en donne l'illusion. J'ai l'impression, pour la première fois depuis longtemps, de vivre à égalité avec un homme que j'aime et admire, aux opinions parfois différentes, aux jugements pas toujours semblables aux miens, mais sans que nos désaccords remettent en question notre vie ou notre amour.

Il m'a redonné confiance en moi. Je ne savais plus qui j'étais, en quoi je croyais ; j'avais fait passer ma sérénité, mes choix après l'équilibre d'un couple que j'ai mis si longtemps à préserver. J'ai renoué avec la gaieté, une légèreté que j'avais peu connue, et sinon une confiance dans mes décisions, du moins la certitude que je pouvais me tromper sans dommages pour nous deux.

Pierre m'a aussi donné le goût d'une non-conjugalité épanouie. Je n'avais quasiment jamais vécu seule. Il m'a appris à savourer parfois un « chacun chez soi », tout en choisissant le plus souvent d'être ensemble. À accepter que l'on se retrouve tous les soirs ou presque, sans pour autant guetter le bruit, chaque soir, de la clé dans la serrure. À jouir du plaisir de la surprise, de l'inattendu, du manque, de la solitude.

Oui, je lui dois cette renaissance et la façon sereine dont j'ai pu écrire ce livre.

Le face-à-face avec soi-même n'est pas toujours facile, à moins d'avoir de soi une opinion si flatteuse que l'on prend grand plaisir à contempler son reflet. On l'aura compris, ce n'est pas mon cas, et j'ai dû naviguer entre les écueils encombrants de la mémoire.

J'ai conscience que ce récit est le reflet d'une époque révolue. La vie de la jeunesse d'aujourd'hui n'a plus aucun rapport avec celle qui fut la mienne ; leur génération diffère des temps de mon enfance. Les jeunes sont plus avertis des choses du monde et de la vie que je ne l'ai été. Différemment investis dans l'engagement public, mais le leur vaut bien celui qui fut le mien.

Le journalisme est aussi à mille lieues de la façon avec laquelle j'ai tâtonné pour l'exercer. J'ai consacré à l'émission « 7 sur 7 » qui imprégna ma vie professionnelle un long développement parce qu'elle marque une époque, une conception de l'action politique, un temps centré sur les divisions du monde qui s'affrontaient et s'incarnaient à travers des personnages, un langage, désormais évanouis.

Évanouies aussi les chères figures de ma famille qui m'ont privée du barrage protecteur que les parents forment entre la mort et soi. Mon père trop tôt parti, ma mère disparue avant que j'aie pu faire avec elle une paix complète. Mais tous deux, désormais, vivants par ce récit, par la reconnaissance que je leur porte, par tout ce que je suis qui les perpétue imparfaitement.

À la suite de la publication de *La Rafle des notables*, j'ai voulu prolonger un peu ma quête. En me rendant à Westhoffen, patelin alsacien de naissance de la famille Schwartz, celle de mon père. J'y suis allée avec une amie chère dont le hasard veut que ses origines prennent, elles aussi, naissance dans cette jolie petite ville, à une demi-heure de Strasbourg, où les juifs ont été nombreux à vivre jusqu'à la guerre. En 1939, coexistaient encore l'école publique, une école protestante et une école juive, désormais siège du bureau de poste que le maire, Pierre Geist, est fier d'avoir su maintenir. Les maisons à colombages racontent l'histoire des familles mêlées, la synagogue, désaffectée mais gracieuse, est entretenue comme un trésor communal. Quant à la mairie, édifiée dans l'ancien quartier juif de la ville, elle a gardé, sur les chambranles de ses portes, les empreintes des *mezouzot*, ces petits rouleaux de parchemin sur lesquels sont inscrits, à l'entrée des maisons juives, les deux premiers paragraphes du *Shema*, la principale prière du judaïsme. Les encoches sont vides de toute *mezouza*, mais émouvantes comme les traces d'un monde perdu.

En haut de la ville, s'étend le cimetière juif de Westhoffen, aux tombes plus protégées dans cette bourgade protestante que dans d'autres villages catholiques où les juifs n'étaient pas les bienvenus, même parmi les morts.

La municipalité met un point d'honneur à entretenir ces carrés de souvenir, où ne se rend plus grand monde. Ce cimetière est grand, s'étend sur deux cents ou trois cents mètres, à flanc des coteaux où se cultive la vigne.

Je n'ai pas de passion particulière pour les alignements de pierres tombales, mais leur juxtaposition ici, sur plusieurs rangs, est imprégnée de poésie. Certaines ont des inscriptions à demi effacées, en hébreu, en français, rongées par le temps, la pluie, le vent, mais aucune n'est couchée ou démolie. Les feuilles de lierre courent autour de quelques-unes d'entre elles, comme des colliers de charme. D'autres tombes sont plus récentes : le dernier juif à résider à Westhoffen s'y est fait enterrer il y a deux ou trois ans.

Je n'ai pas trouvé trace d'un Schwartz de ma famille auquel je puisse me rattacher directement. Le premier à quitter la ville pour vivre à Strasbourg est mon arrière-grand-père, Isaïe. Celui dont j'espérais retrouver la tombe était son père, Élie Schwartz, mort en 1840. Je n'y suis pas parvenue au milieu d'une foule de parents du même nom.

Dans deux livres, et notamment le tout dernier qui m'entraîna sur les lieux, je me suis fait l'écho des racines familiales. Le lien qui me rattache à elles est vivant en moi. Je les prolonge, elles me prolongent et donnent de l'épaisseur à des destins éclatés, balayés par la violence de l'histoire.

Marchands de bestiaux ou brocanteurs, mes ancêtres ont vécu, aimé, sont morts comme j'ai vécu, aimé et mourrai. Je les voyais faire une chaîne jusqu'à moi pour déposer comme un souffle entre mes mains, un peu de la brise chaude de septembre, en me chargeant de continuer à entretenir le fil.

Je ne pense pas à la mort tous les jours, mais souvent. Je crains celle de mes proches qui me protègent encore. Je l'ai sentie rôder quand elle s'est approchée de trop près de ceux que j'aime.

Je crains par-dessus tout cette ombre qui voile le regard et la lumière de tant de vieilles personnes qui furent ardentes et ne sont plus que des silhouettes éteintes. Puisse l'avenir m'en préserver.

J'ai aimé enfin raconter ces histoires d'une vie passée. Elles animeront peut-être les conversations des miens qui de ce fait, avec ces récits, composeront une autre toile. Les souvenirs servent à baliser le temps et borner le présent. Ou tout simplement à être jetés au vent, dans une prairie, au bas des douces collines.

TABLE

Cet ouvrage a été achevé d'imprimer
sur Roto-Page
par l'Imprimerie Floch à Mayenne
pour le compte des éditions Grasset
en mai 2021

Mise en pages par PCA
44400 Rezé

PAPIER À BASE DE FIBRES CERTIFIÉES

Grasset s'engage pour l'environnement en réduisant l'empreinte carbone de ses livres. Celle de cet exemplaire est de :
1,2 kg éq. CO_2
Rendez-vous sur www.grasset-durable.fr

N° d'édition : 22025 – N° d'impression : 98335
Dépôt légal : juin 2021
Imprimé en France